圭峯禪師號宗密姓
何氏果州西充縣人
諦十二緣起六波羅
蜜四無量心三明六
通三十七品十力四
無畏十八不共法世

U1014890

中国佛教美学典藏

总主编

高建平　尹　佃

各分部主编

佛教绘画部　丁　方

佛教造像部　张　总　王敏庆

佛教书法部　何劲松

各分卷作者

造像经典与仪轨　王敏庆　普　能　著

石窟造像（上下）　何　莹　全　薇　著

地面寺院造像（上下）　宋伊哲　著

出土及传世造像　王敏庆　杨小娟　吴源虹　著

经卷佛画　张建宇　著

石窟壁画　张俊沛　著

绢帛佛画　刘　韬　著

禅意绘画　陈粟裕　著

禅德墨迹　聂　清　著

佛教碑刻　胡吉连　著

敦煌写经　李逸峰　著

佛塔建筑　王　耘　著

伽蓝建筑　徐　翥　著

主要编辑、出版人员

社　　长　刘祚臣

副总编辑　刘金双

主任编辑　曾　辉

编　　辑　（按姓氏笔画排序）

于淑敏　马　蕴　王　绚　王　廓

王一珂　王慕飞　冯　然　邬四娟

刘金双　李　静　李玉莲　宋焕起

林思达　易希瑶　帖慧祯　胡春玲

郭银星　黄佳辉　曹　来　盛　力

程　园　曾　辉　鞠慧卿

特约审稿　汤凌云　韩　伟　陈丽丽　王怀义

装帧设计　今亮后声

排　　版　博越创想

佛教碑刻

内容简介

佛教自传入中国，与中国哲学、文学、艺术等联系密切，并相互影响，而佛教与书法的关系尤为突出。佛教书法的书迹形式多种多样，其中造像题记、石刻佛经和寺塔碑碣等形式被统称为佛教碑刻，是佛教书法艺术的重要组成部分。本书围绕佛教碑刻展开，以书法艺术审美角度探究中国历史上重要的佛教碑刻作品，向读者充分展示佛教碑刻的美学价值。

胡吉连

中国社会科学院宗教学专业佛教艺术方向博士。先后在《中国书法》《世界宗教文化》《宗教研究》等期刊发表论文20余篇，参加“图像学与风格史：亚洲宗教美术研究方法论”等各类学术研讨会10余次。独立完成《笔走龙蛇中国书法史·隋唐五代卷》《旷世奇才徐渭》《明遗民担当书法研究》等著作撰写。

国家出版基金项目
NATIONAL PUBLICATION FOUNDATION

高建平　尹佃
总主编

中国佛教美学典藏

佛教书法部
主　编·何劲松

佛教碑刻

胡吉连 著

中国大百科全书出版社

图书在版编目（CIP）数据

中国佛教美学典藏．佛教碑刻/高建平，尹佃，何劲松主编；胡吉连著．—北京：中国大百科全书出版社，2024.5

ISBN 978-7-5202-1340-0

Ⅰ.①中… Ⅱ.①高… ②尹… ③何… ④胡… Ⅲ.①佛教—美学—研究—中国 Ⅳ.① B948

中国国家版本馆 CIP 数据核字（2023）第 088424 号

出 版 人　刘祚臣
策 划 人　曾　辉
责任编辑　易希瑶
责任校对　王　廓
责任印制　李宝丰
装帧设计　今亮后声
出版发行　中国大百科全书出版社
地　　址　北京市阜成门北大街 17 号
邮政编码　100037
电　　话　010−88390969
网　　址　http://www.ecph.com.cn
印　　刷　北京雅昌艺术印刷有限公司
开　　本　889 毫米 ×1194 毫米　1/16
印　　张　16
字　　数　172 千字
印　　次　2024 年 5 月第 1 版
　　　　　2024 年 5 月第 1 次印刷
书　　号　ISBN 978-7-5202-1340-0
定　　价　380.00 元

本书如有印装质量问题，可与出版社联系调换

总序

这部多达十五卷的佛教美学和艺术的总汇，是聚数十名专业研究者，积八年之功完成的一项宏大工程。在过去的这些年里，各位参与者都很辛苦。现在，终于苦尽甘来，欣喜之感油然而生。

当前，我们正处在中国式现代化建设的伟大进程之中。要建设中华民族现代文明，就要将现代理论与优秀传统文化遗产相结合。中国佛教艺术是中国传统文化和美学的一个重要组成部分。古人给我们留下了许多精美的艺术珍品，值得我们花大力气去整理、总结，站在现代的立场进行思考、研究。

在五千年的中华文明史中，最初一千多年，中华美学思想的萌芽可从巫史传统和工艺创造中体现。当时的人留下了丰富的实物，给我们提供了对那个时代文化状况的丰富的想象空间。其后，从商到周，出现了精美的青铜器皿，形成了发达的礼乐文化，在实物、操作和观念这三个层面推动了中华美学思想的形成和发展。佛教是发源于印度的宗教，传入中华大地以后与中国原有的礼乐文明碰撞交融，经历了一次外来思想中国化的过程，由此造就了文明的更新。

中国的礼乐文化在周朝兴盛，历经春秋战国，尽管礼崩乐坏，但还是有人竭力保存，到秦汉时仍有所传承。礼乐文化服务于周王室，通过分封的等级制度，实现以上化下、以夏化夷的政治设计。秦汉以后，分封逐渐消失，大一统的帝国逐步形成。这一时期，社会的上层与下层相距遥远，礼乐仍在上层社会的一些礼仪性活动中施行，这时就需要宗教在下层起到填补审美需求空间的作用。

在欧洲，希腊式的城邦制度解体，原来的希腊－罗马宗教体系只在上层社会被维持；而基督教则从社会的下层开始发展，得到广大民众的支持，最终迫使罗马皇帝改宗，同时也在巨大的罗马帝国范围内流传，成为世界性的宗教。在中国，佛教在一定意义上也起着这样的作用。从汉代到唐代，普通民众的审美需求成为佛教兴盛的土壤。正是由于这一原因，通过满足社会中下层民众的审美需求，佛教的审美理想和艺术创造在文明的深处扎下了根。

中国佛教美学有着一些突出的特点。

第一是理想性。这种理想性与非现实性、虚无和出世的观念结合在一起。这在华严宗和净土宗等宗派的思想中有明显的表现。它们所追求的净土，并非存在于现实的此岸世界，而是在理想的彼岸世界。它们的美，也从属于那个世界。现实的美只是彼岸世界美的影子。

第二是通过悟来感受世界。通过悟获得真美，或是苦修而悟道，或是禅宗所主张的顿悟——机缘触发，瞬间就能得道，即达到真美的境界。

第三是偶像崇拜。各种源于犹太经典的宗教，无论是犹太教、基督教，还是伊斯兰教，都流传逃出埃及的以色列人由于崇拜偶像而引起摩西震怒的故事，从而形成各种反偶像崇拜的传统，有的弃绝一切形象，有的不准造圣像。即使后来最热衷造像的天主教，也是依据一套“愚人的《圣经》”的说辞，即运用图像给不能阅读的人演绎《圣经》故事，提供图像存在的理由。这样一来，天主教的图像只是神圣故事的演绎，其本身不具有神性；圣徒所崇拜的不是偶像，而是通过图像感受神的道理。与此不同，尽管佛教早期也有过一段无佛像时期，但后来很快就有了对佛像的普遍接受。佛教的造像被认为其本身就有神性，是神的化身。

第四是宏阔的时空观。源于犹太经典的各种宗教都具有关于世界起源的传说和关于世界末日的预言。佛教则不同，不认为有起源和末日，而认为世界在时间上是无限的，循环往复，以至无穷；在空间上也是无限的，无所谓中心、边缘。体现在美学和艺术上，佛教就具有一种超越时空、追求无限的美学观念。

第五是和谐圆融的审美境界。美的理想是一种圆，但这不是毕达哥拉斯的数学上的圆，而是圆融的生存境界。佛教讲世界和谐，这又是通过圆的意象得到体现。

本套书共分四部十五卷，涉及书法、绘画 、造像、建筑等。

佛教书法部共有四卷，即《敦煌写经》《佛教碑刻》《禅德墨迹》和《禅意绘画》。

在印刷术流行之前，佛经的流传主要靠人工抄写。在这方面，敦煌藏经洞给我们留下了大批人工抄写的佛经。当时传抄佛经是基于保存和流传的需要，同时佛教徒们也将抄写佛经当成一种修行，通过艰辛的抄写工作以积累功德。这不仅为我们留下了大量的经典，同时也留下了重要的对当时的书写进行研究的材料。绝大多数佛教徒在抄写佛经时，都有一种虔敬的心态，他们书写认真，字迹清楚、容易识读。在字体上，楷、行、草三体均有，但以楷书为主。

佛教碑刻包括佛经碑刻、造像题记及寺塔碑碣。这些碑刻用途不同，风格上也有差异，但大体上是以隶书和楷书为主，风格上庄严静穆，偶有装饰意味。

禅德墨迹包括具有文人趣味的禅僧的书法作品，以及受禅宗思想影响的文人的书法作品。这些作品风格自由活泼，字体多为行书和草书，通过笔墨直抒胸臆，表现内在的情感。

禅意绘画，最初是画者致力于表现禅理，强调直觉性和感悟性，并以此使绘画超越形象的描绘。这种绘画追求推动了中国绘画意识的发展，并且与文人绘画结合，对中国绘画观念的发展和转折起到了关键作用。

佛教绘画部共有三卷，分为《石窟壁画》《绢帛佛画》《经卷佛画》，各有其鲜明的特点。

石窟壁画是指画在石窟壁上的绘画。壁画是人类最为古老的一种绘画形式。中国佛教石窟壁画主要存在于西域地区，以佛像和佛教故事为主要题材，也包括对佛国之境的描绘，其中乐舞飞天的壁画穿越千年，给人以惊艳之感，成为当代众多艺术创作的灵感来源。石窟壁画大多受印度绘画人物造型的影响，又开始具有中原绘画的元素，成为中西艺术风格结合的最早范例。

绢帛佛画以敦煌藏经洞绢画为主，现多藏于英、法、俄、德等国的博物馆中，日本、印度、韩国等国也有保存。这些绢画所画的形象不同，有佛、菩萨、罗汉、武士，以及供养人。从这些画中可看出中国绘画中线条之美的来龙去脉、中国绘画色彩的源与流。宗白华区分了中国艺术的错彩镂金之美与芙蓉出水之美，绢帛画大体属于错彩镂金一类。

经卷佛画，即佛经中的插图或附图，包括佛教经卷的卷首画（也称扉画）、随文插图、卷末的拖尾画。从制作技艺来看，经卷佛画分墨绘佛画和版画，雕版印刷繁盛时代出现了讲述各种佛经故事的版画。对经卷佛画的研究很有价值，但过去研究不多，本卷是对此研究领域的开拓。

佛教造像部内容最为丰富，分为《石窟造像》《地面寺院造像》《出土及传世造像》《造像经典与仪轨》。

《石窟造像》分上、下两卷。上卷讲新疆和中原北方石窟，下卷讲南方和藏传佛教造像。将这些不同地域、不同时代所创作的造像放在一起来对比，可以清晰地看出这些造像的造型和艺术风格在文化交流中留下的痕迹和在时代变迁中的沿革。

地面寺院造像则呈现出多样性和变动性。遍布西域和中原大地的佛寺中的造像，以及在藏区的藏传佛教寺庙中的造像，呈现出各自的地域特点；经过千年变化，又呈现出不同的时代特点。尽管佛像有“千佛一面”的说法，但不同地域、不同时代佛像的差别仍鲜明地体现出来。

出土及传世造像可称为前两种佛教造像的补充。这些造像被发现和保存，具有极大的偶然性。它们不像石窟造像，可系统发掘；也不像现存寺院里的造像，原本就有完整布局，具有系统性。这种出土及传世造像相对零散，其系统性需要研究者构建。

《造像经典与仪轨》是很特别的一卷。该卷对佛教造像特点和主要菩萨、天王等形象的基本框架做了概述，还对佛教活动的空间、所用法器等做了阐释。

佛教建筑部共两卷，一卷讲伽蓝，一卷讲佛塔。

《伽蓝建筑》主要讲历代的中土佛寺及藏传佛教的寺庙。正像欧洲历史上的建筑集中体现于教堂一样，佛教寺庙亦成为中国古代建筑的典范。本卷分朝代展示中国古代的寺庙，并对藏传佛教的寺庙做了专门的论述。

《佛塔建筑》专门论述佛塔。佛塔造型精美，是中国古代建筑精华所在。佛塔近可与寺庙组成一个整体，高耸的塔在建筑群中起画龙点睛的作用；远可装点河山，在自然山水中加上人工点缀。佛塔原本是瘗埋高僧圆寂后遗体和珍藏舍利的地方。它既是死亡之所，又是涅槃和超越之地。生死之事，永远是最大的事，这与僧人生活有密切关联，也使塔有了人情、人性、理想等多种意味。

佛教美学和艺术的内容丰富多彩，包含各个艺术门类。除本套丛书所介绍的之外，还包括诗词、音乐、歌舞等。我们的想法是，在现阶段能做什么，就先做起来。希望这套典藏为更全面地研究中国佛教美学起奠基作用；也希望将来在此基础上，借助新媒体，使中国佛教美学的精华得到更为全面的展示。

在最初组织这一课题组之时，我们的计划是，从几个主要的佛教艺术门类中，选取最有代表性的作品，给予精要的说明，以形成佛教美学的一个总汇。其目的在于，将佛教美学的精华在一个选本系列中汇总起来，将一些平时很难见到、只有专家才掌握的佛教艺术作品的图片加以集中，配以解说，从而使这些作品受到人们的关注。佛教从两千多年前开始传入中国，带来了佛教美学和艺术，在中国大地上生根、开花，与中国原有的传统结合，再经过历代僧俗信众的传承和创新，形成了璀璨多彩的中国佛教文化。中国佛教文化成为中华文化的一个组成部分，在世界文化史上也具有重要意义。在今天，加强佛教美学的学术研究，对佛教艺术的普及，对大众熟悉和了解佛教文化，对传承和弘扬中华优秀传统文化，都是一件功德无量的事。

记得第一次开编纂工作会，任务是明确大脉络的分工，确定各卷的主持人和基本研究队伍，划定各卷内容的边界。各位参编者的热情都很高。大家一方面认为，这件事很重要，编出的书会很宏伟壮观，成为一个大制作；另一方面也认为，这方面的书过去很少，有了一个好的立意，再加上选对了人，编起来不会费多大的劲，不过是将相关领域的专家集中起来，将原本就熟悉的材料以一个新的、对读者更具有亲和力的形式重新组织一遍而已。

到了真正上手去做才发现其中的种种艰难。材料难找，解说不好写。历史事实考证清楚，解说内容正确，这是基本的要求。这方面的要求，说说容易，做起来就有难度。不仅如此，由于这套书冠名美学，在选材时体现美学视角、在解说中体现美学阐释就很重要，对于长期致力于事实考证的专家来说，这种工作也有一定的难度。在撰写过程中，有人畏难退缩，有人赶不上进度要求，但是，这样一个庞大的工程，开弓没有回头箭，再艰难也要做下去，并且要保质保量地完成。

在这几年的工作中，撰稿和编辑人员都付出了巨大的努力。他们不仅研读既有的书籍、史料和画册，还要遍访全国各地的代表性寺院。最让我感动的是，他们跋山涉水，带着沉重的拍摄器材到现场拍摄。为了获得最佳的拍摄角度，课题组还购置了无人机，以便在人无法到达的角度进行拍摄。他们的努力，为这套书提供了大量精美的独家图片。

在此期间，课题组多次在北京召开会议；还远赴广东、山西等地，举行各种工作会议。每次会议都力求实效，解决编写过程中所出现的各种具体问题，包括工作分工、人员配备、文字质量、图片规格和要求、工作进度，以及编撰者与编辑如何相互配合以加快进度，等等。为了深化这套书的美学特色，我们还邀请了几位对中国古代美学有研究的学者对文字内容进行了审阅，提出了许多具体的修改意见。

现在，书稿终于付印了。感谢参加撰写《中国佛教美学典藏》的各位作者，各位均为对佛教美学和艺术有深厚研究基础的专家。他们不辞辛劳，集中精力，终于使这项巨大的工程得以完成。更令我们感动的是，著名佛门高僧尹佃法师自始至终参与我们的策划立项、内容框架研讨和后期编纂工作，多次参加编纂工作会议，提出重要意见。中国大百科全书出版社的郭银星和曾辉两位接力领导的编辑团队，对这项工作极为负责，在编辑出版过程中提供了周到而贴心的服务。本书是各位辛勤劳动的结晶。

佛教艺术和文化是中华美学的一个重要组成部分。中国佛教之美是先人留给我们的一笔宝贵遗产。同时，它又是在当代充满生命力的活的美学。我们带着对文化传统的虔敬之心来整理这份遗产，又以面向当代、面向世界、面向未来的态度，带着责任感和使命感，以激发传统文化在当代的生命力为目的，来审视并引领中国美学的辉煌未来。

总论

佛教在西汉末至东汉初自西域传入中国，融入中国经历了一个较为漫长的过程，这个过程也是其逐步实现中国化的过程，最终孕育了有别于原始佛教的中国佛教。在此基础上，佛教以“同盟军”的身份一步步融入中国文化之中，并以其优长彰显于世。在佛教中国化的漫长的文化融合和发展过程中，中国书法始终与之相契相合，彼此之间相互影响，相互融通，相得益彰，绵延至今。历代有关佛教与书法、佛教书法的相关论述不少，但要对“佛教书法”进行明确界定，仍是一件不容易的事。黄君认为，“佛教书法的内涵应该主要体现在书法作品（及其理论）对于佛教思想的吸收、溶化、表现”等方面，“对于作品中的文字内容（经、律、论、公案、偈语等），虽然我们承认它属于佛教书法内容，但它毕竟是第二位的，次要的、非本质的”。[1] 从文本意义上，佛教书法在两汉时期随着早期佛经翻译的开始而出现，但此时的佛教书法更多的意义还是体现在其作为考证史实的文献，还并未上升到“艺术”的层面，更谈不上佛教思想的体现。

佛教在中国的发展与传播同时是一个不断比附中国文化的过程，其通过结合已有的中国观念与实践，以易于理解和接受的方式逐渐融入中国文化，对中国的哲学、文学、艺术等产生了深远的影响。客观地说，佛教在中国的传播与发展，实现了对中国传统文化艺术的再创造，扩展了中国文化艺术的范畴，丰富了中国文化艺术的内容。汉末两晋时期，佛教与中国原有的儒、道文化之间的交流表现为玄、禅两大思潮的碰撞和融合，并在此基础上促使当时的文化艺术走向自觉之

① 黄君：《“佛教书法”之我见》，《法音》1993 年第 2 期。

路。这一点在书法上表现得尤为突出：佛教犹如催化剂一般，使得中国书法艺术逐渐丰满、丰富起来。首先，玄学给书法注入易学“道”的本体，即书法艺术所要表达的是宇宙万物“一阴一阳”的本质规律；其次，佛教又给书法艺术注入另一本体——“心”，人们开始真正将书法视为“心画”，即清人刘熙载所说的“书也者，心学也”；最后，书法一改过去被当作工具、被视为“小技”或“末流”的局面，成为人们的审美对象，社会上开始出现书法世家，甚至出现书法上“父子争胜，兄弟竞爽”的场面。尽管这一时期以“二王”（王羲之、王献之）为代表的书家未必都对佛教思想表现出炙热之情，但此时佛教思想与老庄玄学相互统摄，自然而然地影响到书家们的审美与创作。就这样，书法迅速实现了艺术“自觉”，出现“人心营构之相”，即表现中国人特有的宇宙观和生命情调的艺术形式。正如宋人朱长文感叹的那样：“书之至者，妙与道参，技艺云乎哉！”

南北朝时期，佛教在中国得以空前发展，出现了“南朝四百八十寺，多少楼台烟雨中”的盛况，中原王朝朝野上下，信士满天下。此时，各阶层的佛教信众们都热衷于祈福避灾，捐造佛像。早期佛教认为人体是禁锢灵魂的躯壳，故不主张塑造佛像，直到佛教大众派与上座派分裂，偶像崇拜的思潮开始在大众派中出现，加上印度佛教传至罗马文化影响下的犍陀罗地区，与当地的雕塑艺术相结合，佛教造像广为流传。传入中国以后，佛教造像更是成为其重要的宣传手段。在捐造佛像过程中，以造像时间，供养人官职、籍贯，出资造像的因由及发愿文为主要内容的造像题记逐渐出现。与此同时，造像题记作为一种佛教书法类型也随之出现。造像题记以龙门石窟内的《龙门二十品》为代表，这类碑刻书法整体上雄健刚强、率真质朴，呈现出风格多样性的特征，与当时以北魏洛阳元氏墓志为代表的官方书风迥然有别。

北朝后期，由于受到佛教“末法”思想影响，特别是在经历了北魏和北周的两次灭佛浩劫后，一场声势浩大的刻经之风骤然兴起，佛教徒开始将经文刻在山崖或石碑上。这些刻经既有皇家背景，也有典型的底层文化特征。前者以位于北齐京畿附近的邯郸响堂山刻经与中皇山摩崖刻经等为代表，后者以位于山东的泰山经石峪《金刚经》与邹城“四山摩崖”等最为突出。这类摩崖刻经书法在风格上呈现出雄浑圆厚、浑穆简静之美。

尽管南北朝时期的佛教造像题记书法与佛教刻经书法所呈现出来的风格特征和美学追求与佛教的教义教理并没有直接、必然的联系，但作为佛教与书法两者融合的风格类型，对后世书法影响深远。正如清人阮元在《北碑南帖论》中说："短笺长卷，意态挥洒，则帖擅其长；界格方严，法书深刻，则碑据其胜。"康有为在《广艺舟双楫》中也说："吾见六朝造像数百种，中间虽野人之所书，笔法亦浑朴奇丽有异态。"清代书家大多重碑，对北朝碑刻书风给予高度评价。

隋唐时期，佛教的发展迎来了宗派林立的局面，天台、华严、禅宗、唯识、净土等佛教宗派的出现，表明此时中国佛教已完全融入中华文化体系，并形成其相对独立的理论体系，最终实现了佛教发展的中国化。晚唐时期，禅宗思想凭借它强大的渗透力，开始向社会的各个层面转化并实现它自身的价值。

晚唐以后，禅宗思想持续影响中国思想发展的进程，铸造中华民族的人生哲学，陶冶知识阶层的审美情趣。禅宗思想的发展逐渐由山林禅寺转向社会和思想界，对文学艺术产生了极大的影响，书法也概莫能外。这一时期，禅宗特别是主顿悟的南宗禅主张不立文字，教外别传，直指人心，见性成佛，认为只要"本心澄净"便可立地成佛。在"若不究心，坐禅徒增业苦；如能护念，骂佛犹益真修"的思想支配下，禅宗各派中普遍出现不尚坐禅、不尚苦行现象，修禅者随缘任运，呵佛骂祖，机锋棒喝，亦狂亦癫。此时的书法家们从南禅风中找到了强有力的宗教思想依据来支撑直指人心、直抒胸臆的创作理念，这使他们隐约领会到书法应重视清净本心，要以抒情达意为书法创作的第一要义。以怀素、亚栖、贯休、梦龟、彦修等僧人为主要代表的书家们强调书法创作中推陈出新、通变的观念，认为"变"是古往今来书家成功的关键，若执法不变，终成书奴。这种对于创新的重视与佛教中以"自觉觉他"、涅槃智慧挽救众生为目标如出一辙。这一创作理念几乎垄断了整个晚唐乃至五代书坛，为宋代尚意书风的形成埋下了伏笔。

宋代最为杰出的三位书家——苏轼、黄庭坚、米芾，都与禅师常相酬往，他们的书法自然而然地受到禅宗思想的影响。特别是苏黄二人，在与高僧交往酬答中，着力于佛学思想义理和禅宗美学境界方面的探索与体悟，"以文字而做佛事"，在佛法与书法中体悟如来的不二法门。正是以苏黄为代表的宋代文人在经历了人生起伏、仕途荣辱后，或"由儒入禅"，或"由儒入道"。他们参禅问道、游戏笔墨的书斋生活与尚意自适的日常书写，成了“一种集士大夫学问、道德与文人审美于一体，融合儒、释、道三家哲学内涵，既受文人敬仰又亲近生活的状态”，最终促成了宋代尚意书风的形成。[①]宋代以后，尽管佛教与书法频频交往，但佛教思想对书法艺术新的渗透并不多，值得一提的是明人董其昌,《明史》称其“性和易，通禅理，萧闲吐纳，终日无俗语”。董氏与莲池、憨山等禅师关系甚密，还曾批阅过禅宗经籍《永明宗镜录》，具有非同一般的佛学修为。董氏受《楞严经》中“八还辨见”的启发，悟得“书未有学古而不变”的道理，并将佛家“梵我合一”“无上清净”的境界巧妙地化入其书写实践，创造出笔法“无迹可寻”、墨法“淡趣”的萧散简远书风，对晚明以后的书法产生重要影响。

佛教传入并逐渐融入中国文化的过程，始终都离不开文人士大夫的支持与倡导。反之，佛教思想又影响他们的精神世界、文艺创作与日常生活。在书法上，佛教思想除了影响其艺术理念、审美取向和创作实践之外，古代文人又以书法抄经等酬报助扬佛法。历代书法名家，几乎都写过佛教相关的经典或碑文书帖。如王羲之写了《遗教经》，张旭写了《心经》，柳公权写了《心经》《金刚经》和《清净经》，苏轼书写了《心经》《金刚经》《华严经》等经、序十余种。另如欧阳询、褚遂良、虞世南、颜真卿、黄庭坚、赵孟頫、米芾等都参与过佛教写经。

佛教自初传起，经典的翻译与传播都依赖于手工传抄，随着佛教的迅速发展，抄经更是需要大量人员的参与。此时，佛教典籍中都将抄经视为重要的修行行为，称之有无上功德，如《妙法莲华经·普贤菩萨劝发品》云：“若有受持读诵，正忆念，修习《法华经》者，当知是人则见释迦牟尼佛。”于是，抄写佛经、念诵佛经便成为一种普遍的社会现象。写经、抄经者除了僧侣，还有普通民众、居士、文人、商人、手工业者，更有王公贵族等，几乎涵盖了社会的各个阶层。这些人中除了一部分有一定文化基础的佛教信徒是由自己来抄经，其他绝大部分的人要借助于他人来完成抄经。更多时候，他们雇佣一些社会地位较低且有一定书写经验的人，于是便有了专门的职业写经人，被称为“经生”。与此同时，寺院也形成了一套由经生、官经生、书手、楷书手、校书手、典经师等组成的专门的组织机构，

① 刘超：《〈元祐党籍〉碑刻与元祐文人精神——兼论“苏学”“苏字”在南宋的传播》，《荣宝斋》2019年第4期。

并对写经的过程和仪轨进行严格规定。据宋代《宣和书谱》载：经生在抄经过程中"修整自持"，"数千字终始如一律，不失行次"，"一波三折，笔之势亦自不苟。岂其意与笔正，特见严谨，亦可嘉矣"。由此可见，抄手们在抄写经文时，要有恭虔之心，心无杂念，心平气和，神智宁静，完全进入角色，达至玄妙境界。对经生来说，还要做到速度与质量两不误，既要抄写得快，不耽误功夫，又要规矩齐整，便于诵经之人诵读。就这样，写经书法虽然在各个时代体现出一定的差异，但是其用笔、结构和章法逐步固定下来，形成独特的风格类型，在书法史上被称为"写经体"。现在人们看到的敦煌写经，在这类书法中蔚为大宗。

敦煌写经书法主要是楷书，而且是小楷，书写工整清楚，通篇从结体、笔法和章法布白形式上都趋于统一稳定，既与所处时代的主流书法相互融合、相互影响，又具有相对的独立性。魏晋时期的写经，因正处于隶书向楷书的过渡时期，带有明显的隶书意味，类似当时流行的钟繇楷书。南北朝时期的写经则明显受到魏碑书风的影响，基本上摆脱了隶书风格，结体上"斜画紧接"，笔画中明显体现出刀刻外露的锋芒之感。隋唐时期的写经风格与当时的主流书风相比则有一定滞后性，尚有隶书、魏碑的余续，整体上为工整优雅的妍美书风所代替。到晚唐五代时期，受"唐尚法"的影响，敦煌写经书法在笔势、结构、笔法上逐渐与社会主流书风趋于一致。

敦煌写经以大量的墨迹遗存清晰地展现了书法字体从隶书到楷书的演变过程。此外，敦煌写经虽有千人一面之嫌，但仍具有鲜明的类型特征，颇受后人关注，如王学仲便将之与"帖学""碑学"并列，作为一种新的书法类型——"经系"提出来。

从中国绘画的发展历程来看，来自佛教的影响同样至关重要。

首先，佛教文化的发展促进了绘画艺术自觉的产生。汉代以前的绘画，如常见的"圣贤图""帝王图""烈女图"等人物画，其目的和书法一样是为了"成人伦，助教化"，重视外形之似、相貌之真。自汉末魏晋时起，人物画虽未完全摆脱人伦教化作用，仍强调形似貌真的一面，但已然发生着明显的变化，即朝着神似的方向发展。这些新的变化，在曹不兴、卫协、顾恺之三代画家的身上体现得尤为明显。此外，这一时期的人物画中开始增添了佛教的诸佛、菩萨、天神、伎乐等形象，并开始涉及山水自然。虽然此时的自然并不作为画面的重点，其目的只是以“物”衬“人”。但颇受战乱纷争、政治煎熬的人们开始逃离世俗，崇尚自然、寄情山水，最终导致山水题材绘画的出现。这一时期绘画观念的转变与佛教在传播、发展中形成的玄禅思想密切相关。在玄禅思想指导下，书画都得以上升到“道”“心”本体论高度，于是便由“技”进入“道”的境界。此时的书画家要表现心中的“意”，而这个“意”即来源于天地阴阳的变化，二者是相通的。由于“心”与“物”互相作用，不相对立，因此中国书画美便成为由阴阳变化所决定的天地万物和谐之美，以及与之相一致的主体“心”的共同表现，两者打成一片，不可分割。至此，绘画艺术在“道”理念下，对自然现象重新加以组织、加工、提炼，显示的是生命的和谐结构，以及宇宙生生不息的运动变化。这种中国特色的美学理念与西方美学中古希腊的“模仿论”、西方现代的“表现论”迥然有别。

其次，佛教文化对中国绘画最为深刻的影响还表现在来自禅宗的影响。自晚唐以来，禅宗的审美情趣影响到中国绘画，最终促成中国绘画艺术的革命，即写意书画的出现。之后，写意书画逐渐成为中国书画的主流。在禅宗思想影响下，绘画成为文人士大夫们参禅悟道的重要手段。该类绘画的内容往往超越时空的限制而带有很大的主观随意性，譬如绘者往往会将桃花、芙蓉、莲花等属于不同季节的内容置于同一画面。宋人沈括将之概括为“此乃得心应手，意到便成，故造理入神，迥得天意，此难可与俗人论也”。宋代以后，这一理念得到进一步发展，人们开始关注“主意”，以“意”为尺度评价画作的高低优劣。可以说，唐宋以后逐渐走向成熟的“以意为主”的审美观及写意画的形成和发展与禅宗的影响密切相关。

最后，学理上论述绘画与禅宗的关系颇为顺畅，但要对“禅画”进行明确界定颇为艰难，众说纷纭。综合起来，禅画的特殊性并不局限于题材或者绘画方式，而是作品在形式之外的精神内核，这种内核与禅宗修行的特殊体验有着密切联系，从而使得人在绘制或观看画作获得类似于禅修一般的心理体验。随着“禅”的世俗化、生活化，禅画也并不囿于禅门之内，作者的身份也不局限于沙门比丘，故其名号称为禅意画更为合适。概括起来，禅意绘画总体上表现出心中自然、直观顿悟、水墨妍彩等美学特征。

《中国佛教美学典藏》佛教书法部分为《佛教碑刻》《敦煌写经》《禅德墨迹》《禅意绘画》四卷，分别由胡吉连、李逸峰、聂清、陈粟裕负责撰写。各卷在编写体例上各有特色，或以时间为序，或分门别类。四卷对佛教书法中的碑刻、写经、禅德墨迹及禅意绘画在各个时期的代表作品进行讨论，着重阐释佛教文化与书画艺术的融合与互动，解析不同作品的美学内涵。

有关佛教与中国文化艺术关系的讨论，是一个老生常谈的问题，也是不断发展且常谈常新的问题。囿于我们的水平有限，所述难免存在纰漏之处，敬请有识者批评、指教

何劲松　胡吉连

2022 年 10 月 29 日

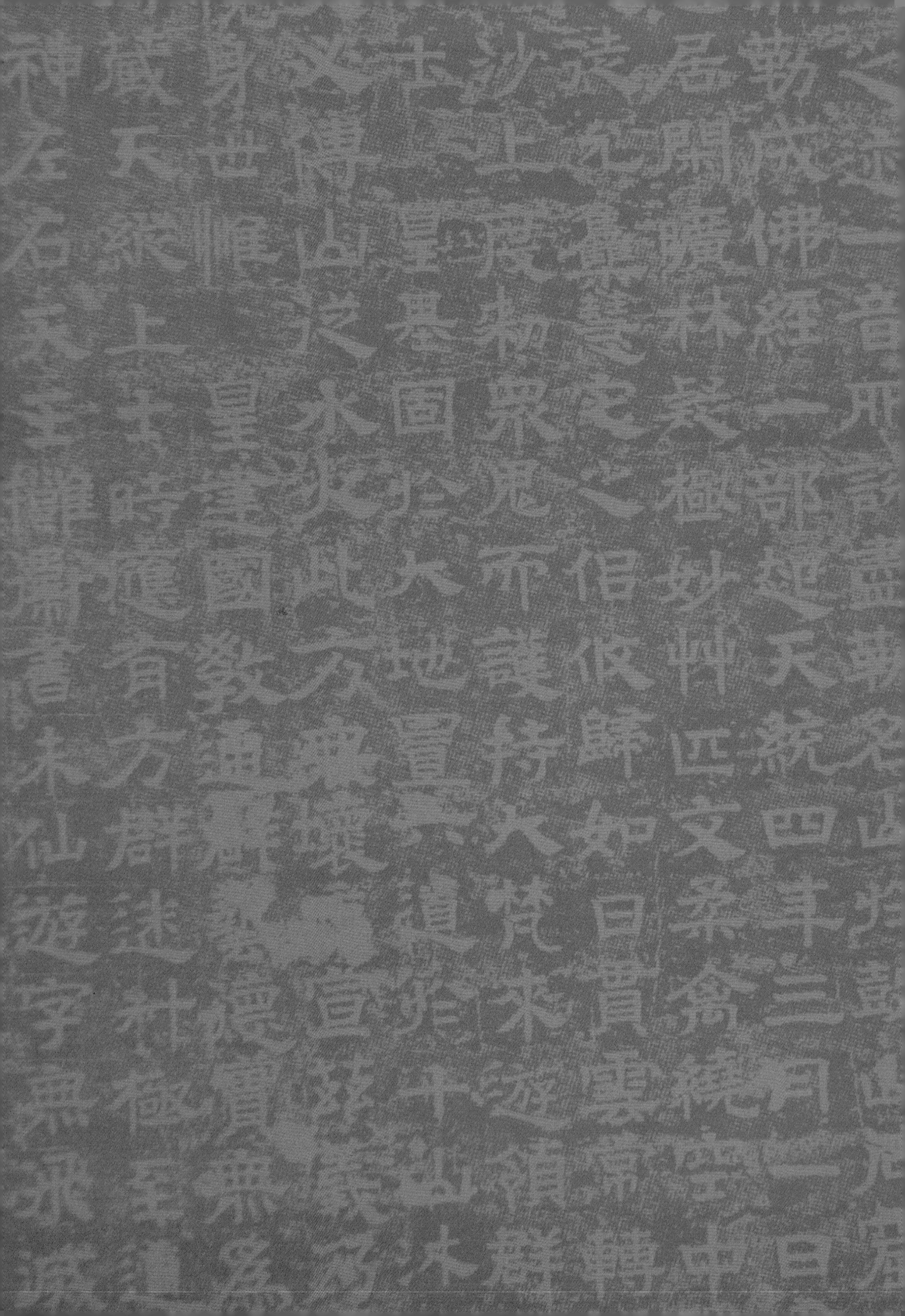

目 录

图片目录

佛說

第二章

造像题记

第三章 寺塔碑碣

中国
佛教美学
典藏

绪论

碑刻，也称石刻。对于石刻的分类历来没有严格统一的学科分类标准，各家之间对石刻的分类和定名存在不同程度的分歧。广义上的碑刻指以石质材料为载体，用金属刀具在石上雕刻文字或图像，包括摩崖、碑碣、塔铭、墓志、石经、造像题记、经幢、地券、建筑物上的铭刻、石阙、石雕造像等；狭义上的碑刻指在石面上镌刻文字，如摩崖、碑碣等铭文、题记。一般而言，凡在石质材料上刻写的各类文字皆可称为碑刻文献。

据考古发掘，先秦以前的石刻都是在天然石块上镌刻文字，没有固定的形制，如守丘刻石、石鼓文等。古代文献关于石刻最早的记载是《史记·秦始皇本纪》："二十八年，始皇东行郡县，上邹峄山，立石。与鲁诸儒生议，刻石颂秦德……禅梁父，刻所立石。"[①] 这段文字说明当时镌刻文字的主要目的是刻石铭功。秦始皇巡游各地，到处刻石，是为了"表垂于常式"，彰明其文韬武略、法令制度等。

佛教自两汉之际传入中国，随着其不断深入发展，与中国哲学、文学、艺术等联系逐渐密切，并彼此相互影响，其中与书法的关系尤为突出。总括起来，佛教大致以两种方式进入书法视阈。其一，在其早期传播过程中出现了大量与佛教经典及信仰相关的墨迹与碑刻。其二，禅宗思想的影响。特别是中晚唐以来禅宗思想日趋文人化，影响中国书法的思想与创作，这类作品表面上和佛教无直接联系，但却被烙下了深刻的佛教印记，特别是禅宗思想对书法审美的渗透与影响。

佛教重视供养"三宝"，而诵读佛经是供养法宝的主要形式，书写传播佛教经典更是弘法的主要手段之一。因此，僧侣、信徒等借写经积累功德、研习书法的风气逐渐昌盛，诚如陈垣在《明季滇黔佛教考》一书中所说："诗文杂学之外，释门所尚者，厥为书法。"以敦煌写本为代表的经书便是佛教书法的重要载体。除写本书迹之外，还有造像题记、石刻佛经、寺塔碑碣等书迹形式，这类统称为佛教碑刻。

---

① 司马迁：《史记》，岳麓书社，2001 年 9 月，第 44 页。

据实物遗存可知，早期佛教造像题记多以石、金或铜等为基本材质。造像题记所涉内容驳杂，大多涉及与造像相关的时间、人物、动机，以及发愿对象等。造像题记书法，以北魏时期的龙门石窟造像题记最为著名，也最受关注。此外，敦煌石窟、云冈石窟、巩县石窟的大量的造像碑文、题记，分布广泛，时间跨度更长，数量更为宏大，内容也更为庞杂，具有宗教、社会、书法等多方面的文化史意义。从书法角度考量，具有多样性风格的碑刻丰富了佛教书法的类型，为书法审美带来多样化的范式，应受到重视。北朝晚期开始，由于两次灭佛及“末法”思想的影响，黄河以北各地开始出现石刻佛经。石刻佛经最早以简短经偈的形式出现在造像题记当中，并逐渐独立出来，发展成摩崖、碑板等形式。石刻佛经则以山东泰峄山区摩崖刻经，河北邯郸响堂山石窟刻经、涉县中皇山刻经，四川安岳卧佛院石窟刻经，北京房山石经等最引人注目。寺塔碑碣的内容多为记录佛教高僧生平、思想和描述佛教寺庙胜迹等。佛教碑刻数量繁多，内容丰富，是研究佛教史的重要史料，同时也是书法研究的重要对象。

本书主要分为绪论、佛经碑刻、造像题记、寺塔碑碣四个部分。绪论介绍佛教碑刻的历史传承和类型。第一章分别按摩崖刻经、石窟刻经、碑板刻经和经幢刻经四种形式对佛教刻经情况进行论述。第二章阐述造像题记，尤其是龙门石窟造像题记的书法审美价值，兼顾云冈石窟、巩县石窟、敦煌石窟等其他地方的造像题记。第三章对佛教历史上一些重要的碑刻，特别是隋唐至宋代的一些著名书家的碑刻展开论述。

本书所述内容，颇为谨慎，尽可能地避免一些牵强的论调。笔者浅陋地以为佛教碑刻中的造像题记、摩崖刻经，总体上具有或率真自然，或高简静穆，或宏阔庄严的艺术审美特征，然而世俗碑刻亦不乏类似的艺术特征。也就是说，绝大部分的佛教碑刻如果忽视其内容的话，它们所体现的宗教意味并不明显，与普通碑刻之间并不存在泾渭分明的差别。然而这并非要否认这类碑刻的佛教美学价值，当人们置身于泰山经石峪、邹城四山，置身于响堂山石窟、中皇山石窟、龙门石窟时，一件件具有佛教意义的碑刻无不折射着佛的光芒，散发出独特的佛教美学意义。多种艺术因素在佛教的作用下才构筑成一个又一个的道场。不管是谁，置身于此都能感受到一种极大的宗教热情。在佛教精神的辐射下，泰山经石峪刻经的每一个字，如同器宇不凡的佛菩萨，或如潜心研修佛法的得道高僧。一通通碑刻被赋予了佛教的无穷力量；也就在此刻，佛性和书法完全融合。

需要说明的是，笔者原拟在第三章对宋以后的一些碑刻进行论述，随着写作的深入，发现宋以后许多著名的碑刻纸本书迹尚存，还有许多碑刻以摹拓的方式流传于世。而且从这一时期开始，佛教文化对书法的影响多集中在以禅宗思想等为主的佛教审美理想的介入，以“禅”论书、“书禅合一”的论述比比皆是。同时，随着摹拓技术的进步，宋元以后的许多佛教碑刻不再直接书丹，存有原迹。故最终放弃了这一部分内容。

第一节 佛教碑刻的历史

佛教史上，印度阿育王时期就已把尊崇佛法的诰文刻在山崖、石柱上。此外，还有一些散见于中亚摩突地区的佛塔、僧院、佛像等的奉献铭。[①] 在中国现存文献中，关于佛教碑刻的最早记录，是北宋赵明诚《金石录》所载十六国时期前赵光初五年（322）的《浮图澄造释迦碑题记》。中国实物遗存中，有一通《张伯通造像题记》，时间为晋太康三年（282）。也就是说，目前为止中国佛教碑刻可以追溯到3世纪末。此外，中国的早期佛教碑刻有十六国时期传下来的北凉石塔，大都镌刻有经文和发愿文，其中一些有明确的纪年。如纪年为承玄元年的高善穆石塔。据考证，"承玄元年"为428年。此外，还有纪年为承阳二岁的甘肃酒泉马德惠石塔，史岩在《酒泉文殊山的石窟寺院遗迹》一文中称此为"令狐飒□造经塔"。据考证，"承阳"应为十六国时期夏国赫连昌所用年号，承阳元年为425年。故"承阳二年"为426年。[②] 从这些文物出土地来看，早期佛教碑刻比较多地集中在河西走廊的古凉州地区，尤以酒泉、敦煌为多。此类碑刻文献的大量出现，表明古凉州为中国佛教东传路线图上的重要地区。

从文献方面来看，目前有关内地佛教碑刻的早期记载有：清代陆耀遹《金石续编》所载的浙江会稽（今绍兴市）"妙相

① ［日］高田修：《佛教的起源》下卷，载《世界佛教名著译丛》第90册，台湾华宇出版社，1985年8月，第545—547页。
② 朱雷：《出土石刻及文书中北凉沮渠氏不见于史籍的年号》，见《敦煌吐鲁番文书论丛》，甘肃人民出版社，2004年，第31—37页。

寺石佛题字"[①]，纪年为永明八年（490）；又，清代王昶《金石萃编》所载纪年为太和十七年（493）的"洛州乡城老人造像碑"，以及纪年为太和廿二年（498）的"始平公造像记"。[②]综合文献和实物来看，早期佛教刻石，多是与造像相关的碑和题记，这些刻石形式相袭成风、影响深远，几乎贯穿于佛教碑刻的整个发展过程。

有关佛经内容的碑刻在中国古代碑刻中亦数量众多。佛经碑刻滥觞于5世纪初的北凉时期，地处西北河西走廊敦煌、酒泉等地的许多佛教造像的石塔基柱上都刻有佛经，内容多为《增一阿含经》中有关十二因缘的部分经文等。后来，中原佛教兴盛，佛教刻经之风在北齐、北周境内骤然而起。据清人赵之谦《补寰宇访碑录》载，北魏永安二年（529）二月六日"史同百余人造像造经记"[③]。这件佛经碑刻，为已知纪年最早的佛教刻经记载，可惜该碑经文内容不传于世，不能辨别属于哪一部经文，外部形制也不得而知。据赵氏所记，题记、造像、造经同列，可大致判断该段经文应刻于造像碑的碑侧，文字内容应不会太多。关于这一点，首先从早期的几处刻经遗存中可以得到佐证，如河南龙门石窟中莲花洞洞口北侧上方刊刻的《陀罗尼经》及该窟中的《般若波罗蜜多心经》（节文），洛阳石刻艺术博物馆所藏北齐造像刻经碑。北齐造像刻经碑的碑阴和碑侧刻有《不增不减经》，该碑书法风格与北魏后期龙门体近似，可能是目前为止发现的时代最早的一通造像刻经碑遗存。其次，山东济南千佛山黄石崖所存的《大般涅槃经·圣行品》《大般涅槃经·高贵德王菩萨品》和《妙法莲华经·观世音普门品》，河南安阳小南海龟盖山南麓中窟外壁镌刻的《大般涅槃经·圣行品》和《华严经偈赞》，等等，皆为佛经碑刻。

① 陆耀遹：《金石续编》，载《石刻史料新编》第一辑第4册，台湾新文丰出版公司，1977年，第3024页。
② 王昶：《金石萃编》，载《石刻史料新编》第一辑第1册，台湾新文丰出版公司，1977年，第477—485页。
③ 赵之谦：《补寰宇访碑录》，载《石刻史料新编》第一辑第27册，台湾新文丰出版公司，1977年，第20207页。

第二节 佛教碑刻的种类

佛教文化发达，在中国文化中占有不可替代的重要地位。有关佛教碑刻在中国古代石刻文献中占有很大的比重，且非常重要，无论是数量还是种类都十分丰富。就种类而言，佛教碑刻大致可分为佛经碑刻、造像题记和寺塔碑碣等。

一、佛经碑刻

佛经碑刻在佛教碑刻中所占的比重最大。其中一部分只是简单地刊刻部分节文（如某一偈或某一品），还有一些则是全面地刊刻完整的一部经文或者集刻三藏。由于刊刻意图不同，规模和形制也存在区别，主要分为大型摩崖刻经和小型碑板刻经两种类型。大型摩崖刻经又可以细分为摩崖刻经和石窟刻经。其中，摩崖刻经最为集中的地区为山东环东平湖地区和泰峄山区及其周边地区，其中以东平县洪顶山刻经、汶上县水牛山刻经、徂徕山刻经、邹城四山刻经，以及泰山经石峪（图0-1）为代表。这一类刻经，盛行于北朝晚期。隋唐时期也有三四处，宋以后绝少出现这种形制。

关于石窟刻经，首先与僧众修行禅定相关。僧众修行禅定时，必须寻觅一处僻静的地方观佛、观法。其次，北朝后期佛教僧众在石窟造像的同时刊刻佛经。这一类刻经以河北邯郸响堂山石窟及涉县中皇山石窟、陕西淳化县金川湾石窟、河南安阳小南海石窟、四川安岳卧佛院石窟等为代表。

经版刻经，首推隋末静琬大师开始刊刻的房山石经，其

图 0-1　泰山经石峪俯瞰图

次还有青城山唐代石经等。佛教以为佛法流传必经历“正法”“像法”和“末法”三个时期。北朝的两次灭佛运动，则进一步加剧了佛教徒对“末法”的认知，为了防止“末法”时期佛法不闻于世，遂镌刻佛经于碑石之上，以期垂之无穷、永葆昭晰。此外，还有一些独立的佛经碑刻，其形制和世俗碑刻并无二致。佛经碑刻通常单块碑刊刻一种经文，由于形制、大小所限，一般多为经文选段。北朝后期比较著名的佛经碑有东魏天平四年（537）山东曲阜胜果寺《金刚经碑》（该碑现藏于日本东京大学文学部），西魏大统十三年（547）河南禹州《高王经碑》，北齐皇建元年（560）山东东平县海檀寺《观世音经碑》、泗水县天明寺《维摩诘经碑》，北齐河清三年（564）山东巨野县石佛寺《华严经碑》，山东汶上县水牛山《文殊般若经》，山东济宁兖州区金口坝《思益梵天所问经》残碑遗存，等等。此外，还有隋开皇二年（582）河南安阳宝山《大集经月藏·分中言》、唐仪凤三年（678）河北高阳县《佛说弥勒菩萨兜率天下生成佛经碑》（图0–2）、山西太原晋祠《华严石经》等。

需要指出的是，刻经题记也是佛经碑刻的重要内容。刻经题记以房山石经数量最为巨大，蔚为大观。其他散见于各种形式的碑刻中，如摩崖、石窟、石塔（经塔）等处。如北齐乾明元年（560）河南安阳《镂石班经记》（图0–3），山东东平县洪顶山刻经中的《安公之碑》、邹城铁山《石颂》等。刻经题记对于理解佛经内容，了解译本流传及佛教信仰与佛教文化的发展等诸多方面都具有重要意义。

图 0-2 《佛说弥勒菩萨兜率天下生成佛经碑》，佚名，唐，正书，四面刻，阳面 37 行，行字不等，拓片纵 202 厘米，横 90 厘米，拓片现藏于中国国家图书馆

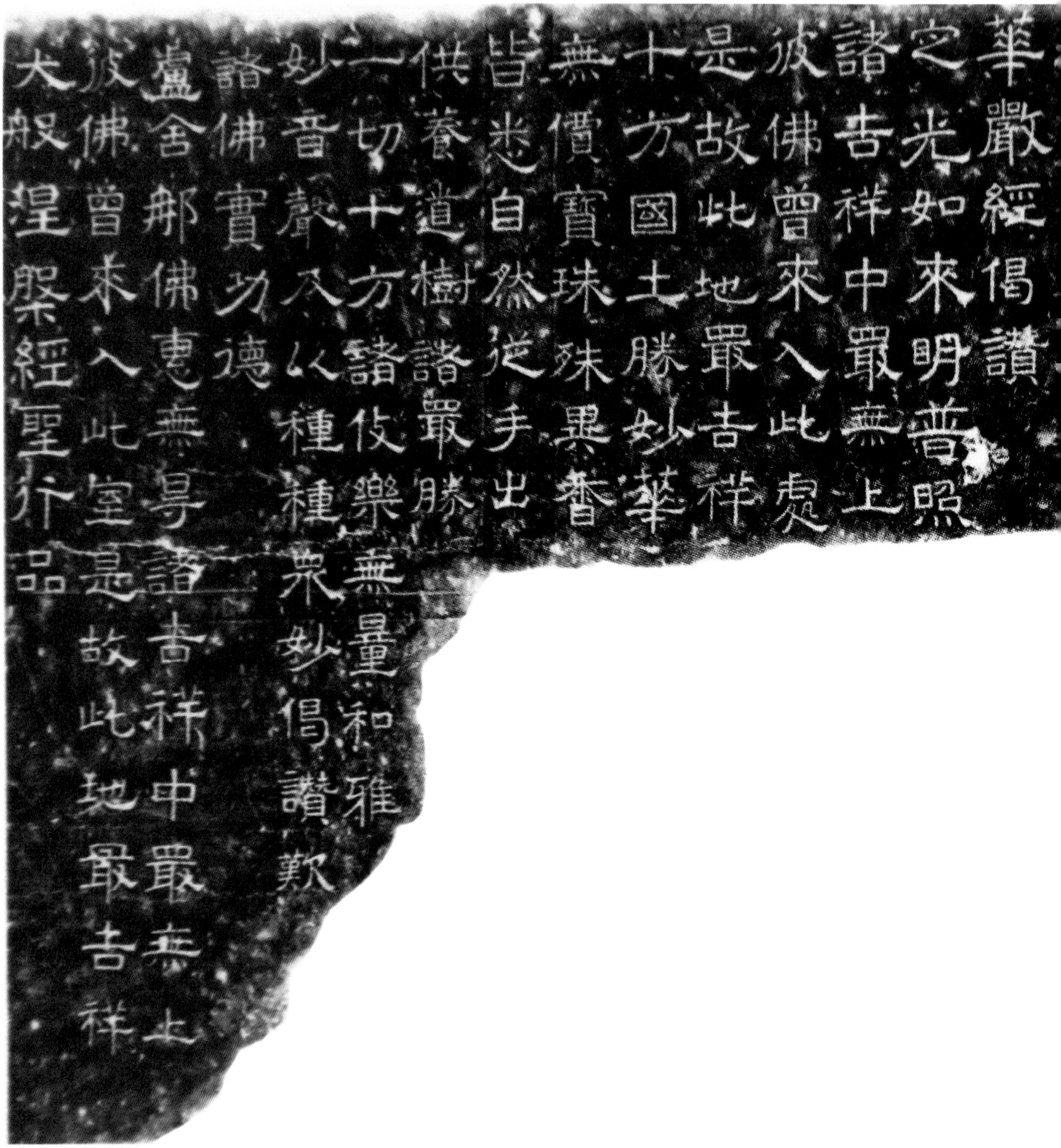

图 0–3 《镂石班经记》（局部），佚名，北齐，摩崖，隶书，12 行，整拓纵 66 厘米，横 233 厘米，河南安阳小南海石窟

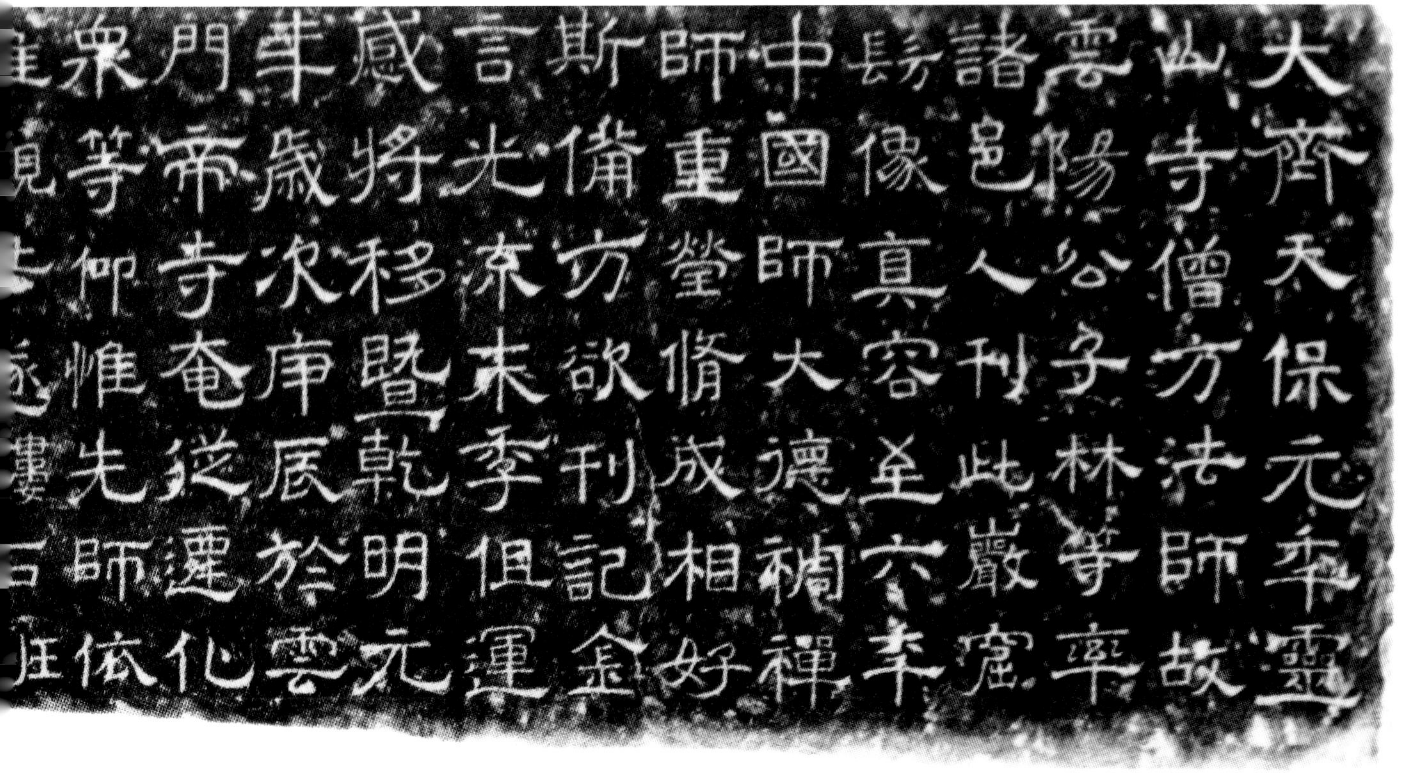

二、造像题记

佛教碑刻中，题记一类题材包括造像题记、建寺题记、建筑物题记、经塔或功德（浮屠）题记、巡礼题名碑，等等。其中以造像题记数量最为繁多，尤其是以《龙门二十品》为代表的北朝石窟造像题记更是受到广泛关注。造像题记又称造像记，通常是佛教功德主出资开凿造像，在造像旁边刻铭文记载其姓名、籍贯、官职、造像名称、造像起讫时间，以及祈求佛佑等内容。佛教造像有金、铜、石质等形式。石质造像就崖壁凿龛造像者，称为摩崖造像；采石雕凿独立可移动造像者，称为造像碑。造像碑题记一般镌刻于佛龛之上下左右，或另辟一石面刊刻相关内容。

摩崖造像中，最为常见、数量最多的是石窟造像。这种造像方式始于北朝时期，其制作方式是在岩壁凿出一石窟，并在石窟内凿刻佛像。佛像背部与石壁连成一体，不能分离，造像题记一般镌刻于佛像两侧或底部的崖壁上，其中也有少量的题记镌刻于佛龛之上。造像题记大量存在于各石窟建筑群中，如山西大同云冈石窟、河南洛阳龙门石窟和巩县石窟、甘肃敦煌石窟和麦积山石窟、重庆大足石窟、四川安岳石窟和广元石窟、河北邯郸响堂山石窟、山东济南千佛山石窟，等等。其中洛阳龙门石窟造像题记最为宏大，达 3600 多件。在造像题记中有时也镌刻一些经文选段或经偈，有关这一部分内容在前文已有论及。

三、寺塔碑碣

碑碣是佛教进行传播的主要形式之一，除了刊刻佛陀法相，以顶礼膜拜、祈求福佑，佛教碑刻涉及的内容也非常广泛。各地寺庙之中，遗存大量的寺塔碑碣，内容包括修寺、建塔、庙产等方面的记录，宗派传锡、师徒谱系的图表，以及功德、纪事、浮屠、刻经、立碑记，等等。从广义上讲，寺塔碑碣和前述的刻经、造像等有重合的内容。此处主要讨论的是狭义之碑刻，即可移动的、采石雕凿成的单体碑碣。

图 0–4 《马鸣寺根法师碑》，佚名，北魏，碑刻，正书，22 行，行 30 字，拓片纵 125 厘米，横 84 厘米，额纵横均 31 厘米，山东广饶县出土

历代流传下来的碑，大小各异，装饰与附属成分也不尽相同，一般分为碑首、碑身、碑座三部分。碑首正中一般称为碑额，额上往往题写碑名等铭文。东汉时期碑额雕刻中逐渐增加各种祥瑞纹饰，如神仙人物、祥兽、四灵等。南北朝时期四灵中的青龙又演变为碑首蟠龙纹。唐代以降，蟠龙缠绕组成的螭首逐步与碑身分离，形成螭首、碑身、龟趺三部分组成的碑式。

早期佛教碑刻和世俗碑志一样，同样受到士人耻于书碑传统的影响，寺塔碑碣鲜有书丹人题名的现象，以至于有的学者在论及佛教书法的时候称之为“无名书法史”。早期碑碣如北凉沮渠安周承平三年（445）《沮渠安周造佛寺碑》、北魏太和十二年（488）《晖福寺碑》、北魏正光四年（523）《马鸣寺根法师碑》（图 0–4）、山东汶上县《文殊般若经碑》，以及隋开皇六年（586）《龙藏寺碑》等，均未出现书丹人名。隋唐以后，文人逐渐开始淡化这种观念，文人书碑开始增多，甚至当时一些一流的文人书家开始书碑。像褚遂良、颜真卿、李北海、徐浩、柳公权、苏轼等一些书家更是留下了大量关于佛教内容的碑碣，他们所书丹的作品如《化度寺碑》《雁塔圣教序》《麓山寺碑》《多宝塔碑》和《玄秘塔碑》等都是重要的佛教书法遗存。

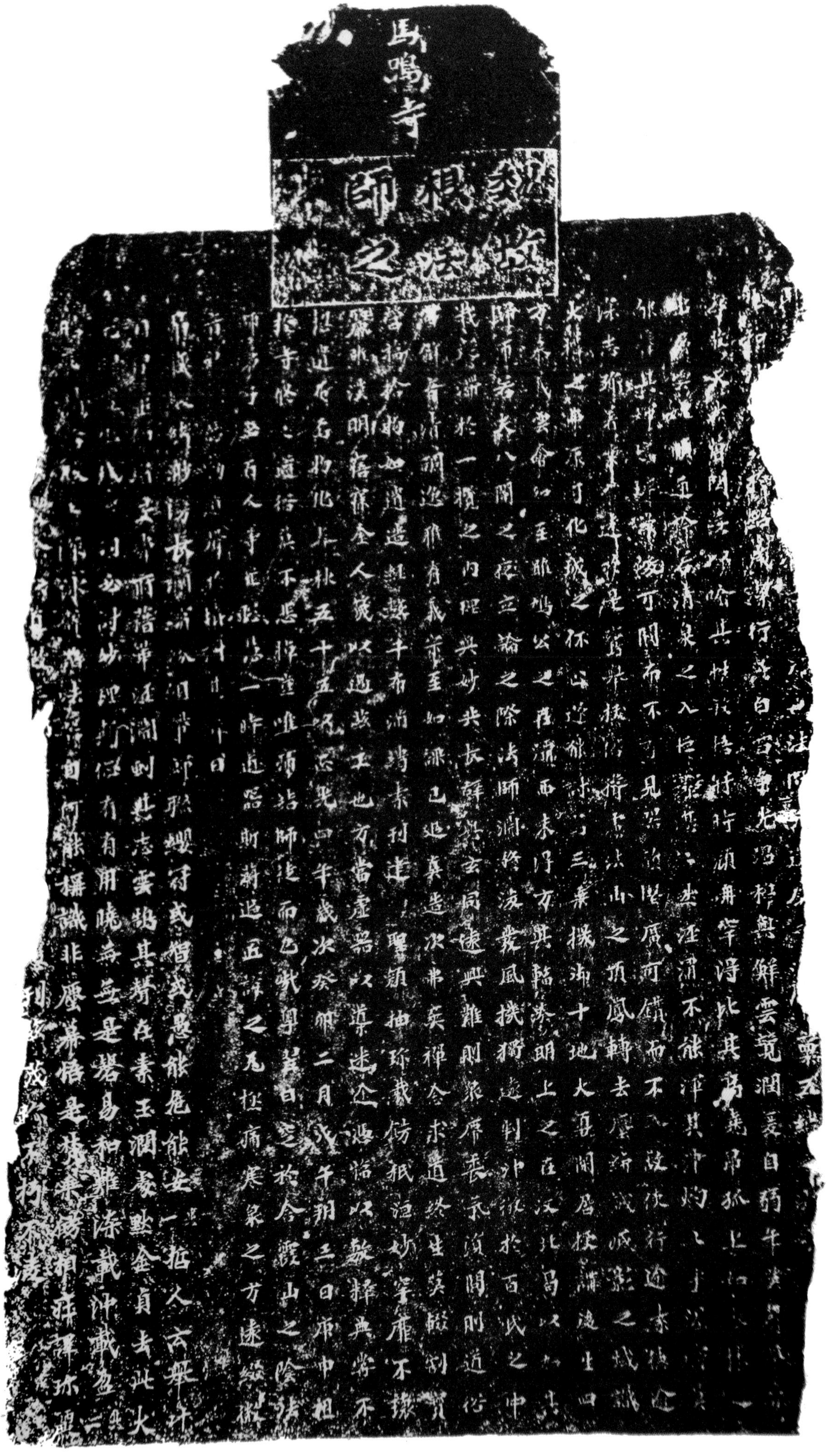
馬鳴寺
魏根法師之碑

中国
佛教美学
典藏

第一章

佛经碑刻

佛经碑刻根据其形制的不同，可以分为摩崖刻经、石窟刻经和碑板刻经等。

第一节

摩崖刻经

清代冯云鹏等所著《金石索》曰："就其山而凿之，曰摩崖。"清人叶昌炽《语石》认为："今人见题名，或称之为摩崖，不知摩崖不皆题名也。即桂林诸山，诗、赋、赞、颂姑无论，唐宋《平蛮》诸碑、韩云卿《舜庙碑》，非巍然巨制乎？……晋、豫、齐、鲁间佛经、造像，亦往往刻于崖壁……盖摩崖，犹'碑'也，为通称，为虚位，亦为刻石之纲，其文字则条目也。"① 马衡《凡将斋金石丛稿·中国金石学概要》指出："刻石之特立者谓之碣，天然者谓之摩崖。"②

所谓摩崖，即刻写在山崖石壁上面的诗文、题字，以及造像等石刻的通称。早期的摩崖一般是选择一片比较平直的崖壁，在上面直接刻铭。摩崖石刻依靠天然石壁，就地选材，因山随势，不必采石，不必运输，只要将石壁进行平整处理，成一平面，便可镌刻各种摩崖铭文，十分便利。摩崖的保存一般都比较长久。山体岩石任意取材，刻字面积大小随意，少受石面的限制，字体大小也比较自由。当然，由于石面裸露在野外，雨淋风化，也易被侵蚀；而开山取路、工程建设，有时也会对崖体造成破坏，使摩崖比较容易受到毁损。摩崖和石碑的制作手段、过程、形制，甚至内容等都有所不同。历代把摩崖也统称作"碑"，用的是碑的广泛概念。

徐自强、吴梦麟在《古代石刻通论》中认为，利用天然的石壁以刻文纪事的摩崖石刻，是古代碑刻中的一个类别，这里的摩崖石刻专指文字石刻。但在论及石质造像时，往往又提

---

① 朱剑心：《金石学》，浙江人民美术出版社，2015 年，第 182 页。
② 赵超：《中国古代石刻概论》，中华书局，2019 年，第 110 页。

到摩崖造像。摩崖石刻是指在天然的岩石上刊刻文字或形象等内容的一种艺术形式。

摩崖的源头可以追溯到远古的岩画。旷古先民用垩土或者利器，在崖壁上刻画鸟兽、人物等图像。文献上关于摩崖的最早记载是位于南岳衡山祝融峰上的《岣嵝铭》，内容颂扬夏禹治水功绩，文字诡谲怪异。但学界对此碑争论很大，基本断定其非夏禹时代的遗存，大多认为有附会前人之嫌。其他如河北赞皇县坛山崖刻、福建华安县仙字潭摩崖、贵州关岭布依族苗族自治县红岩摩崖、浙江仙居县仙居摩崖、江西广昌县古源摩崖等，都是早期摩崖的实物遗存，但这些刻符或文字仍有待破译。真正可以释读的早期摩崖是清代道光年间发现、位于河北广平县的《赵王群臣上醻》刻石，上刻有一行篆书："赵廿二年八月丙寅，群臣上醻此石北。"据考证，"赵廿二年"即汉文帝刘恒后元六年（前158）。其字体篆书中兼有隶法，堪称秦汉之际篆隶过渡时期的书法代表作。

摩崖在各类石刻形式中出现较早，如东汉时期的《石门颂》《西狭颂》和《郙阁颂》等。东汉时期刻于陕西汉中的《褒斜道摩崖》是现存规模最大、时代最早的摩崖碑刻群。古代蜀中被崇山峻岭阻隔，不与中原相通，有"蜀道难，难于上青天"之说。秦国通蜀以后，在褒水崖壁架设栈道，开山凿洞，修缮褒斜道，褒斜道成为沟通秦、蜀两地的交通要道。为了颂扬开道、修缮的浩大工程，产生了这批摩崖石刻。

摩崖碑刻常在山巅水涯、人迹罕至之处，多为壁立千仞的巍然巨制。汉代以后，摩崖仍是一种常见的石刻形式，亦不乏一些规模宏大的长篇铭颂，如北齐河清三年（564）《郑述祖重登云峰山记》、山东掖县（今莱州市）《云峰山题刻》、唐开元十四年（726）唐玄宗《纪泰山铭》、唐大历六年（771）湖南浯溪镇《大唐中兴颂》等。在各地名山大川的崖壁上，摩崖铭刻随处可见，除长篇铭颂之外，以题名、题记、诗词佳句居多。摩崖有些是经过书丹的，也有不少是直接奏刀凿刻，故其书风多自然开张，气势雄伟，意趣天成，表现出一种阳刚之美。

佛教摩崖刻经滥觞于北朝末年，并在短暂的时间里在北齐、北周境内迅速发展兴盛起来。佛教摩崖在摩崖石刻中占据很大比重，其中摩崖刻经如泰山经石峪《金刚经》、邹城四山摩崖刻经等，直接在未经精细处理的裸露崖面上镌刻佛经、佛名、造像、题铭等。

关于佛教刻经的动机，镌刻于北齐天保年间的河南安阳小南海石窟《镂石班经记》中曾有非常明确的表述，即"镂石班经，传之不朽"。后来在河北邯郸响堂山石窟《唐邕刻经碑》和山东邹城铁山《石颂》中均有类似的表达。佛教认为佛陀入灭之后，佛教发展将经历“正法”“像法”“末法”三个时期。关于“正法”“像法”“末法”三个佛法的思想解释，在《大悲经》《大乘三聚忏悔经》《悲华经》和《大集月藏经》等经典中说法并不一致。但是北魏发生太武帝灭佛事件，当时的僧俗人众对此忧患不一，认为已进入五恶、五痛、五烧的“末法”时期，希望佛法能得以永传，于是托以高山，开始大规模地镌刻佛经，藏之深山。佛教徒希望将佛经镌刻于山崖巨岩，使佛法传之不朽。摩崖刻经追求大山上的经文与环境浑然一体，与人的心灵浑然一体，创出一个有生命的自然整体。

摩崖刻经风气从北朝晚期延续至隋唐，宋元以后式微。北魏永平年间河南博爱县青天河刻《法华经·普门品》，即《观音经》之开篇；北魏永平三年（510）山西平顺县铭文镌刻《观音经》全文。山东济南黄石崖东魏刻经亦有《法华经·普门品》及无常偈。河南禹县有《杜照贤等十三人造像记》（图1-1），其下方镌刻《高王观世音经》，二者皆为西魏遗存。总体上，这一时期刻经总数仍较少，直至北朝后期，在北齐境内情形大变，刻经风起云涌。

北齐时期的摩崖刻经主要分布在北齐统治的河南、河北、山东境内，而尤以山东境内的泰山摩崖刻经最为著名。山东北朝佛教刻经集中分布在两个区域：一是环东平湖地区，如东平县洪顶山、平阴县洪范镇等地。二是泰山、峄山周围。泰山周围的刻经分布在泰山前后；峄山周围的刻经主要集中在山之前后，有尖山、峄山、铁山、葛山、岗山等刻经，大体在北朝时期的兖州境内。

此外，曲阳八会寺刻经颇值得关注。八会寺位于距河南曲阳县城8千米处的黄山上，始建于北齐。刻经刊于八会寺西北一花岗岩上，上有隋代开皇十三年（593）题记，共镌刻经文6部，其中龛内5部，龛外1部，龛楣镌刻佛名，这些佛经多为佛名，如《五十三佛名经》《三十五佛名》《二十五佛》和《现在贤劫千佛名经》等。该处刻经的特殊之处在于以佛龛的形式进行刊刻，目前为止国内仅发现此孤例。有人认为佛教刻经有一条北传的路线：由当时佛教中心向北传播至北京的云居寺，河北曲阳县八会寺石佛龛是这条路线衔接刻经原点和石经山藏经洞刻经的重要环节。[①]如此，八会寺刻经是研究北齐至隋代佛教刻经发展的重要史料。

① 刘建华：《河北曲阳八会寺隋代刻经龛》，《文物》1995年第5期。

图 1–1 《杜照贤等十三人造像记》(局部)，佚名，碑刻，西魏，四面刻，阳碑，隶书 8 行，行 21 字不等，拓片纵 54 厘米，横 36 厘米，河南禹县出土，现藏于美国波士顿博物馆

山东境内摩崖刻经

山东境内北朝佛教摩崖刻经，集中在鲁中丘陵地区的西、北部，位于流经山东入海的黄河众支流的东南方。刻经地点主要分布在两大区域，即环东平湖地区和泰峄山区及其周边。这些刻经中，尤其以泰山经石峪刻经和四山摩崖最为著名。

环东平湖地区刻经

东平湖，位于东平县，总面积627平方千米，是山东省的第二大淡水湖，也是黄河下游的重要蓄滞洪区。环东平湖地区刻经就分布在东岸的洪顶山，西岸的司里山、银山，以及东岸附近的洪范镇等地。

洪顶山有大洪顶、二洪顶之分，刻经位置在二洪顶西麓一凹形山谷的南、北摩崖石壁上。1995年被命名为“洪顶山刻经”。洪顶山南北两处崖壁刻经相距约150米，谷内有茅溪泉，终年不涸。洪顶山南北崖壁有四处造像龛（其中一处未完成），刻经共有二十四处，其中北崖壁十七处，南崖壁七处，内容包括《摩诃般若经》《大集经·海慧菩萨品》《摩诃衍经》《仁王经》和《文殊般若经》等佛经选段；佛名有“大空王佛”（大小不等共五处）和“大山岩佛”“高山佛”“药师琉璃光佛”，以及一组由“释迦牟尼佛”“阿弥陀佛”“观世音佛”“大势至佛”“迦叶佛”“具足千万光相佛”“式佛”“拘那含牟尼佛”“随叶佛”“□楼秦佛”和“维卫佛”等十三佛名组成的刻经等。在这些刻经内容中，有一处刻面纵930厘米、横490厘米的“大空王佛”①（图1–2），是整个山东摩崖刻经中规模最为宏大的佛名题刻，也是目前为止发现的中国古代最为巨大的碑刻遗存之一。

洪顶山刻经还有“安公之碑”“僧安道壹铭赞”“僧安道壹”“法洪题名”“经主法洪”，以及“释迦双林后一千六百廿三年”和“双林后千六百廿年”等一些有关经主、刻经时间等方面的内容。深入探讨这些摩崖碑刻对于研究该区域及山东地区北朝时期佛教发展有极其重要的价值。

平阴县境西南端有一文化古镇——洪范镇，该辖区内的书院东村、天池山、云翠山、二鼓山分布着四处规模不一的“大空王佛”佛名遗存，还有一处“阿

① “大空王佛”，是山东摩崖刻经中内容最具标志意义的一个，共出现14次，其中巨型佛名分布有三处，除上文这一处之外，与此地相隔不远的平阴县洪范镇二鼓山有一处，邹城尖山有一处，这三处巨型佛名镌刻都具有共同的图像化特征，或是同一“子样”放大镌刻而成。

图 1-2 洪顶山“大空王佛”俯瞰图，佚名，摩崖，北齐，刻面纵 930 厘米，横 490 厘米，山东东平洪顶山南崖

弥陀佛”刊刻于大寨山。这五处佛名题刻可能与当时洪范镇的名寺——崇梵寺有关。其中，二鼓山的“大空王佛”题名规模最大，纵 581 厘米，横 122 厘米，刊刻于北齐河清元年（562），是环东平湖地区刻经中最早有确切时间的题记。该处佛名和云翠山佛名均有供养人题记，依次为“比丘僧太、比丘道颙、僧安一、程伯仁”和“比丘僧令、比丘道颙、比丘智云、比丘宝陵”。“比丘道颙”两次出现在题记中，惜均无从可考。

司里山，又名棘梁山，位于东平湖西岸东平县戴庙镇司里村东。山顶的东、南、西三面均刻有造像，这些造像主要以佛像为主，也有一部分道教造像，刊刻年代不一。刻经主要有《诸行无常偈》《摩诃般若经·明咒品》和《大般涅槃经·憍陈如品》等。其中《摩诃般若经·明咒品》位于主峰东崖壁上，字体介乎隶楷之间，大部分刻痕被宋代造像所破坏，现只能隐约看到仅存的“无”“灭”“灭”三字的笔画痕迹。其中《大般涅槃经·憍陈如品》选段，似非北齐时所刻，书法风格和河北邯郸响堂山石窟中隋唐时期的造像题记十分接近。此外，在主峰东南角下端的《诸行无常偈》有一段造像题记，时间为北齐皇建二年（561），这段题

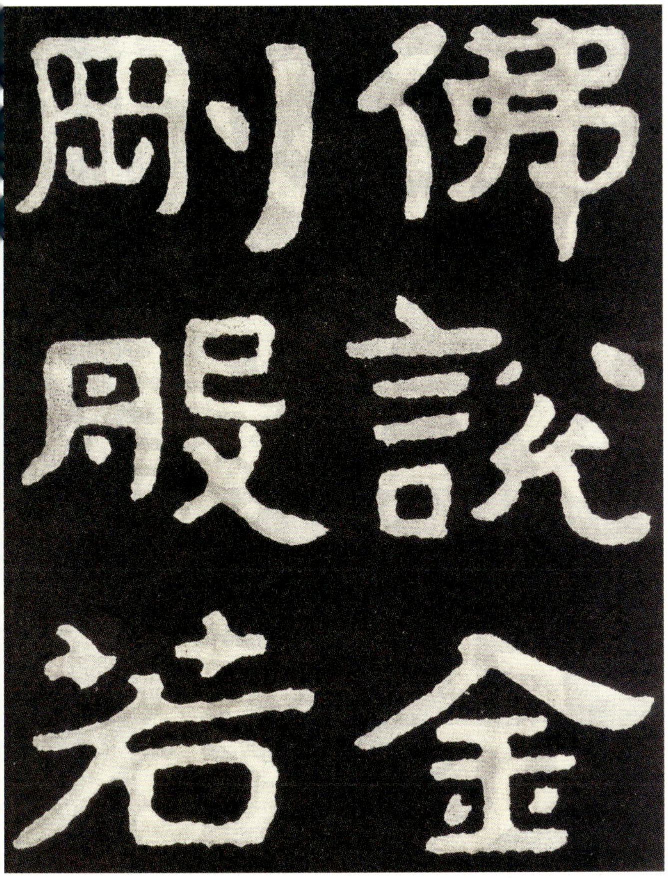

图 1–3 《金刚经》(局部)，佚名，摩崖，北齐，整拓纵 718 厘米，横 136 厘米，山东泰山经石峪

记可视为司里山摩崖刻经的时间上限。

此外，离东平湖不远处的滕州有两处刻经遗存。一处位于滕州柴户店镇南辛村罗汉山寨子顶上，仅存“何以故”三字，据推断当为《文殊师利所说般若波罗蜜经》节文，共 98 字的遗存，惜其他内容书写后未行镌刻，不知何因。另一处则位于滕州东南 25 千米处的羊庄镇陶山村北，有佛名“阿弥陀佛”“观世音佛”和经名“般若波罗蜜”，以及“经主”二字，共 4 行遗存。

泰山及其周边刻经

泰山经石峪刻经，位于泰山南麓斗母宫东北 1 千米处。经文刻在一片巨大的花岗岩石坪上，刻面最长处 52 米，短处 26.4 米，宽 32.2 米，面积 1200 平方米左右。经文选自鸠摩罗什译《金刚经》（图 1–3）。隶楷书，47 行，行 10—92 字不等，字径 50—60 厘米不等。据经本统计当为 2998 字，只因风化剥蚀严重，现按照有笔痕者统计，仅存 1382 字。第 31 行后多为双钩字。从遗存信息推测，泰山经石峪是一处没有完成的工程。

徂徕山在泰山东南约 25 千米处，刻经位于徂徕山林场光化寺旁及附近的映佛崖上。该处刻经现存两处，其中《摩诃般若经》选段，刻在光化寺东一巨型原石上；另有《文殊般若经》选段（图 1–4）刊刻于光化寺东南 1 千米的映佛崖巨石上。两处刻经均有重要组织者、经主“冠军将军、梁父县令王子椿”和刊刻时间为武平元年（570）的题记，以及其他一些僧俗人名。另据 1929 年卢衍庆《重修泰安县志》载，在《摩诃般若经》经石左侧有另外一块刻有“弥勒佛”“阿弥陀佛”和“观世音佛”三佛名的石头，可惜毁于 20 世纪四五十年代，现仅存少量拓片。

黄石崖刻经为东魏时期所刻，是山东地区最早的佛教摩崖造像经偈遗迹之一，该处刻经位于济南千佛山南约 1 千米处。这些经偈内容是佛教石窟造像的

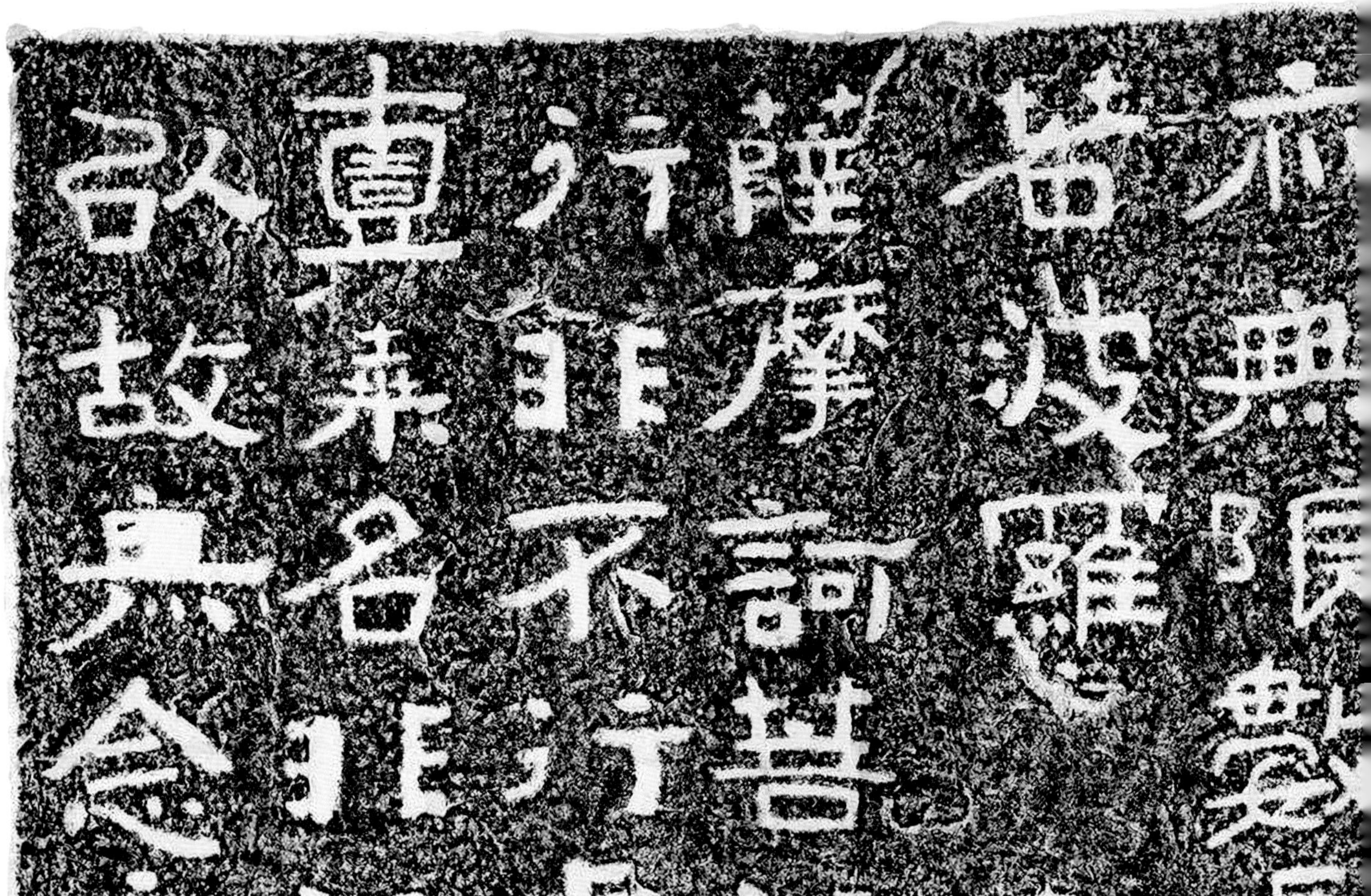

图 1-4 《文殊般若经》选段，佚名，北齐，摩崖，隶楷，14 行，行 7 字，题名 6 行，行字不等，拓片纵 130 厘米，横 313 厘米，山东新泰徂徕山

波羅蜜佛言般若
波羅蜜無邊無際
無名無相非思量
無歸依無洲渚無
犯無福無晦無明
如法界無有分齊

衍生品，和造像题记一样表达了像主（经主）借此建立功德的愿景。黄石崖石窟现存佛教龛窟造像及造像题记若干，其中有一些属于经文题记，经偈文位于最高处，12行，每行12字不等。20世纪五六十年代，因山体坍塌，偈文全毁，仅有少量拓片传世。经文前段出自《大般若涅槃经·圣行品》与《高贵德王菩萨品》，后段则出自《法华经·普门品》。

还有一些地方存在内容不同、规模不一的刻经，如汶上水牛山刻经。该处刻经位于汶上县白石乡小楼村水牛山之阳的石壁上，内容为梁曼陀罗仙译《文殊般若经》（图1–5）选段。值得一提的是，该处刻经遗址曾有一通《文殊般若经碑》被广泛引用，现已移入汶上县博物馆内。此外，宁阳县凤凰山（又称神童山）顶上有“大空王佛”“弥勒佛”“华光佛”等五处佛名，其中“弥勒佛”佛名旁有“彭大买”的人名题记。

峄山及其周边刻经

峄山及其附近的刻经，均分布在现邹城境内，共有六处，分别刊刻在峄山、阳山、尖山、铁山、葛山和岗山六座不同的山上，又称六山摩崖。

峄山，又名邾峄山、邹山，位于邹城东南10千米处，海拔548米，山势挺拔，怪石嶙峋，风景优美。峄山自古就是邹鲁名山，素有“小泰山”之称。峄山有历代刻石百余种，最为著名的是传秦代李斯所书的《峄山碑》。峄山有刻经两处，均为《文殊般若经》选段，分别位于山顶五华峰背面石壁上和山北半山腰妖精洞旁（图1–6）。山顶刻经东侧有河清三年（564）与一段数十字、人名为何能的刻经题记，可惜已经斑驳不清，无法辨识。妖精洞旁遗存则有“斛律太保家客邑主董珍陀”的题记。据此，推测此处刻经可能刊刻于斛律太保耶律武都任兖州太守期间，时间稍晚于五华峰刻经。

阳山，又名护驾山，位于邹城东南郊外，海拔215米。该处刻经位于东侧山腰一天然石室的后壁上，内容、书体、书刻格式与峄山妖精洞旁董珍陀刻经一致，即《文殊师利所说般若波罗蜜经》节文，共98字，字径略小，未见年号及题记。该处刻经现已不存，被毁于20世纪70年代。

尖山，位于邹城东南4千米处。刻经位于东山岭上，包括《文殊般若经》选段和《思益梵天所问经·问谈品》《诸行无常偈》一处，佛名“大空王佛”一处，以及各种题记、题名10段。其中有一段武平六年（575）的时间题记。该处刻经中“晋昌王唐邕妃赵”“陈德茂、德信妃董”“汉大丞相十八世孙韦伏儿、

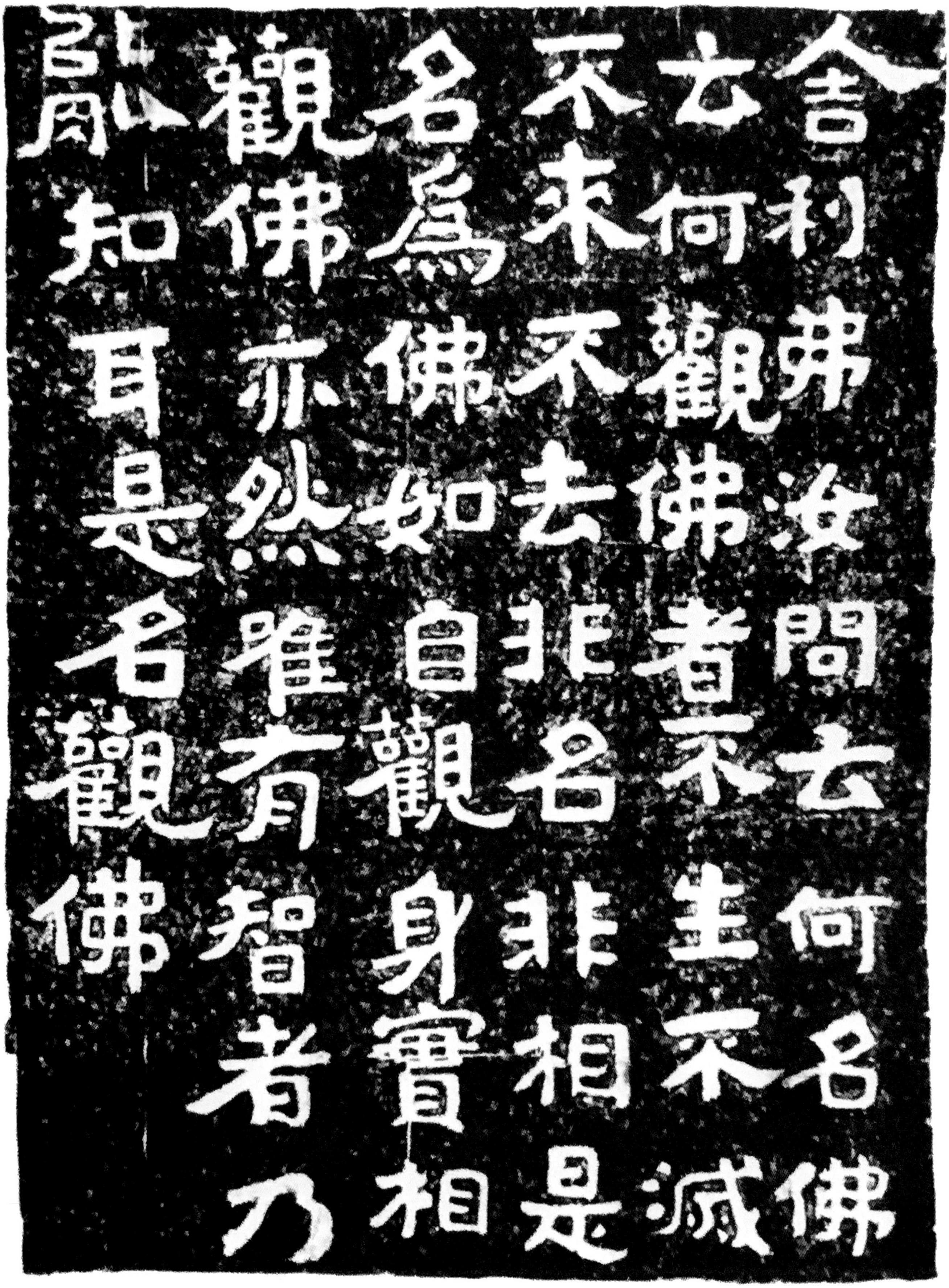

图 1–5 《文殊般若经》，佚名，北齐，摩崖，隶楷，6 行，行 9 字不等，拓片纵 234 厘米，横 171 厘米，山东汶上水牛山

邯偉大保家客邑主董珎陁
文殊師利白佛言世尊何故名般若
波羅蜜佛言般若波羅蜜无邊
无名无相非思量无歸依无洲
犯无福无晦无明如去界无
亦无限數是名般若
薩摩訶薩行處非行非不行
一乘名非行處何以故无念

韦钦之”“都维那经主韦子□”和“僧安道壹”等人名题记，颇引人关注。这些拥有较高社会地位的人士第一次集中出现在山东北朝时期刻经中，据此可判断从北齐武平六年（575）开始，山东摩崖刻经进入一个新的时期，具有了新的特点。可惜的是，在1960年修西苇水库时，因采凿石料，刻经被炸毁。目前，该处遗址除支锅石上还残存个别笔痕之外，其他内容尤存。

铁山，位于邹城北面。刻经位于山北的石坪上。内容为《大集经·海慧菩萨品》选段和《石颂》，以及题名。又有《李巨敖题名》和《孙洽等题名》两处。其中《石颂》（图1–7）对铁山刻经的时间——北周大象元年（579）、刻经的缘起、刻经的组织者等都有论述，是深入研究山东南北朝后期摩崖刻经最为重要的遗存。其中“如龙蟠雾，似凤腾霄，精跨羲诞，妙超英繇”，“于是有齐大沙门安法师者，道鉴不二，德悟一原，匪直秘相咸韬，书工尤最。乃请神豪于四显之中，敬写大集经穿菩提品九百卅字，遗斯胜句，以囗拔世”，是时人对僧安道壹的书法的评价。

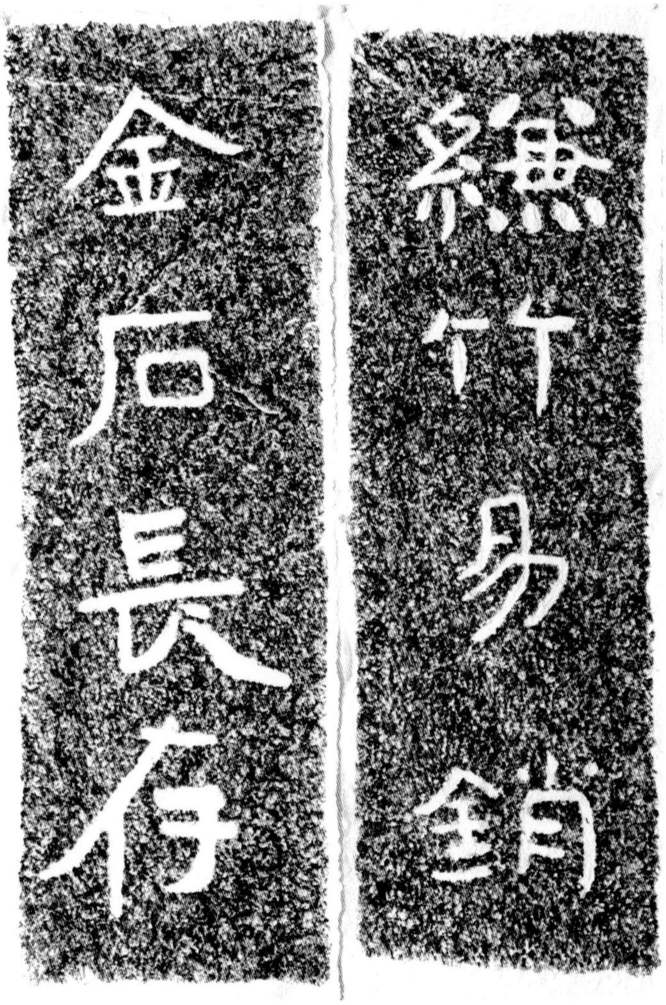

左：图1–6《文殊般若经》（局部），佚名，北齐，摩崖，隶楷，7行，行14字不等，拓片纵343厘米，横232厘米，山东邹城峄山妖精洞

右：图1–7《石颂》，佚名，北齐，摩崖，隶楷，12行，行字不等，整拓纵1700厘米，横400厘米，山东邹城铁山

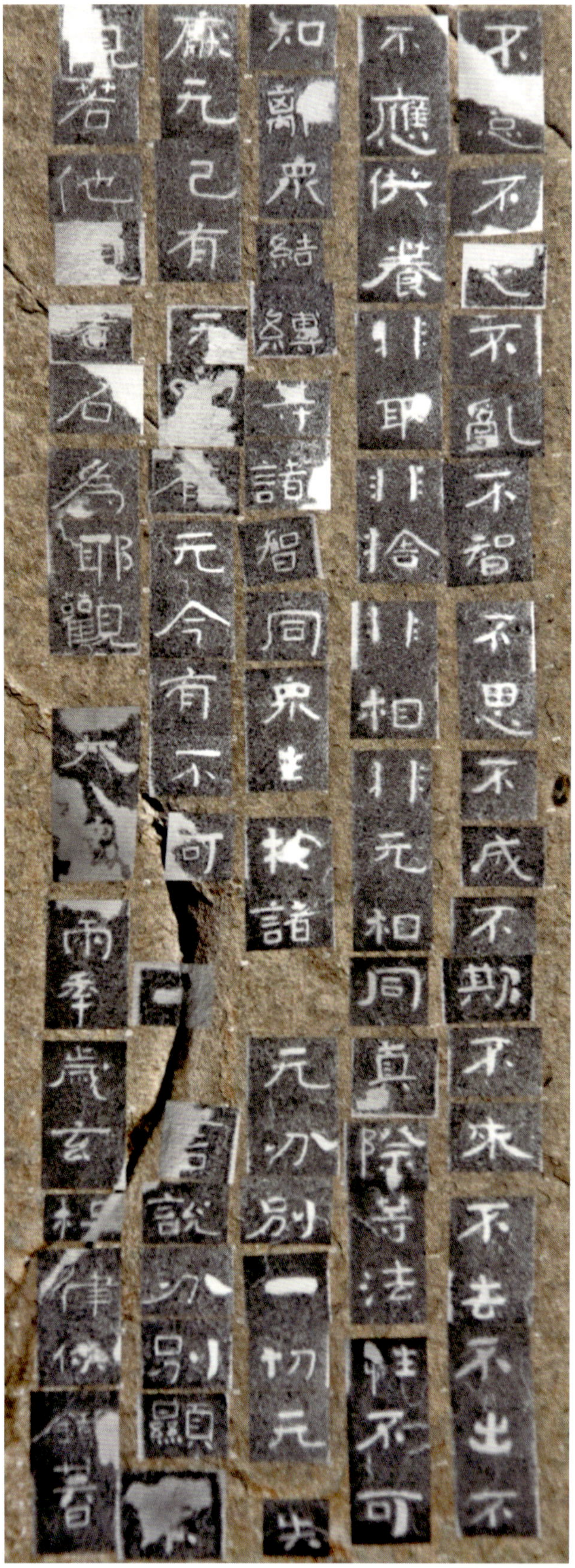

图 1-8 《维摩诘经·见阿閦佛品》(局部), 佚名, 北齐, 摩崖, 隶楷, 10 行, 行字不等, 拓片纵 2088 厘米, 横 836 厘米, 山东邹城葛山

葛山，位于邹城东 13 千米大束镇葛庄村北 1.2 千米处。经文刻在葛山西麓的一巨大的石坪上。内容选自《维摩诘经·见阿閦佛品》(图 1-8)，经文下方刻有题名 6 行，行 5 字，风化严重，已难辨认，内容不得而知。

岗山，位于邹城北近郊，南邻铁山。山上刻有经文两种：一为《观无量寿经》节文，位于东区鸡嘴石上；一为《入楞伽经·请佛品第一》节文，该段经文刊刻有两遍，字径大小不一，内容基本相同，其中小字分东、西两区刊刻于 5 块岩石上，大字则分东、西两区散刻于 30 余块巨石之上。

此外，在鸡嘴石附近有“大空王佛”“阿弥陀佛”“释迦文佛”和“弥勒尊佛”等佛名，还有“大象二年七月三日”的时间题记及“比丘惠晖、比丘尼法会、比丘道成、僧岸、像主朝思和、唐章、韦传竹妃”等人名题记。岗山刻经虽刊刻于北周大象二年(580)，但情况极为复杂，既具有早期刻经的一些特点，刻经内容又为经文选段和常见佛名。刻经团队与尖山刻经一样出现了女性信众等，这些人的社会地位比较高。但经文的具体内容与前期刻经又有明显不同，《观无量寿经》和《入楞伽经》在早期刻经中均未出现过。岗山刻经还有一个比较突出的特点是将大字版的整段经文都散刻在一些石头上，字数从单字、数字到数十字不等。如《观无量寿经》分刻成了“炎如百千，日照金山”和“他方佛土，俱来集会是诸菩萨，具足无量自在”（图 1–9）等数十块书法风格不尽相同的单体摩崖。据说后来受地震影响，很多石刻都散落到山腰的狼沟，有些甚至不见了。这种刻经方式究竟是与岗山的地貌条件相关，还是另有别的构想，都值得关注。

关于山东摩崖刻经书刻者，历来皆有不同说法，比较主要的有三种：一是明代孙克宏的韦子深说，二是清代聂剑光的王子椿说，三是王思礼、赖非等人主张的僧安道壹说。这三种观点都使用了同一种推断方法——比较法：通过比较，数处刻经书法风格相近，“如出一辙”，从而得出结论。缺乏可靠的史料。

图 1–9 《观无量寿经》单刻实景图，佚名，北齐，摩崖，隶楷，6 行，行 3 字，刻面纵 226 厘米，横 355 厘米，山东邹城岗山，《中国石刻佛经 · 山东省》（第二卷）第 249 页

相对而言，当下以第三种说法最为盛行，原因是僧安道壹的题刻先后出现在十余处刻经遗址中。有人甚至认为僧安道壹是响堂山刻经的重要书丹人，将其列入古代“四大僧侣书法家”之中，甚至有学者一度提出确立僧安道壹的“书仙”的地位。笔者不否认僧安道壹在山东摩崖刻经中的重要作用，但仅凭书风相似不足以说明他就是唯一刻经的书丹人，通过较为深入的研究，不难发现北齐时期与这类书风相似的碑刻遗存并不少见。

山东北朝时期摩崖刻经书法自清代以来受到了广泛关注和高度评价。康有为等人更是将之视为北朝书法体系中的独特一系，在其碑学名著《广艺舟双楫》中多次进行论述，评价其“通楷隶，备方圆，高浑简穆，为擘窠之极轨”[①]。康氏此论后来基本上成为判断山东刻经书法价值的定论，影响深远。

试将北朝晚期刻经中铁山、葛山、泰山等数处遗存进行比较，不难发现一些共同的特征。如刻经的方法相同，都采用了方格，都留有双钩未完成的残迹。对简化字如“无”“万”“尔”“于”“来”和“萨”的处理方法都一致。特别是有些字，如“罗”字中“罒”和“糸”均采取篆书结构，从图像意义上分析，虽非同一人所写，也应是当时流行的一种特殊的书写形式，直接地说就是写经体的特殊写法。此外，刻经过程中也能常见侧锋起笔，横折笔画如“乛”采用一笔圆转而成，而不是方折；“月”“日”和“目”等字中的短横特别短，且紧贴左侧；等等。这些都是写经书法在书写过程中由于快速、省时抄写而形成的特点，西晋时期的《放光般若经》等经卷书法中便常见这种写法。有人在探究整个北朝摩崖刻经书法风格来源时，认为北响堂山石窟中的《唐邕刻经碑》是北朝摩崖刻经书法的风格母题和真实来源。这个观点的准确性姑且不论，北朝摩崖刻经书法作为一种独立的书法风格类型，其各个组成部分之间的确存在十分明显的内在和外形上的关联性。

山东摩崖刻经中的书法，隶楷相间，同时又不乏篆书的影响，字体表现以隶书为基础，以饱满圆浑、含蓄凝练的笔画处之，其隶书波势往往见于笔画较少的“大”“以”“故”和“殊”等字的捺画，结构上楷书特征明显。其中笔画较少的字的横与竖、撇与捺，常常比其他字中的同一笔画要粗。转折处，寓折于圆，不露圭角，笔笔皆有引而不发的气势，极富张力，呈现出圆浑的艺术特征。这种字的形体多趋于方整。其结体字内空白舒朗有致，雍容大方，绝无局促之感。特别是其中经常有舒展的笔画跃出，舒朗庄

① 崔尔平选编点校：《明清书论集（下）》，上海辞书出版社，2012 年，第 1373 页。

严中不失灵动纵逸之姿。此外，还有一些字主从向背，相映成趣，欹正相生，婀娜多姿。竖画的起笔，如“亻”和“氵”，多以楷书的形式出现。而“忄”“受”“爱”“能”“为”“明”“谓”“罗”和“集”等字中杂以篆书的结构。这种字体并不像汉魏以来成熟的铭石书——隶书强调翻挑波拂等形式特征。整体看来，北朝早期的实用书体很少用隶书，现存的碑志、造像题记中，尚不见具有同类型特征的实物。

在北朝文化复古政策下，汉魏“铭石书”传统得以延续，庄重并具有装饰、复古倾向的隶书开始出现。从东魏起，有关铭石书的实物遗存逐渐增多。这类铭石书具有新的特征，即隶书楷化，或者说隶楷相杂，是楷书进入日常书写而不自觉地流露。同时，文字的复古，导致了篆书使用频率增加，使得此时的日常书写中孱入篆书的元素，写经也概莫能外。总的说来，北朝时期的隶楷刻经书风的出现，是铭石书传统、文字复古与南朝书风等多种因素共同影响的结果，具有独立的书法类型意义。

但是，我们对山东摩崖刻经书法的判断停留在这个基础上是远远不够的。刘涛曾说将山东刻经中的小字和大字放大到同等大小时，其具有同样的笔画特征。笔者亦认为，山东后期的摩崖刻经其实并非直接书丹，而是由刻工或者当时的施工人员根据某一个写本对照双钩放大而成。

这种依小样放大的雕刻方法在古代佛教造像中比较常见，正因为这些摩崖刻经书法是根据小字放大的“擘窠大字”，所以其与直接书写的榜书有着截然不同的审美区别。苏东坡曾总结说“大字宜结密而无间”，被后世奉为圭臬。也就是说，大字讲求力量感，近似于雕塑，以充实厚重的体量使人们产生强烈的视觉刺激。有创作经验的人深有体会，比如说将经典碑帖中的某一个字放大到一定比例的时候，其笔画和空间的关系与一个本来就是同体量的榜书的笔画、空间关系存在着极大差别。经过放大的摩崖刻经书法，尽管其结构特征和笔画特征仍具有原来的样子，但审美的感觉却完全不一样了，康有为称其“宽绰有余”，“若有道之士，微妙圆通，有天下而不与，肌肤若冰雪，绰约如处子，气韵穆穆，低眉合掌，自然高绝，岂暇为金刚努目邪？”① 杨守敬更是具体地说：“北齐《泰山经石峪》，以径尺之大书如作小楷，纡徐容与，绝无剑拔弩张之迹，擘窠大书此为极则。”②

毫无疑问，山东北朝摩崖刻经具有独立的书法史意义。这种意义在于，北

① 崔尔平选编点校：《明清书论集（下）》，上海辞书出版社，2011 年，第 1386 页。
② 同上书，第 1250 页。

朝摩崖刻经书法是继北凉经生体、龙门体魏碑之后，在东、西魏篆隶复古书法审美趋向中产生的一种全新的书法风格类型。作为风格原型，北朝摩崖刻经书法推动了楷书风格多样化，使楷书朝多元化的方向发展。它减弱了北魏以来书风的强悍，同时又强化了南朝书风外柔内刚的风格特征，具有融聚南北书风、刚柔相济的意味。北朝晚期，在“末法”思想和灭佛阴影下产生的这场声势浩大的刻经运动，为书法与佛教的结合找寻到一种新的契机，为书法史提供了一种新的书法审美范式。这种范式和佛教审美关系密切，尤其是与佛教美学中的“空”构成了可以量化的联系，凸显出佛家的“空寂”和“庄严”之美。当亲临山东摩崖刻经数处遗址时，那种静穆雍容、萧散冲和的宏大气象定能将人带入一种幽深清远、超凡脱俗的境界，正如美学家杨辛先生所说“显示了佛法无边的雄伟气魄”，它们不险不怪、佛意十足，是内容与形式完美结合的典范之作。这一个又一个生动、活泼的字，有如形态各异的一个又一个僧侣立于高山巨石之上，希望佛法与天地永存。

第二节

石窟刻经

关于石窟起源，可以追溯到远古时期的洞穴。进入文明社会，则多在归隐文化中窥其踪迹。石窟开凿于山体崖面上，在佛陀时代（约中国春秋时期，与孔子同时代）便是佛教建筑类型，佛教徒于此处坐禅、修行，后来逐渐发展成为艺术。随着佛教自身的传播，经古印度犍陀罗地区北上，石窟文化随之进入中国，1 世纪在西域古龟兹地区出现了早期的石窟，3 世纪沿着丝绸之路进入河西走廊一带，并不断向中国化过渡。

5 世纪，随着山西大同云冈石窟的开凿，中国的石窟文化开始显现出鲜明的民族与地域特征，倾注着全新的生命意识和民族精神。随后北魏迁都河南洛阳，逐渐开启了中国石窟文化的辉煌时代，产生了一大批具有时代特征的刻经作品，并随之开启了中国佛教石窟艺术的巅峰。

佛教石窟，又称石窟寺，作为特殊的寺院类型，根据不同的使用功能，有不同的类型。近代石窟考古研究将中国佛教石窟划分为若干类型，其中以马世长和宿白两位先生的观点比较具有代表性。前者以中国代表性石窟——龟兹和敦煌的石窟为例，按使用功能分为僧房窟、禅窟、影窟、瘗窟、仓储窟、讲堂窟、礼拜窟 7 类。后者则根据石窟使用功能和形制特征，分为窟内立中心塔柱之塔庙窟、无中心塔柱之佛殿窟、僧人起居和禅行之僧房窟、佛殿窟中雕塑大型佛像之大像窟、佛殿库内设坛置像之佛坛窟、僧房窟中专为禅行之小型禅窟（罗汉窟）及小型禅窟成组之禅窟群 7 类。

在诸多石窟种类中，最普遍的是礼拜窟，窟内多立有数量不一的佛像，周围配饰有各种壁画、图案、文字等。其中文字内容多为造像题记、经文，或刻经题记等。在石窟内壁上镌刻佛经始于何时，尚无定论，学界争讼不已。赖非认为甘肃炳灵寺石窟第169窟墨书《佛说未曾有经》是中国石窟摩崖写经刻经之源，他推定其镌刻年代为西秦建弘年间。张宝玺更为直接地认为此经书写于建弘元年（420）左右。这件写经墨迹位于炳灵寺第169窟第14号窟三佛上方崖面，题记残缺不全，题记末有“乃累劫之见□□□……”字样，紧邻此窟的6号龛有“建弘元年”题记，根据这两点似乎很难推测此墨迹一定就是420年前后的产物。第169窟的情况本身比较复杂，据研究，这些造像龛和写经的时间周期很长，系历朝沿袭、常年叠加的结果。炳灵寺石窟其他龛中题记中出现的隋开皇、唐仪凤、明正德、嘉靖等年号，便是明证。因此，《佛说未曾有经》到底是何时的产物，仍需更进一步的考古发现和论证。

北魏时期，位于洛阳龙门石窟西山中部偏南的莲花洞洞口北侧镌刻有《陀罗尼经》，该洞开凿于北魏后期孝明帝孝昌年间，洞内还有《般若波罗蜜多心经》节文，有人认为是中国“石窟刻经之始”。但是，关于该处刻经的时间仍没有定论，也需更多考古证据支持。不管上述所论早期刻经的时间是否成立，真正意义上的大规模石窟刻经在北朝晚期的北齐、北周境内如一声惊雷，轰然而起。目前已知时间确切的早期石窟刻经首推河北邺城（今河北邯郸）附近南、北响堂山（图1-10）石窟刻经，其主体部分刊刻于北齐，此外还有一些隋唐以后的造像、刻经、题记等内容。其中河北邯郸峰峰矿区北响堂山石窟南洞外壁所刻《唐邕刻经碑》，自宋代以来就引起金石学界的广泛关注，很多著录中均有关于这通摩崖刻经碑的记载，如在赵明诚的《金石录》中记为《北齐唐邕造像碑》。

《唐邕刻经碑》记载：“于鼓山石窟之所，写《维摩诘经》一部……起天统四年三月一日，尽武平三年岁次壬辰五月二十八日。”据此可断定北响堂山石窟南洞刻经始于568年。李裕群先生在考证该地区洞窟和刻经关系时，根据南洞建筑风格，以及唐邕所刻四部经位于洞窟前廊壁上，另有《无量义经》刻于洞窟内壁，两者刻经字体风格迥异，认为北响堂山南洞所刻《无量义经》（图1-11）要早于唐邕所刻四部经。此论如果成立，北响堂山南洞石窟内的刻经至少要早于《唐邕刻经碑》的时间（568）。

邺城地区石窟刻经群主要分布在南、北响堂山石窟，涉县中皇山娲皇宫石窟和安阳小南海石窟等地。其中中皇山刻经没有明确的时间题记，应和南响堂山石窟刻经时间大体相当。南响堂山石窟刻经虽然也没有具体的时间记录，但

图 1-10　响堂山石窟远眺图，河北邯郸

第二窟外侧隋道净所撰《滏山石窟之碑》中有“于齐国天统元年乙酉之岁，斩此石山，兴建图庙”的记载，据此可知其时间应在天统元年（565）之后。而河南安阳小南海石窟的中窟窟外有摩崖刻经，门额上镌有“方法师镂石班经记”，该题记透露出邺城附近地区在北朝晚期石刻佛经的根本动机。据题记曰：“大齐天保元年，灵山寺僧方法师……众等仰惟先师，依准观法，遂镂石班经，传之不朽。”由此可推当地已经于天保元年（550）开始进行凿窟造像、磨石刻经了。同时，这段题记也将北朝后期的石窟刻经时间上限明确到 550—577 年。

邺城地区石窟群以其独特的风格，尤其是丰富的刻经内容，成为中国石窟发展史上风格变化的重要分水岭，具有重要的历史意义。将该石窟置于整个中国碑刻发展史上考察，由于其工程浩大，所刻经典种类、字数繁多，碑刻保留的完整性，仍显示其不可或缺的重要地位和价值。

北朝后期的邺城近畿石窟造像处于北魏和唐这两个石窟开凿高潮的过渡时期，是承前启后的关键阶段。这一时期出现了许多前所未有的新样式和新内容，尤其是佛教经典作为一种特殊题材进入石窟，使石窟和刻经融为一体，从而构成邺城地区石窟寺独特的风貌，为隋唐以后大规模刻经活动开创了先例，在中

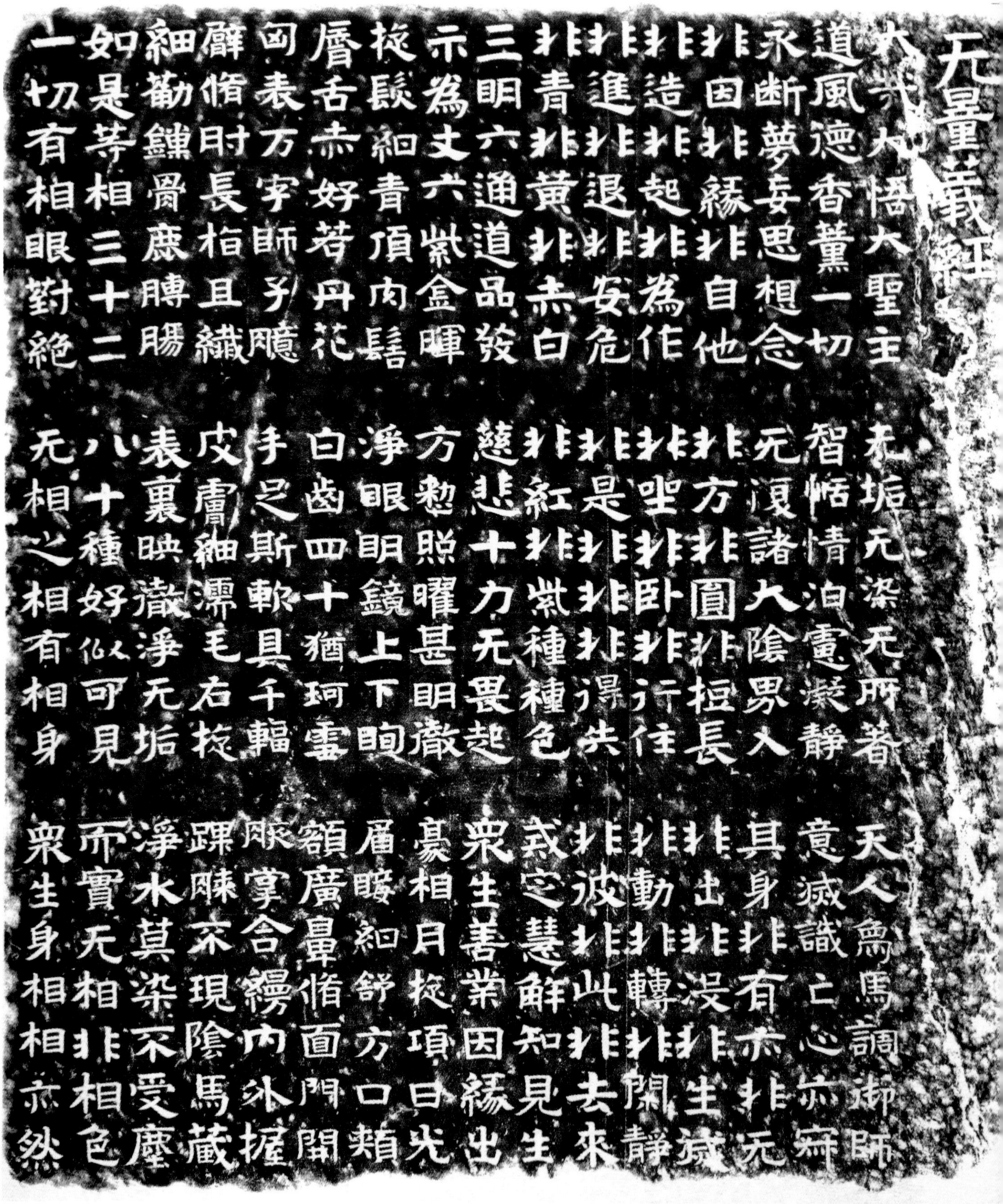

图 1–11 《无量义经》(局部)，佚名，北齐，摩崖，隶楷，拓片纵 124 厘米，横 107 厘米，河北邯郸响堂山石窟

国佛教发展史与考古上均具有重要意义。

隋唐时期，佛教石窟刻经活动进入崭新的阶段，出现了南北交相辉映的景象。从目前的情况来看，有镌刻于隋开皇九年（589）的河南安阳县宝山灵泉寺大住圣窟石经，陕西淳化县金川湾石窟中有三阶教信徒所镌刻的佛经，四川营山县太蓬山K9窟有部分刻经，四川安岳卧佛院有十五处石窟刻经，另据清初朱彝尊《日下旧闻考》记载有刊刻于唐元和十四年（819）北京石景山孔雀洞《佛本行集经》，等等。这些隋唐时期的石窟刻经不仅地域分布非常广泛，刻经的种类也很多样。其中，安岳卧佛院石窟刻经规模最为宏大、刻经石窟数量最为众多，所刻佛经种类最为齐全、佛经文字数量最为繁多。安岳卧佛院镌刻有《大涅槃经》《妙法莲华经》《大方便佛报恩经》和《般若波罗蜜多心经》等16部常用佛教经典，另外还镌刻有《大唐东京大敬爱寺一切经论目序》，总字数达26万。

唐代是石窟刻经的繁荣时期，也是重要的转折点。进入中晚唐以后，石窟刻经日趋式微，后来再也没有出现具有规模的石窟刻经了。其原因应该是多方面的，至少包括三个方面：其一是唐代佛教的高度繁荣，“末法”思想和灭佛的阴影虽然存在，但其影响力和北朝晚期相比已不可同日而语；其二是唐宋以来摹拓和雕版印刷技术的发达，使佛教经籍的传播有了更为便捷的方式，《大藏经》的编撰即是明证；其三是制作石刻时在人力和物力方面的巨大开支，使得大部分人在印刷与石刻之间选择了前者，这段时期大型的佛教造像都一如既往地开展，而石窟刻经则再也没有出现。佛教造像之所以存在，是因为无法找到便捷的方式来替代佛像供奉和崇拜，尽管佛之形象有雕塑、绘画两种，然而画像是为图像，只有塑像才是严格意义上的佛像，因此石窟造像经久不衰。

在经像同窟型的石窟刻经中，按照造像题材和刻经内容是否吻合，可以分为两种类型：一种是造像与刻经内容相吻合，这种情况在隋以前的经像同窟的石窟刻经中较为典型。据李裕群先生分析，北响堂山南洞经文和造像题材同窟，当为统一设计的整体布局，释迦多宝对坐像出自《法华经》卷四《见宝塔品》，洞壁所刻《无量义经》之《德行品》也与《法华经》关系密切；南响堂山第一、二号窟的造像题材与石窟所刻经文完全吻合，第四、六号窟的造像题材和刻经反映了西方净土、涅槃和法华思想。此外，宝山灵泉寺大住圣窟的开凿，所依据的经典也可能与造像题材相吻合。[1]另一种情况为造像题材和刻经内容之间不吻合或不统一。如陕西淳化县金川湾石窟和四川安岳卧佛院石窟，它们之间的造像题材和刻经内容找不到明显的联系。[2]

人们现在所说的石窟主要有两种固定形式：禅窟和礼拜窟。其中，禅窟也叫僧房式石窟，梵语的汉文音译为“毗诃罗”，意思是读经处、住处、僧房、精舍。这类的形制是中间有一个称为“广堂”的方形大厅，大厅后方多刻有佛龛，供僧徒们进行禅观、参拜。另一种形式是礼拜窟，或者叫经堂式石窟，梵语的汉文音译为“支提”，也有的译作“制底”“支帝”等。“支提”含有集聚的意思，表示世尊可称量之福集聚于此。这类石窟的形制多在一个正方形或近似正方形的构型中，将边角处理成圆角，使洞窟顶部呈穹顶之形。洞窟中心则设立佛塔，佛塔周围开凿能供人行走的礼佛通道，以便僧众参拜佛像。两者的区别体现在功能上的不同，前者以僧众居住坐禅为主，后者则带有纪念性质。

随着佛教的传播和发展，佛教教义逐渐对石窟和造像题材发挥着影响，佛教经典逐渐在石窟中出现，因此石窟的形制和功用随之悄然发生改变，不再是单一地用于习禅、礼拜，还逐渐承担着宣扬佛教义学的任务。随着世俗信众的参与，石窟寺逐渐从僧人专门坐禅、修行的地方演化成世俗化的场所。

同时，在佛教发展过程中，“末法”思想和佛教所遭受的“法难”带来的双重影响，使虔诚的佛教徒普遍怀有希望经典永存的信念。在这种强大的弘法信念支撑下，地处僻远的佛教石窟建筑顺理成章地成了铭刻佛教经典的场所，进而赋予了石窟保存经典的实用功能。

一、中皇山刻经

中皇山刻经位于河北涉县，在太行山东麓、河北省西南部、晋冀豫三省交界处，距涉县县城约 14 千米。这些经文刊刻在 2 座石窟和四处露天摩崖上，总面积约为 165 平方米，镌刻年代为北齐天保年间，距今已有 1450 多年。该处刻经被誉为“天下第一壁经群”，共刻有佛经 6 部，经文共计 13.74 万余字。按照刻经的书写和镌刻顺序，自娲皇阁（梳妆楼背后）向左，6 部经文自南向北依次是《思益梵天所问经》、《十地经》、《佛垂般涅槃略说教戒经》（简称《佛说教戒

① 李裕群：《邺城地区的石窟与刻经》，《考古学报》1997 年第 4 期。
② 邓星亮：《四川安岳卧佛院石窟刻经研究》，巴蜀书社，2016 年，第 46—47 页。

经》)、《佛说盂兰盆经》、《深密解脱经》(图 1-12)、《妙法莲华经·观世音普门品》。刻经处自南向北依次是梳妆楼后摩崖刻经、中洞石窟石刻经、北洞石窟石刻经、北洞北侧摩崖经、小山梁北摩崖刻经和小山梁北刻经等五处。

梳妆楼后摩崖刻经紧邻娲皇阁，内容为《思益梵天所问经》全本和《十地经·第一品》(未完，所缺内容于中洞续刻)。清同治十年(1871)，因修建娲皇阁西石梯时，《思益梵天所问经》的经名及前几十行经文被掩压了起来。该处现存摩崖刻经壁面约宽 12.85 米，高 4.55 米，共刻 348 行，4.17 万余字，是中皇山刻经中面积最大、字数最多的一处。其中《十地经》有一部分为隶书体所刻，实为中皇山刻经中的孤例。

中、北两洞石窟刻经中，中洞(又称眼光洞)室内三面刻满经文，刻有《十地经》一品后半部及二至七品经文，共 256 行，2.85 万余字。据有关专家认定，《十地经》系北魏菩提流支所译，译出后仅 20 年就镌刻于此，全经刻石在中国仅此一处，极其难得。北洞(又称蚕姑洞)室内三面刻满经文。摩崖正壁高 3.56 米，宽 2.17 米，共 59 行，每行 102 字。该石室接二号石室，继续刊刻《十地经》的第七品后半部分及八至十品经文。至此，《十地经》的整部经文全部刻完。此外，还刻有《佛垂般涅槃略说教戒经》及《佛说盂兰盆经》。整个石室共刻 267 行，3.2 万余字。

北洞北侧摩崖刻经位于北洞外力士大龛北侧岩壁上，内容为《深密解脱经》的上半部分一至七品经文。刻经壁高 5.5 米，宽 2.3 米，共 49 行，7100 余字。此处刻经壁原有的护檐坍塌，后人维修时，在刻经壁上方开沟凿槽，使部分刻经受到破坏，不复存在。

小山梁北摩崖刻经是中皇山刻经中保存最为完好、刻面最为平整的一部分。此处接四号刻经续刻《深密解脱经》的下半部分八至第十一品文。该处刻经岩壁高 4.75 米，宽 7.15 米，刻 191 行，每行 131 个字，2.5 万余字。五号摩崖是将岩壁向内挖凿磨平后再行刊刻，因此顶部形成了自然刻石护檐，降低了雨水侵蚀程度。此外，此处刻经末行的下方，刻有一方唐代的朱书题记，共 8 行，每行 13—19 字不等，计 100 余字。乃是时任县令于唐广明元年(880)三月十八日娲皇顶庙会之日题书。由于题记前面有摩崖立柱遮掩，难以被人发现，使题记受到了较好的保护，至今朱色犹存。但部分字迹已难辨识，所用书体极似《集王羲之圣教序》。唐人笔迹保存下来的不多，书于建筑或石壁上的原迹更为罕见。

小山梁北刻经位于鼓楼北摩崖的左前方小山梁上部，雕有一佛龛。龛外两

图 1–12 《深密解脱经》(局部)，佚名，摩崖，正书，刻面信息不详，河北涉县中皇山娲皇宫

侧和下部刻有经文，内容为《妙法莲华经·观世音普门品》节文，共1200余字，该部分刻经高1.57米，宽1.27米，下部经文未刻完。与其他几处刻经相比，该处刻经刻面明显粗糙，字体风格也明显不同，可能不是中皇山刻经最初规划的内容，或许为后来所刊刻，由于风雨侵蚀，部分字迹已难以辨认。

关于中皇山摩崖刻经的具体时间，因无确切的题记与文献记载，历来有多种说法，现多倾向于认为镌刻于天保末年（560），经主是北齐开国皇帝高洋。清嘉庆《涉县志》中关于中皇山刻经的记载称，天保末年北齐文宣帝高洋由邺都赴晋阳途中，路过此山，看到数百名僧人从山腰经过，遂下令开凿三石室（石窟），后来又命人从竹林寺取来经书，刻诸崖壁。

中皇山刻经字体分为隶书和楷书两种类型。其中梳妆楼后摩崖自露出石梯的前120行和被掩压的《思益梵天所问经》（图1–13）为隶书字体。北朝后期，由于受到文化复古思想的影响，在文字应用中大量出现篆隶杂糅的现象。从现存该时期的碑刻来看，当时主流文人的书法审美情趣已由洛阳时期“斜画紧结”的魏碑体楷书，逐渐向“平画宽结”的隶楷书过渡。但是从现存大量墓志遗存来看，仍然不乏隶书体。刻经书法同样也是如此，如北响堂山的《唐邕刻经碑》和四部经文，几乎全用隶书。而河南安阳小南海刻经与山东巨野县的《华严经碑》等，都是笔画扁平、波磔肥腴、了无古意的隶书。这些隶书总体上细瘦呆板，状如算子，徒具隶书的外在形式，历来评价都不是很高。

北齐刻经将篆、隶、楷三种字体杂糅在同一作品中的现象屡见不鲜，山东地区刻经中的擘窠大字，以篆书线条书写隶楷字体，别开生面。最能代表中皇山刻经书法水平的就是这一类型。该类型字体以楷书为主，却饶有隶意，笔势雄强洞达，结体宽博多变；楷隶有机融汇，巧妙天成，方圆兼备，在行笔时又增加行书笔意，凡横折处都入笔重按，然后呈弧形提笔，继而将笔下压圆转，有时甚至直接加入行草写法，如“止”和“亦”等写作行书，使得通篇能一以贯之，气息相通。

总体看来，中皇山刻经既有北魏刻碑书体的刚健气势，又融合了南朝帖学的散逸之风，并散发着佛家思想的清净之气，独具特色，自然天趣，是佛教思想和书法艺术两者完美结合。正如刘元堂所言，中皇山摩崖刻经总体艺术风格主要表现在两点：其一，寓骨力于秀雅之中，古朴灵和，清逸流美，虽是摩崖石刻，却有当时流行于南方的“二王”笔札的雅逸之韵。其二，融楷、隶于一体的同时不乏行草书的意趣，楷势、隶韵、草情毕具，和谐统一，微妙圆通，是把这几种字体融汇的一成功范例。如果将泰峄地区的擘窠大字比作端坐的、

月十二日為一歲以是歲數若過百千万
薩那羅延菩薩言若菩薩不為一切煩惱
一切天宮中生而无所染亦不得是无染
魔而不瞋㝵是名菩薩常喜根菩薩言若
達多優婆夷言若菩薩有所得者則无菩
心常流諸善法香无有餘香是名菩薩作
菩薩光明能滅一切眾生煩惱是名菩薩
眾生行為行又問隨一切有為法眾生云
如是所以者何如来不說諸法有差別世
名行處行亦復不能善知行相又問菩薩
是知者是名得我實性又問如我解文殊

大度圆满的弥勒佛的话，中皇山刻经则如静立的、微妙祥和的菩萨。①

中皇山刻经洋洋13万余字，绝非一二人所书，其所刻书体在总体较为统一，但又存在着细微的差异，如前文所述的《妙法莲华经·观世音普门品》，便和其他刻经书法风格迥异。此外，有的字体呈方折型，字形长方，使转方折；有的字体呈圆转型，体式扁圆，圆融流美；有的字体则方圆相间，体态简静，自在满足；还有少数一部分与中皇山楷书风格迥异，或似北凉体，或松散不端。这四种风格类型中，尤以隶楷相间所占比例最大，字数最为繁多。

中皇山刻经楷书中写法或风格，在敦煌写本中均能找到类型特征比较相近的例子。最值得关注的当属隶楷体刻经的范例，如北004号（阳49）《大方广佛华严经菩萨明难品第六、净形品第七》、S.315《优婆塞戒》、津艺022《大般涅槃经卷第四》、P.2965《佛说生经第一》（图1-14）和敦研019、020《大般涅槃经·如来性品》，以及智永《真草千字文》等，分别与中皇山刻经楷书的各种风格有不同程度的相似性。特别是陈太建八年（576）《佛说生经第一》与中皇山刻经方圆相间的楷书类型一样，在写法上继承了早期写本的特征，字体略扁，省略或弱化"竖钩"中的钩等，间有隶意，质朴自然，保持了写经的共同特征。我们从早期写经中，如写于西晋元康六年（296）的《诸佛要集经》、西晋永嘉二年（308）的《摩诃般若波罗蜜经·守空第十七品》、北魏写本《大慈如来告疏》等文本中，能够找到这些写法的源头，可以厘清其逐渐演变的过程。《佛说生经第一》的时间和中皇山刻经大体相当，是同时期的产物。除去刻本与墨迹、大字与小字等差异，二者的写法、气息都十分接近。字体均在隶楷相间、方圆并用，都汲取了以"钟王"为代表的南方成熟楷书和行书的写法，入笔轻盈，使转灵活，时代特征鲜明。

《大方广佛华严经菩萨明难品第六、净形品第七》与中皇山刻经硬瘦圆转类的楷书在用笔、结体和气息上也惊人地相似。20世纪90年代山东济宁兖州区金口坝出土的《北齐河清三年造像记》和《北齐武平五年造像题记》等也具有此类特征，有人甚至推断为同一人所书。虽然没有直接的证据能证明中皇山及其风格相似的一系列的佛教楷书刻经的书手

图1-13 《思益梵天所问经》（局部），佚名，摩崖，正书，刻面信息不详，河北涉县中皇山娲皇宫

① 刘元堂：《中皇山北齐佛教刻经书法研究》，南京艺术学院，硕士论文，2008年。

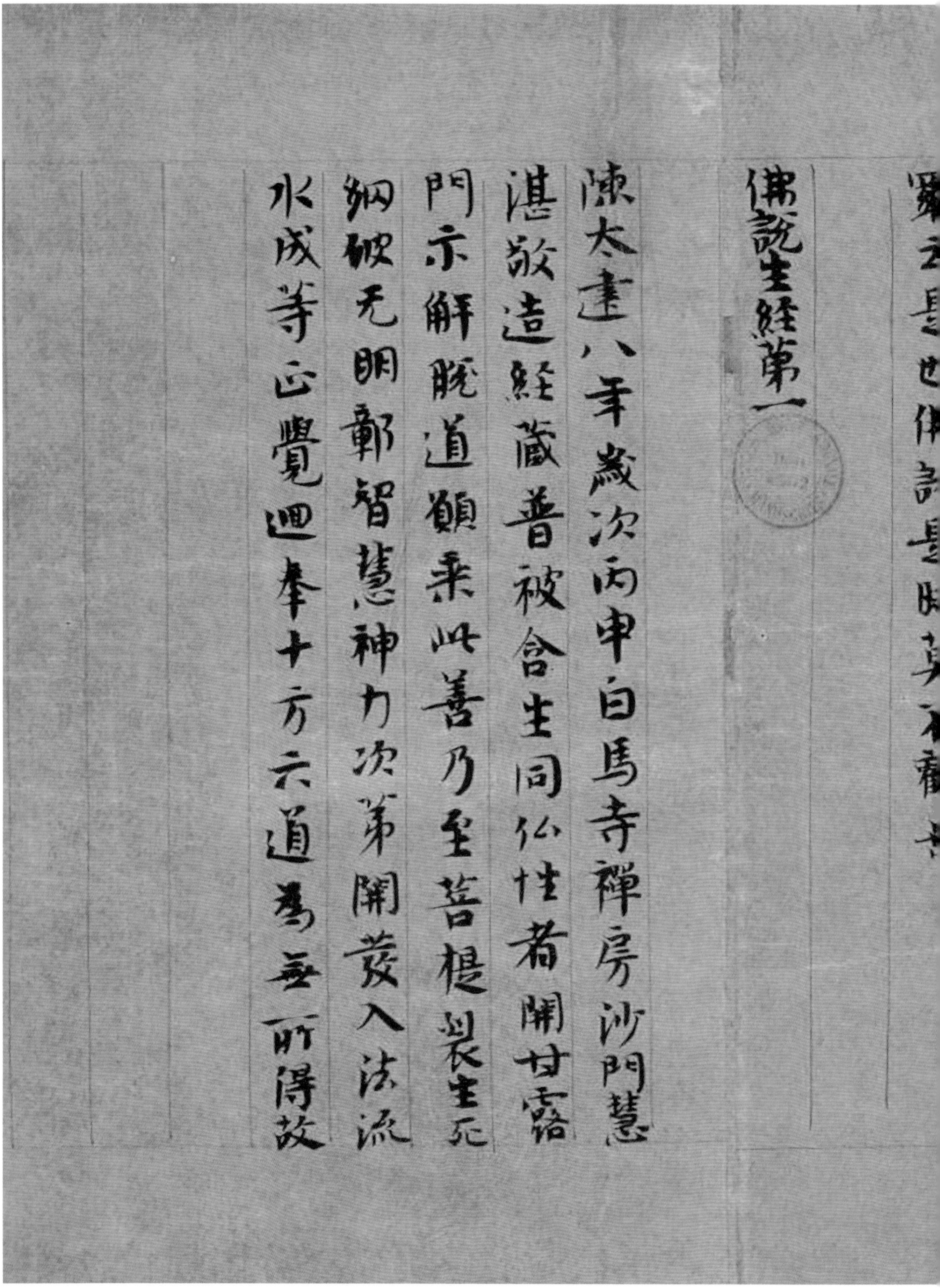
佛說生經第一
陳太建八年歲次丙申白馬寺禪房沙門慧
湛敬造經藏普被含生同仏性者開甘露
門示解脫道願乘此善乃至菩提衆生死
網破无明鄣智慧神力次第開發入法流
水成等正覺迴奉十方六道爲無所得故

图 1–14　P.2965《佛说生经第一》（局部），整卷纵 45 厘米，横 1110 厘米，现藏于法国国家图书馆

吾女遣其大子五百騎乘官從嚴勑五百乘
外莊嚴車騎賜為賊臣即懷恐懼心自念言
若到彼國王必被覺見執不疑便格其王若
王見遣當令人馬五百騎具衣服華勒一无
差異乃可迎婦王然其言即往迎婦王令女
飲食待客善相娛樂二百五十騎在前二百
五十騎在後賜在其中跨馬不下女父自出
屢觀察之王入騎中彤執賜出爾為是非前
後方便捕何叵得稽首答曰實爾是也王曰
御之聰喆天下无雙隨御所願以女配之時
為夫婦佛告諸比丘欲知爾時外賜則吾身
是女父王者舍利弗是也賜者調達是也女

来自于南方，但这些介乎隶楷之间的书体与当时南朝书风有着密不可分的联系。因此，将北朝刻经视为6世纪下半叶佛教写经书体与“钟王”书风相结合的产物，以及南北书法共同作用下形成的一种新的书法风貌，这一点毋庸置疑。

此外，中皇山刻经书法中，不容忽视的一个特点是其结字在有意无意之间，常有移位、减省，以及一些草书符号的介入等因素的出现，如涅槃的“槃”，把上下结构写成了左右结构；道德的“德”，省去了心字上面的一横，将左旁双立人写成单立人；“第”字的竹字头用草字头代替，等等。这些特征客观上增加了书法风格的趣味性，使其变得更加生动。

二、响堂山刻经

响堂山石窟，又称滏山石窟、鼓山石窟，是中国北朝晚期最大的石窟群。该石窟群位于河北邯郸峰峰矿区境内。响堂山古称鼓山，山上有二石如鼓形，世称鼓鸣则兵起，故名鼓山。这里位于北齐都城邺城（今河北邯郸）西北约40千米处，又是通往北齐高氏政权发祥地晋阳（今山西太原市）的交通要塞，西隔太行山与太原天龙山石窟相对。响堂山石窟是北齐佛教圣地，石窟分布密集，荟萃了北齐贵族的文化精粹，在中国佛教艺术史上是自北魏向唐代过渡的典范。响堂山石窟由北响堂、南响堂、水浴寺（俗称小响堂）三部分组成，石窟中包括北齐、隋唐、宋代，以及明代窟龛，大小造像共计5000余尊，造像题记140余条，刻经6万余字。

北响堂山石窟依山的西麓北端开凿，即今邯郸峰峰矿区和村镇东鼓山，距南响堂山石窟约15千米。此遗址在历史上曾以鼓山石窟寺著称。石窟山脚下还有一处重要的寺庙遗址，即常乐寺遗址。常乐寺创建于北齐，金正隆四年（1159）《磁州武安县鼓山常乐寺重修三世佛殿记》碑文中记载了响堂山石窟寺的建造缘由。北响堂山石窟，共有洞窟10座，其中4座为北齐石窟（第一、二、四、七窟），刻经主要集中在第二窟内。第二窟又名刻经洞，为三壁三龛佛殿窟，分前、后室，窟内前后墙及侧壁，从地面至顶部刻《维摩诘所说经》全文。窟内还刊刻有《唐邕刻经碑》，该碑记录了经主唐邕写经的缘起、内容，以及刻经的起止时间等，是研究北响堂山石窟造像刻经的重要历史依据。该窟外拱门左右两侧通壁刻满经文，北侧亦为大面积的摩崖刻经，可惜风雨剥蚀久甚，已无法辨认。根据《唐邕刻经碑》（图1-15）记载：“唐邕……于鼓山石窟之所，与《维摩诘经》一部，《胜鬘经》一部，《孛经》一部，《弥勒成佛经》一部。”极有可能，这些残存刻经为《胜鬘经》《孛经》和《弥勒成佛经》。《无量义经·德行品》和《无量寿经论·愿生偈》分别刊刻在主窟西壁窟门两侧和第二窟前廊外壁南侧。此外，该石窟区的山腰亦有摩崖刻经，内容为《妙法莲华经·观世音普门品》，因风化浸泐严重，字迹已无法辨识。

南响堂山石窟，位于响堂山南麓，这里是滏水发源地，滏水东流出山进入平原，名滏口，为晋阳（今山西太原市）与邺城（今河北邯郸）往来的必经之处，并有林泉之胜，故南响堂山又称滏山。南响堂山石窟第二窟入口左右二龛中刊刻有隋代邺县功曹李洪运和沙门道净所立的重修滏山石窟寺之碑的碑文。该碑文提到南响堂山石窟于北齐天统元年（565）由灵化寺比丘慧义草创，武平四年（573）后由北齐大丞相、淮阴王高阿那肱出资开窟凿像。它还提到了南响堂山石窟的开凿和重修，尤其是该碑文还述及了该石窟遭到了北周武帝毁佛事件的打击，塔寺毁废等。南响堂山石窟共有石窟七座，分上下两层，刻经多集中在第一、第二、第四窟内。其中：第一窟位于石窟下层西端，为中心方柱塔庙窟，分前、后室，前室塌陷，现存《大方广佛华严经·四圣谛品》(第四末)、《大方广佛华严经·如来光明觉品第五》《大方广佛华严经·菩萨问明品第六》《大方广佛华严经·净行品第七》等内容。第二窟位于第一窟东侧，刻经在前壁洞门的左侧和后壁的通道内，内容为《文殊师利所说般若波罗蜜经》选段。第四窟位于第二窟之上，为佛殿窟。方形平面平顶，三壁设坛，坛上雕像。刻经自右壁开始，环前壁至左壁，内容为《妙法莲华经·观世音普门品第二十五》。

水浴寺石窟，位于峰峰矿区寺后坡村，距南响堂山约8千米，有石窟4座。刻经在第二窟内，内容为《妙法莲华经》，多磨泐残损，也难以辨识。

响堂山石窟群刻经的时间有细微差别。北响堂山刻经的时间在《唐邕刻经碑》有详细的记载，即“天统四年三月一日，尽武平三年”。南响堂山刻经的时间，据第二洞窟左右侧的《滏山石窟之碑》记载：“齐国天统元年乙酉之岁，斩此石山，兴建图庙，时有国大丞相淮阴王高阿那肱翼帝出京，憩驾于此，因观草创，遂发大心，广舍弥爱之财，开此之窟至若灵像千躯。”碑文虽然没有提出刻经的具体时间，但从刻经的位置判断，应该与石窟开凿时间相近或略晚于这一时间。水浴寺刻经同样没有明确的记载，但据该窟内一通武平五年（574）的造像题记，应是其时间上限。

北朝佛教摩崖主要分布在两个主要的区域。其一是黄河西侧，从北齐邺城地区向西延伸到太行山深处，即现在的河南省北部、河北省南部及北部等地区。

图 1-15 《唐邕刻经碑》，佚名，北齐，摩崖，隶楷，20 行，行 34 字，拓片纵 156 厘米，横 106 厘米，河北邯郸响堂山石窟

其二是位于现山东地区的黄河东侧、山东半岛的鲁中山区西端，北起泰山，蜿蜒南至微山湖背面的山区。这些刻经时间大约在6世纪初到6世纪晚期，特别集中于6世纪中叶到6世纪80年代的大约20年时间。位于黄河西侧的河南安阳小南海、河北邯郸响堂山和中皇山摩崖刻经多为石窟刻经，石质为较为松软的石灰岩。山东地区的摩崖刻经，早期环东平湖地区的刻经也多为石灰岩，后期的刻经，如泰峄山区附近则多属于石质坚硬的花岗岩。

邺城地区的石窟刻经与山东刻经，在内容、呈现方式等方面都有着明显的区别。首先，前者石窟造像与刻经相结合，刻面经过精细平整，经文多依照品章而刻，绝大部分为中小字，内容则以《华严经》为主。涉县中皇山是典型的刻经窟，依整部佛经而刻，唯识学派的色彩更浓，主要为小字。山东地区的摩崖刻经则选择在悬崖、巨石、溪床等未经精细磨平处理的自然石面上，前期刻经规模大小不一，多为较短的经文选段和佛名，后期则为规模宏大的经文内容，而少见佛名，且内容多以《般若经》为主，主要为大字。这些地区的字径一般都比较大，一般直径都在30—50厘米，以擘窠大字著称，气势更为宏伟壮观。

其次，邺城地区石窟刻经往往由地位非常显赫的皇家或权臣所主导，而山东刻经早期多为底层僧众所主导，后期才出现当地官员和社会名流的参与。在这一点上，两者并不具有可比性。此外南响堂山石窟第4、5窟上檐有两种98字《文殊般若经》节文（图1–16）和两处“大空王佛”佛名，引起广泛关注。这一佛名并不见于佛教经典，却在山东摩崖刻经中出现得最为频繁，多达十余次，字径大小不一。值得关注的是，两地的经文及佛名呈现方式、字体、书法风貌等特征十分接近，表明两地的刻经也并非完全没有联系，只是前者刻工更为精良，后者相对粗糙。有人认为响堂山石窟的刻经内容和山东刻经的内容，与一个极其关键的人物——僧安道壹有关。这种看法值得商榷，从《文殊般若经》（节文）和佛名的刊刻位置来看，可能并不是事先规划的结果，应是后来加刻进去，其原因有待深入探查。

响堂山石窟刻经书法主要分为隶书和隶楷两种类型，但这两种字体的风格特征也并非界限非常分明，综合起来基本上能反映出北朝晚期隶书与楷书不断融合发展的情况。以《唐邕刻经碑》为例，以楷法写隶，间以篆意，用笔方圆兼顾，没有较大的起伏。撇捺的重按之笔含意蕴藉，笔势稳健极少开张，其书瘦不显枯，肥不丰腴，显然是深兼楷隶篆相融合的神韵。整体上属于波挑分明、结构平整的魏晋隶书余绪，但又缺少魏晋隶书严整峻厚的气质。该碑基本上代表了响堂山刻经书法的主要特色，《维摩诘经》（图1–17）、《华严经》、《佛说弥

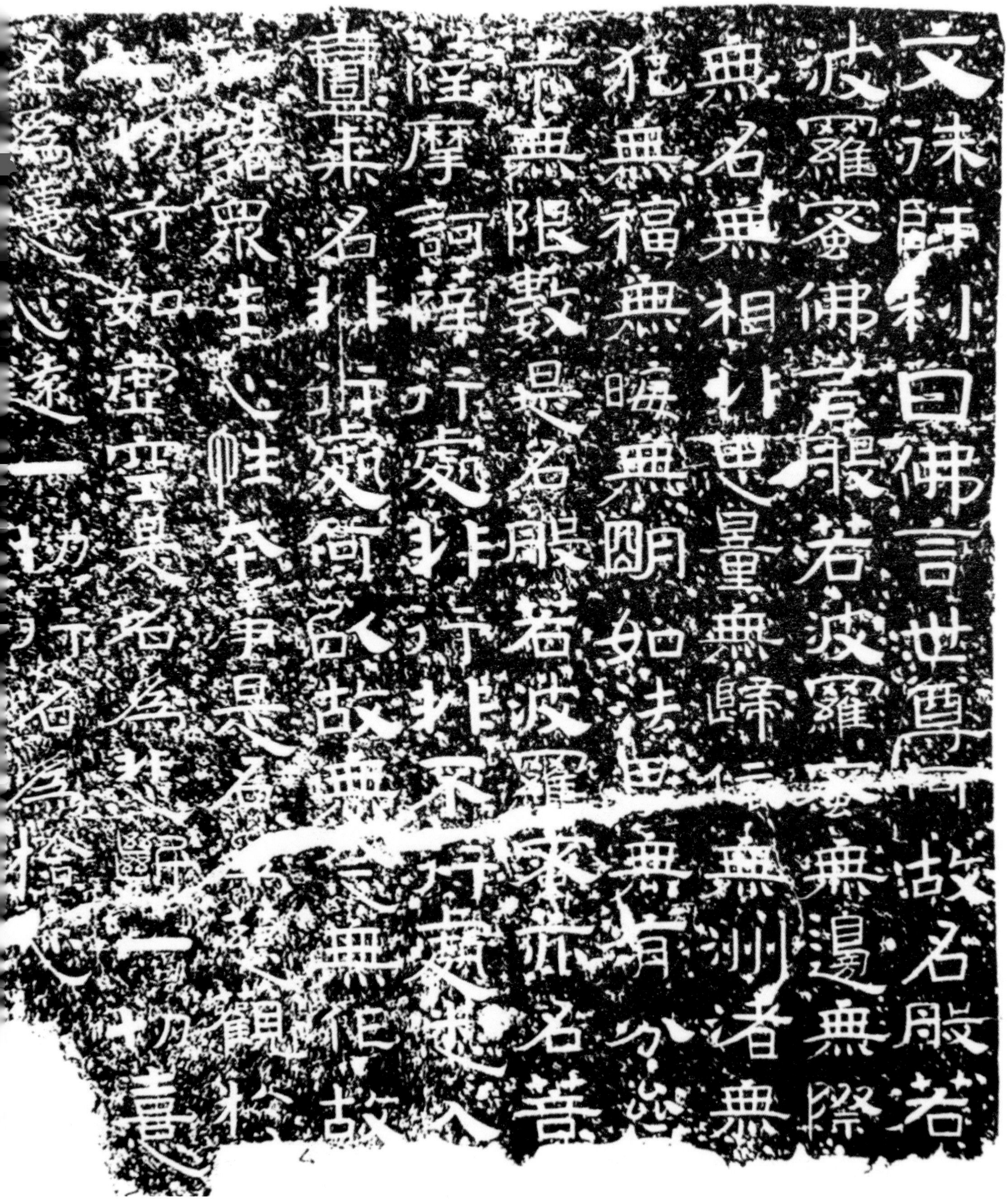

图 1–16 《文殊般若经》（节文），佚名，北齐，摩崖，隶楷，10 行，行字不等，
拓片纵 210 厘米，横 178 厘米，河北邯郸响堂山石窟

於是衆中諸菩薩大弟子釋梵四天王咸作是念今二大士文殊師利維摩詰共談必說妙法
来即以神力空其室内除去所有及諸侍者唯置一牀以疾而卧文殊師利既入其舍見其室
无所至所可見者更不可見且置是事居士是疾寧可忍不療治有損不至增乎世尊慇懃致
入生死有生死則有病若衆生得離病者則菩薩无復病譬如長者唯有一子其子得病父母
空无侍者維摩詰言諸佛國土亦復皆空又問以何為空答曰以空空又問空何用空答曰以
當於何求答曰當於一切衆生心行中求又仁所問何无侍者一切衆魔及諸外道皆吾侍
也答曰非身合身相離故亦非心合心如幻故又問地大水大火大風大於此四大何大之病
无常不說厭離於身說身有苦不說樂於涅槃說身无我而說教導衆生說身空寂不說畢竟
如是慰喩有疾菩薩令其歡喜文殊師利言居士有疾菩薩云何調伏其心維摩詰言有疾菩
既知病本即除我想及衆生想當起法想應作是念但以衆法合成此身起唯法起滅唯法滅
我所謂離二法云何離二法謂不念內外諸法行於平等云何平等謂我等涅槃等所以者
證也設身有苦念惡趣衆生起大悲心我既調伏亦當調伏一切衆生但除其病而不除法
是則…文殊師利是為有疾菩薩調伏其心為斷老病死苦是菩薩菩提若不如是
悲則…亦起…見悲者則於生死有疲厭心若能離
何謂縛貪著禪味是菩薩縛以方便生是菩薩解又无方便慧縛有方便慧解无慧方便縛有慧方
成就衆生於空无相无作法中以自調伏而不疲厭是名有方便慧解何謂无慧方便縛謂菩
是…方便文殊師利彼有疾菩薩應如是觀諸法又復觀身无常苦空非我是名為慧雖身有
諸…不住其中亦復不住不調伏心所以者何若住不調伏心是愚人法若住調伏
行是菩薩行雖過魔行而現降衆魔是菩薩行求一切智无非時求是菩薩行雖觀諸法不生
性是菩薩行雖行於空而殖衆德本是菩薩行雖行无相而度衆生是菩薩行雖行无作而現
於梵世是菩薩行雖行禪定解脫三昧而不隨禪生是菩薩行雖行四念處而不畢竟離身
十力是菩薩行雖行七覺意而分別佛之智慧是菩薩行雖行八聖道而樂行无量佛法是菩

勒下生成佛经》和《胜鬘师子吼一乘大方便方广经》等都属于这一类。北响堂山刻经中这一类隶书的隶法总体上不是很严谨，尤其是俗笔隶书相当草率，失去了汉魏以来铭石书的端庄与谨严。此外，这种隶书夹杂了楷书的笔画特征，如“千”和“佛”等字的左撇，方笔斜入，头粗笔尖，这在成熟隶书中几乎见不到此类笔法。还有横画的起笔，大都是方笔直下，圭角分明，显得刚劲有力。结体上，大多平整匀称，纵横有列，字势潇洒俊逸。值得注意的是，在这类刻经作品中，单独字的结体，大小悬殊。如“士”“了”和“汝”等字形不大，但是有些笔画比较多的字，如“尊”和“义”等纵势宏大，这种错落有致也给整个作品增添了许多变化和意蕴。除此之外刻经中有一些不常见的俗字，如“万”和“无”等，具有一定的时代特征。

响堂山石窟刻经书法还有一种类型——隶楷书风格，与中皇山刻经及山东摩崖刻经书法风格接近，但又有细微区别，可能是受到刻工的影响。很明显地，响堂山石窟隶楷笔画比山东摩崖刻经更为精微。与中皇山刻经相比，后者的楷书化特征更为明显。纵观之，三处刻经之间存在的某种联系，是抄经书风与当时传统书风相互影响、取舍，并逐步融合的体现。主要体现在字体介乎隶楷之间，在隶书的波磔变化，字形方圆兼备的前提下，悄然羼入楷书的结构和笔画特征。这样，既具有隶书的宽博之气，同时又能笔画精致，体现出多维的书法之美。

三、安岳卧佛院刻经

四川境内的刻经始于唐代初年，主要分布于绵阳、广元、广安、资阳等地，其中现存最早刻经遗存位于成都都江堰灵岩寺，与隋末唐初高僧道因法师有关。而规模最为宏大的当属安岳卧佛院刻经，一度受到人们的关注，其规模仅次于北京房山云居寺刻经。安岳卧佛院刻经遗址位于四川资阳安岳县城通贤镇八庙乡卧佛沟，该地为安岳县、乐至县与遂宁市三地交界处的偏僻山沟。关于“卧佛院”名称的来历，可能与当地一尊现存最早、最为完整的巨型唐代卧佛造像有关。也有人认为其中第81窟北宋崇宁二年（1103）所刊《诫誓贼盗火烛除邪祟神碑》题记中有“卧佛院”，这一名称可能也与之相关。

图1–17《维摩诘经》（局部），佚名，摩崖，隶楷，拓片纵329厘米，横40厘米，河北邯郸响堂山石窟

安岳卧佛院石窟群主要由摩崖造像和石窟刻经组成（图1-18），它们依照卧佛沟的山崖走向和形状大小，呈“几”字形交错分布在北、南崖和月亮坪，全长约1165米，高5米。据安岳文物考古所1987年普查数据，一共刊刻有龛窟139个，其中摩崖造像84龛，造像1593尊；刻经石窟15窟，经文达19种之多，约有30万余字；此外还有宋碑一窟，空龛、空窟39个。

卧佛院石窟多数为纯粹的刻经窟，极少数是造像与刻经同时出现。主要分布情况是北崖两处即第1、2号窟，南崖是主要分布的地方，达十一处：第29、33、46、51、59、66、71、73、76、83、85号窟，其次是月亮坪的第109、110号窟。主要刊刻有《妙法莲华经》《维摩诘所说经》《大般涅槃经》《金刚般若波罗蜜经》《般若波罗蜜多心经》《佛说佛名经》《合部金光明经》《佛说灌顶经》《大方便报佛恩经》《众经目录》《贤愚经》《大乘大集地藏十轮经》《佛说修多

图1-18　安岳卧佛院石窟实景图

图 1-19 《禅密要法经》(局部)，佚名，唐，摩崖，正书，行字数不详，刻面信息不详，四川安岳卧佛院

罗般若波罗蜜经》《佛说尊胜陀罗尼经》《佛说报父母恩重经》《佛说禅法略出》《佛性海藏智慧解脱破心相经》和《愚贤经》等19种经文。这些经文中鸿篇巨制有10部，约占刻经字数的60%。字数最多的是《大般涅槃经》，原本40卷，卧佛院刻经刻了其中14卷。

据统计，安岳卧佛院所刻经文，长篇经文中，7卷28品的《妙法莲华经》与3卷14品的《维摩诘所说经》全文刻完，其他大多只完成了一半。比较简短的8部经文，均已完整刻完，其中《金刚般若波罗蜜多经》和《般若波罗蜜多心经》分别刊刻了两遍和三遍。这19部经文中，《佛说报父母恩重经》《佛说修多罗般若波罗蜜经》和《佛性海藏智慧解脱破心相经》均为所谓的“伪经”。综合考量这些佛经的完成情况，以及竣工或未竣工情况来看，最初的组织者试图要雕凿的石经规模更为宏大，可能后来遇到某种情况戛然而止。其中的缘由，仍需仔细研究。

历代文献未有安岳卧佛院石窟造像的记载，现存石刻中也没有明显的题记，关于刻经的主持者到底是谁，众说纷纭。卧佛院刻经题记仅有四则可能涉及供养人，即第59号窟《禅密要法经》（图1–19）有“遂州长江县李满”和《佛说报父母恩重经》有“清信女满□”；第66号窟《大般涅槃经》有“蒲州安岳县沙门僧义”；第71号窟《金刚般若波罗蜜经》和《般若波罗蜜多心经》有“遂州长江县杨思慎”。作为一个如此大规模的石窟造像、刻经工程，时间跨度应该比较长，所涉及的情况应该比较复杂，供养人或者功德主虽是出资的人，但真正主持刻经的应当是造像、刻经工程的组织者和发起人。普通信众出资镌刻这些佛经，目的应该与敦煌抄经一样，从个人角度以写（刻）经的方式来供养佛，希冀得到佛的护佑，实现自己的愿望。

卧佛院石窟的造像与刻经有明确纪年共七处，均为唐代开元年间题记。最早遗存当属第50号窟佛龛右下部的一则造像题记：“惟开元十一年岁次癸亥”。有人认为其中第46号窟有可能是卧佛院内最早镌刻的石经，内容是《一切经纶目录》和《众经目录》。刻经题记中最早纪年是第73号窟左壁的“檀三藏经开元十五年二月”，这个时间和北京房山石经的开凿时间大致相当，两地刻经是否存在联系，尚无可靠证据。从刻经内容、题记综合来看，安岳卧佛院刻经的发起者和推动者应该是普通僧众，其目的是“正本澄源、传法为要”。这一点与北齐、北周时期的刻经，以及北京房山石经等地的刻经，一脉相承。值得一提的是，安岳卧佛院刻经除少数几个石窟内有造像外，绝大部分皆为摩崖造像，刻经一律在石窟之内，分单纯刻经和经像同窟两种类型。安岳卧佛院的19种刻经均出自唐代，保留了至今不可多得的珍贵唐本，对于研究佛经流传过程中的发展变化以及这一时期佛教发展状况均有非常重要的意义。

安岳卧佛院石窟刻经总字数达20余万，集中了大量的书刻人员，这些人员文化素养、雕刻技术的差异造成书法水平参差不齐。有人对卧佛院刻经的俗字问题进行了专门探讨，认为出现俗字的原因是多方面的，除了经本流传的影响之外，地域性和随意性也值得关注。

安岳卧佛院刻经书法整体上和唐宋时期的刻经书法具有同样的类型特征。其书法主要以楷书为主，既有初唐书法的瘦劲修长、方正斜险，又有盛唐时期的宽短朴厚，还能见晚唐时的细劲而不枯瘦，通过这些刻经作品能窥见唐代楷书的发展演变轨迹。与抄经相比较，刻经用笔不尚雕饰，结构大多散漫，但毫无懈怠之气。同时，章法上与抄经书法一样，纵有行，横无列。整体篇幅上字的大小、长短参差错落、疏密有致，变化自然，行字之间能顾盼呼应，浑然一体。虽然主要以楷书字体为主，却不乏行书的流畅和飘逸，能做到变化于笔画之间，妙趣横生，具有超凡脱俗的艺术感染力。

第三节 碑板刻经

碑板刻经以北京房山云居寺的房山石经最为宏大，历时最为长久。最早由隋代僧人静琬大师发起刻造，一直绵延至明代晚期，历时一千多年。房山石经的刊刻主要有隋唐与辽金两个高峰时期，这些刻经主要存于北京房山县（今房山区）云居寺石经山（原名白带山）和该寺西南隅石经塔下的地宫。

据统计，云居寺刻经现有经板遗存约1.4万块。明清以来周忱、查礼、石景芬、叶昌炽等学者对这些刻经碑的书法价值进行了详疏不一的论述。1956年以来，中国佛教协会等对房山石经进行了全面整理、拓印。这些经碑对校勘木刻经本，研究唐代至明末这一地区政治、社会、经济等情况，以及研究古代金石、书法都有重要的价值。

一、房山石经

北京房山石经在中国古代佛教石经中规模最大、历史绵延最为长久。房山石经最早由静琬大师开始刻造，“琬公没，有导公继焉，导公没，有仪公、暹公、法公，诸公成其事”，一直绵延达千年之久，可谓前赴后继、不忘初心。房山石经的镌刻主要经历了隋唐和辽金两个高峰时期，绝大部分刻经都镌刻于这两段时间。房山石经大致可以分为大、中、小三种类型：大型，高250厘米，宽55厘米；中型，高160厘米，宽65厘米；小型，高45厘米，宽76厘米。各洞内外都散失不少残碎经板，显然是遭到人为破坏。

图 1-20　北京房山云居寺石经山雷音洞外景图，云居寺供图

房山云居寺石经山高约 500 米，位于寺东附近，又称东峰。分上、下二层共开凿有九洞，下层二洞，自南而北为第一、二洞；上层七洞，以第五洞雷音洞（图 1-20）为中心，右面为第三、四洞，左面顺次为第六、七、八、九洞。其中，雷音洞开凿时间最早，原作经堂，称石经堂，有石户可启闭。其余八洞在贮满石经后被熔铁锢封了起来。辽金时，又在山下云居寺西南隅开辟地穴二处，埋藏石经后合而为一，其上建塔镇之，称压经塔。

房山石经数量巨大，绝大部分镂刻技术精湛，书法秀雅谨严，呈现出历代不同的风格，从中我们可以了解到隋唐以后书法风格的演变过程和文字的发展演变状况。

房山石经的最早发起人静琬大师（即智苑），是北齐天台宗二祖南岳慧思大师的弟子。慧思大师具有强烈的“末法”观念，他曾说“彼佛世尊，灭度以后，正法像法，皆已过去，遗法往也，末法之中，是时世恶，五浊竟兴，人命短促，不满百岁，行十恶业，共相杀害”，并认为自己就出生在“末法八十二年”。一般认为，慧思大师的思想对静琬产生了深远的影响，是其发心镌刻石经（图 1-21）秘藏的主要原因。静琬大师从隋大业至唐贞观年间，完成了建云居寺、刻经庋藏并瘗埋佛舍利供养这三件大事。

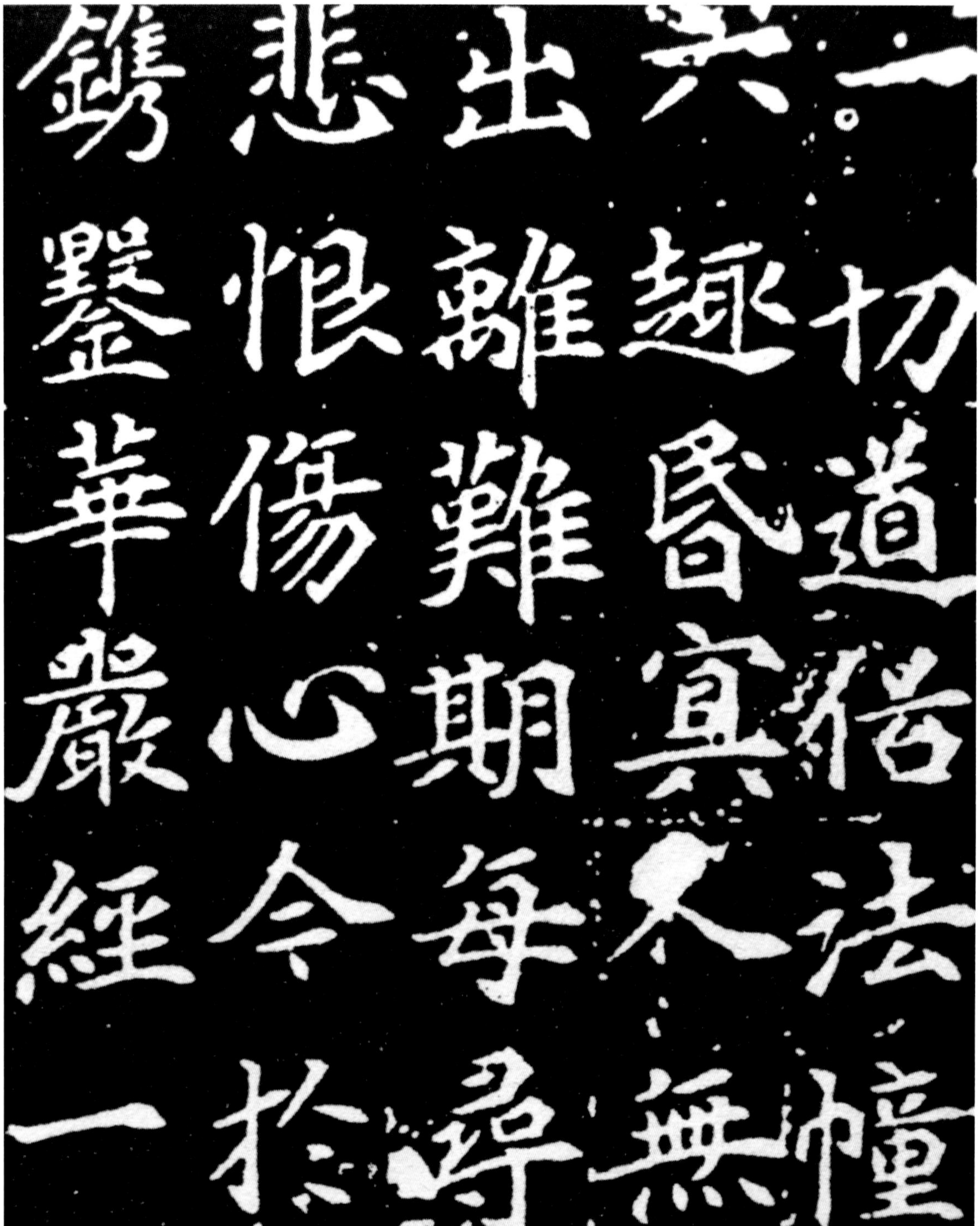

图 1–21 《石经堂碑》(局部),静琬,唐,正书,拓片碑阳纵 181 厘米,横 124 厘米,拓片由 24 块残石拼成,尚可连续,北京房山云居寺

据成书于隋炀帝时期的《隋诸州图经集》记载："按《范阳图集》，智泉寺僧静琬，见白带山有石室，遂发心书十二部经，刊石为碑。"据其镌刻于唐武德八年（625）、贞观二年（628）和贞观八年（634）的三通碑，有关于静琬的题记，鲜明地表现出这种思想。受北魏武帝和北周武帝灭佛思想的影响，北朝晚期，北齐境内广大信徒开始大规模地刊刻佛经，当时主要有摩崖刻经、石窟刻经、碑板刻经三种形式。其中，慧思大师曾以碑板的形式镌刻佛经，并密封于岩壑之中。其刻经目的正如静琬大师贞观八年的那段题记中所言："此经为未来佛灭法难时，拟充经本，世若有经愿勿辄开。"据成书于初唐唐临撰《冥报记》所言："宛（静琬）所造石室已满七室，以贞观十三年卒。"[①]除此之外，关于慧思发愿镌刻石的情况，现存史料中并无记载，具体情况不得而知。

房山石经是北朝刻经的延续。明代刘侗、于奕正合撰的《帝京景物略》记载："北齐慧思大师，虑东土藏教有毁灭时，发愿刻石藏闭封岩壑中，座下静琬法师承师嘱，自隋大业迄唐贞观《大涅槃经》成。"静琬大师自隋大业年间开始筹划镌刻石经，历武德、贞观年间，始终未辍，一直到刻完《涅槃经》后即圆寂。数十年间，他除了贞观十三年（639）刻《涅槃经》外，还有贞观八年刻《华严经》，以及嵌于雷音洞四壁的《维摩经》和《胜鬘经》等经石，共146块。静琬所主导的刻经极具辨识度，极有可能是由其本人亲自书丹。书体特征表现为扁平欹侧，古朴方劲，其中捺画特征比较明显，尚遗留有魏碑和隶书的笔意，和唐初颜师古的《等慈寺碑》风格极为接近，显然是北朝和隋代书风的延续。

静琬的刻经事业并未因为其去世而消退，他的宏愿得到了一代又一代佛门弟子的传承。静琬去世以后，他的弟子玄导及仪工、慧暹、玄法等相继主持刻经事业。唐末、五代，房山刻经一度中断，辽、金时期又转盛，讫于明代，先后经历五朝皇室、官员和佛教信徒等捐施与支援。

唐开元、天宝年间，由于得到了皇室的施助，迎来了刻经史上的第一个高潮。唐玄宗的八妹金仙公主赐予大唐新译经文四千卷，当时护送这些经卷的是《开元释教录》的作者智昇大师。此后，这批精美的皇家写本，不仅成为僧众们抄写的标本，同时也是此后房山石经书、刻的重要范本。静琬的第四代再传弟子惠暹在雷音洞（石经堂）下开辟新堂两口（即今第一、二洞），镌刻下这些经卷。对于静琬及其后继者来说，刻经是出于虔诚的信仰，都是非常严谨的事，万万不可马虎，所以唐代所刻诸经大都以工楷书就，良工刻出。这一时期经版

① 转引丁明夷：《佛教新出碑志集萃》，东方出版社，2016年，第66页。

大多有棋盘格，纵、横有列，分布整齐，书法风格上崇尚虞世南、欧阳询、褚遂良，与20世纪末发现的敦煌莫高窟藏经洞内的武周、开元时期的宫廷写本在风格上十分接近，瘦硬通神，水平较高。如位于第五洞中的《妙法莲华经》共刻75块石，单面镌刻。其中前12块碑板字迹较好，其余皆已风蚀严重。该经文碑板具有如下特征：其一，整体设计意识强，镌刻前在碑板上打好界格，字体之间和谐统一。其二，为楷书镌刻，行笔以藏锋为主，藏露结合，字势纵向伸展，方中匍圆，横画收笔处没有特别夸张的顿笔。其结字特点和欧阳询的《九成宫醴泉铭》近似，说明在欧阳询书风对当时的幽州地区影响。

房山石经碑板有经文和刻经题记两种形式。其中，刻经题记主要对所刻石经做简要介绍和述评。如唐贞观八年（634）静琬镌《华严经堂题记》，碑板高27厘米，宽57厘米，分为前后两段，且后段已残，前段石面为9行，行8字，存69字；后段为8行，行6—8字不等，残存45字。整段题记如下："□□敬白，未来之世，一切道俗，法幢将没，六趣昏冥，人无惠眼，出里难期，每寻斯事，悲恨伤心。今于此山，镌凿《华严经》一部，永留石室，劫火不焚。使千载之下，惠灯常照；万代之后，法炬□明。咸闻正道。□□□□乃至金刚，更□□□此经为未来佛□难时拟充经本，世若有经愿匆辄开，贞观八年岁次甲午六月乙卯十五日巳□。"此碑板原石镶嵌于石经山第八洞洞门上方，题刻笔画疏朗清劲，精严洒脱，结字尤为精妙，给人以沉着痛快之感。章法布局得自然之妙，字与字之间顾盼生姿，交相辉映，相得益彰。从中我们能看到初唐时期楷书发展逐渐趋于规矩、法度化的态势。这一时期的碑板有多种静琬刻经题记，均未署书丹者姓名，书风却十分接近，极有可能是静琬本人所书就。此外，大量经文书法风格也与这些题记非常相似，且其中很多是在贞观十三年（639）后刻成的。值得一提的是，此前的一批刻经，如隋大业元年（605）定州《静志寺舍利石函铭》、隋大业十二年（616）北京房山石经山《雷音洞舍利石函铭》、唐贞观二年（628）河南郑州荥阳《等慈寺碑》的风格也是如此。

中晚唐时期，由于当地官吏的支持和佛徒的施助，房山先后刻有石经100余部，经石4000多块，分藏于9个石洞。这段时期的刻经碑板设计有些变化，纵横界格成了仅刻纵向界格，书法整体上较前期粗糙，单字刻画也不如前期精彩，仅碑额大字尚可观。这种情况的出现并非刻手技艺衰退，很有可能是经济实力不够，无暇顾及。此时在经碑题额两侧开始出现装饰佛像或花卉图案，这种书、画相结合的刻经碑在视觉效果更为丰富，更引人注目。此外，从这时开始，经碑上的文字越来越小，并出现了行书勒经碑的情况。

总的看来，房山石经书体在前期保持了一定的稳定性，以静琬题记为代表。房山石经前期刻经与该时期“写经体”书法也有一定的联系，因而具有一些共同特征，如单字横势突出，捺笔末端颇含挑意等。这种稳定性到晚唐开始被打破，并逐渐为细碎的楷书所取代。

唐代后期至五代时期，战乱频仍，房山石经的刻造也一度陷于停顿，一直到辽金时期才重启，并再次达到新的高峰。据统计，辽金时期的房山经石多达 4000 块。这是辽金时期石刻最多的实物遗存，是后世了解辽金书法的重要资料。这一时期的书法继承了唐末五代的风格，也沿袭唐人崇尚法度的传统，欧柳书风盛行，笔画形态上表现为起笔与收笔处较为生硬，结构上中宫紧收，呈开张态势。后来考古发掘的辽金时期帝后的哀册，以及这一时期的碑板书法，也多以欧柳为主，可见欧柳体为当时书法风尚。有学者认为这种现象的形成与当时逐渐流行的雕版印刷经藏有一定关系，相互影响。如大金天会十一年（1133），燕京地区著名书僧释惟和所书《八部佛名经》（图 1–22），其书法结体绵密，转折刚健、峭拔森严，便有欧阳询一系的书风神韵。此外，《四大部经成就碑记》的书法也有类似的风格特征，后人通常认为该碑为当时世俗书家所书丹，其中碑阴题记中的“吴福孙”这一名字，屡见于辽代所镌刻的石经中，有人推测此人应是当时燕京地区的著名刻工。

元代以后，较大规模的石经雕版活动不再，刻经书法水平也随之趋于颓势。明代朝廷修整云居寺和石经山，万历、天启、崇祯年间，有吴兴（今江苏苏州）沙门真程劝募京城官宦居士葛一龙、董其昌等续刻石经。计划刊刻《四十华严》《法宝坛经》《宝云经》《佛遗教经》《四十二章经》《大方广总持宝光明经》《梵网经》和《阿弥陀经》等十余种。因原有石洞均已藏满封闭，故另在雷音洞左面新开一小洞，砌石为墙，将所刻经碑藏入，因董其昌题“宝藏”（图 1–23）二字，故俗称宝藏洞。从现存实物来看，自此以后，房山石经的刻造就结束了。

房山石经主要由世俗抄经生和专业的书僧所书丹，前者包括专职的经生及一些有一定地位的士人。在特定的社会文化背景之下，云居寺石经山周边地区极有可能存在了一个绵延很长时间的、独特的石经书刻群体。据《房山石经题记汇编》，这些题记中的书丹者，以辽代人居多。据《辽代石刻文编》所选辽代房山石经题记包含有非常具体的信息，经板上大多数都标明了书丹、镌刻者的姓名、身份，如运孚、志延、志同、善锐、善雍、行杰、义藏、园规、见嵩、觉恕等人。特别值得关注的是，在这一时期刻的《瑜伽师地论》和《大智度论》等四千多块碑板中，几乎每块都有书经人题名。这些书经人的身份也不尽相同，僧、俗二众

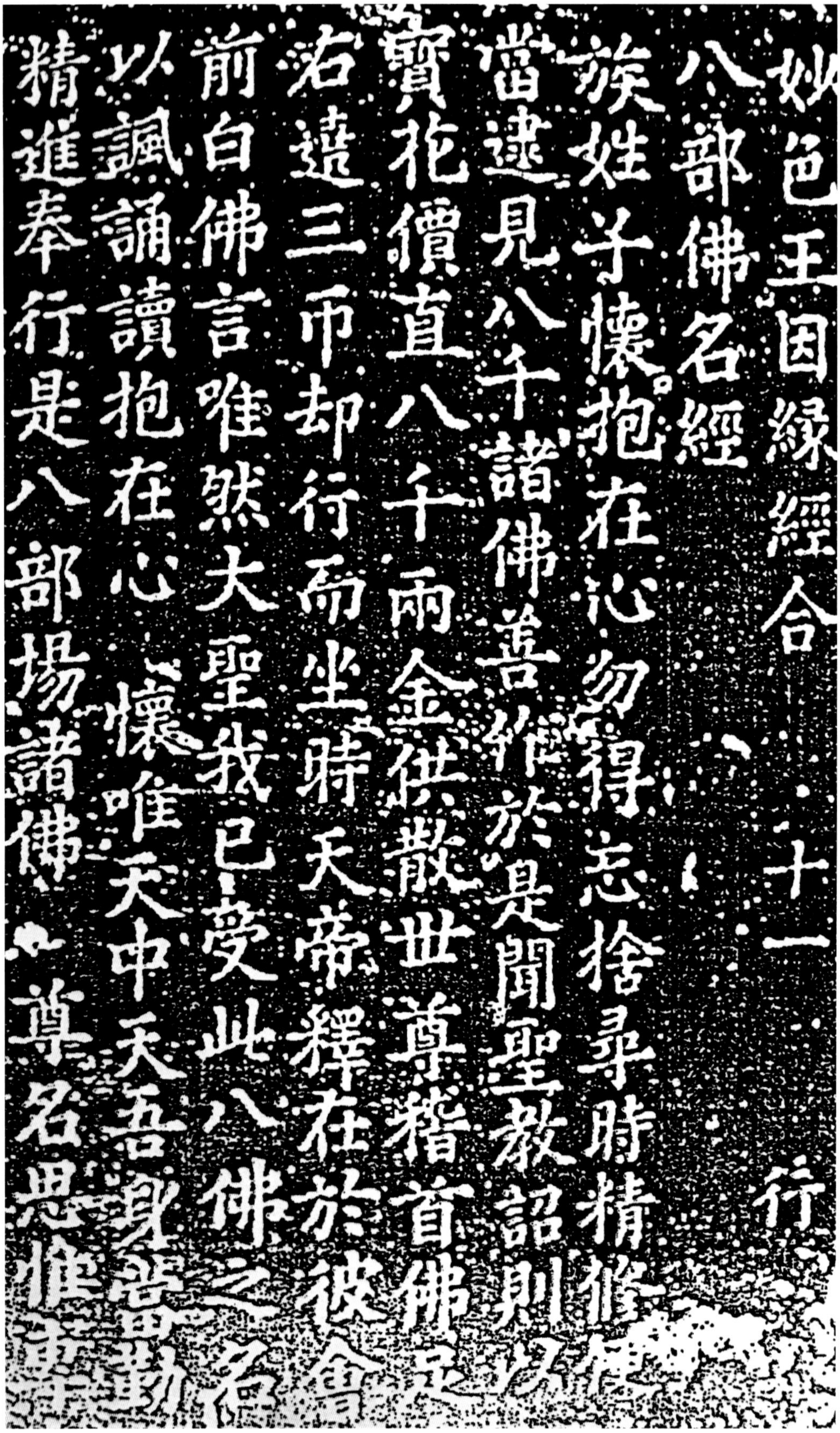

图 1-22 《八部佛名经》(局部),释惟和,金,正书,拓本具体信息不详,北京房山云居寺

图 1-23 董其昌书“宝藏”，北京房山云居寺宝藏洞

都有，上至进士、下到普通布衣。据统计，姓名明确者达 20 多个。

房山石经虽绝大多数属于规制较为统一的方形碑板刻经，但石经山洞门外亦有独立的佛经碑刻。如唐延载元年（694）五月镌刻的《宋小儿造金刚经碑》（图 1-24），据拓片碑身两面均高 204 厘米，宽 90 厘米；两侧均高 145 厘米，宽 17 厘米；座高 21 厘米，宽 37 厘米。正书，阳额龛两侧有题名，阴额无字，两侧续碑刻经。再如唐会昌元年（841）《金光明经碑》，该碑高 150 厘米，宽 60 厘米，正书，座刻史元宽造经题记及史弘仁等题名。

明清以来，房山石经引起周忱、查礼、石景芬、叶昌炽等学者的关注，并从碑刻书法角度对其进行了一定的论述。从文化角度看，房山石经的意义远不止于此，它对后来木刻经本的流传、错讹的订正起到一定作用，具有重要的佛教史意义。同时，房山石经中一些刻经题记所涉猎的政治、社会、经济内容，对研究华北地区社会状况也颇有参考价值，因此具有重要的社会史意义。

图 1-24 《宋小儿造金刚经碑》，佚名，唐，碑刻，正书，18 行，行字数不等，拓片纵 204 厘米，横 90 厘米，北京房山云居寺

第四节 经幢刻经

经幢，源于古代的旌幡，后来与塔及石柱等建筑物结合，形成一种带有宣传性和纪念性的宗教艺术建筑。一般由幢顶、幢身、基座三部分组成，多为石质。幢身一般都刻有经文、佛像等内容。经幢刻经滥觞于唐代初年，盛行于五代、宋辽时期。陆和九在《中国金石学》一书中曾经列举了当时所见的历代经幢，认为最早的经幢为唐武周久视元年（700）十月王三娘造经幢。后来文物普查发现现存纪年最早的经幢刻经为陕西富平县刊刻于唐永昌元年（689）八月的《佛顶尊胜陀罗尼经》。现存的一些僧众集资修造大型经幢，除了幢身所刊刻的经文之外，还有长篇赞、记等文字题名内容。

石经幢的产生是作为佛教徒供养品的经幢与塔及石柱等建筑的结合，生动地反映出中外文化交流的融合过程。幢，梵语叫“Dhvaja”（驮缚若）。幢的本意就是旌幡，源于古代仪仗用的一种旗帜，又称幢幡。由于佛教传播，特别是唐代中期密宗的传入，僧众开始将佛经或佛像书写或描画在丝织的幢幡上，作为功德。后来为保持经久不毁，改成刻在石柱上，也有少量为铁铸，成为一种带有宣传性和纪念性的艺术建筑。唐宋以来，建幢之风盛行，尤以五代两宋时期最多。一般安置在通衢大道、寺院等地，也有安放在墓道、墓中及墓旁的。

经幢整体多呈六角或八角形，以八角形为最多，如唐代会昌元年（841）九月八日江苏吴县洞庭包山（今江苏苏州吴中区洞庭西山）八面刻《文鉴等造陀罗尼经幢》（图 1–25）。有时，也有少量为圆柱形。经幢的幢顶和基座一般大于幢身，刻有花卉、云纹、经幔、飘带，以及佛、菩萨像。经幢的主体是

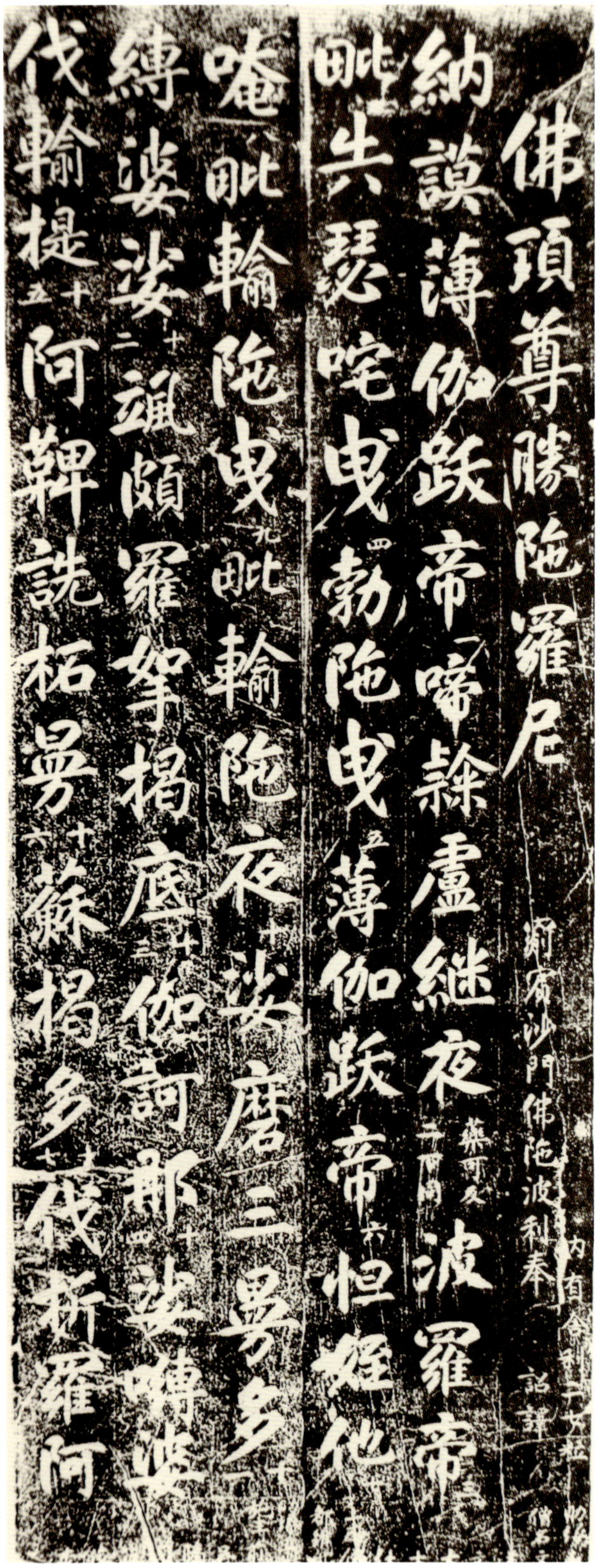

图 1-25 《文鉴等造陀罗尼经幢》（局部），契元，唐，正书，石下截已残，残存 6 行，行字数不等，江苏苏州洞庭西山

幢身，有二层、三层、四层、六层之分，主要刊刻《陀罗尼经》，也有《金刚经》《般若心经》《弥勒上生经》和《父母恩重经》等经文及佛像等内容。

整体上看，经幢刻经中罕见有书法可称道的作品，因此历来书法论者关注甚少。但其中也不乏有意义的作品，比如刊刻于唐代开元十六年（728）的《佛顶尊胜陀罗尼经幢》。该座经幢刻经原在陕西陇县开元寺隅莲池，现存于陇县博物馆，《陕西历代碑石选辑》和《三秦碑刻英华》等均有著录和简评。此外，唐天宝七年（748）《王尚客等六十人造陀罗尼经幢》（图 1-26）在经幢刻经中具有典型意义。该经幢虽刊刻于盛唐时期，却兼有初唐时期欧、褚两家楷书意蕴。从书法风格上分析，与《等慈寺碑》及房山石经中由静琬书丹，分别刊刻于唐武德八年（625）、贞观二年（628）和贞观八年（634）的三通题记风格极为相似。该经幢刻经虽有界格，却能疏密自然，用笔笔力劲健，遒秀多姿，显然受到北魏以来朴茂雄健书风的影响，与北魏时期的墓志书风极为近似，于工稳处见精神，气骨内含，而神情自现，为经幢刻经中的典范之作。

图 1-26 《王尚客等六十人造陀罗尼经幢》(局部)，张少悌，唐，行书，整拓纵 55 厘米，横 49 厘米，原立于陕西西安崇仁寺，清代同治年间遭火灾被毁

中国
佛教美学
典藏

第二章

造像题记

造像题记，又称造像记，即佛教功德主出资开凿石窟造像时，记载其姓名、籍贯、官职、造像名称、造像起讫时间，以及祈求佛佑的发愿铭文。南北朝时期，中原大乱，国家分崩离析，人们幸生畏死，社会信佛、佞佛之风盛行，佛教造像开始普及，留下了大量的造像题记。诚如清代王昶所著《金石萃编》所言："盖自典午之初，中原板荡，继分十六国，沿及南北朝魏、齐、周、隋以迨唐初，稍见平定。旋经天宝安史之乱，干戈扰攘。民生其间，荡析离居，迄无宁宇，几有尚寐无讹，不如无生之叹。而释氏以往生极乐净土，上升兜率天宫之说诱之，故愚夫愚妇相率造像，以冀佛佑，百余年来，浸成风俗。"①

佛教造像的出现与大乘佛教的兴起密不可分。大乘佛教认为三世十方有无数佛同时存在，佛陀只是众佛之一，故而允许民众礼佛，佛教雕像应运而生。早期的佛教雕塑因袭古希腊、古罗马的雕塑传统，因创造于古印度犍陀罗地区，一般论著称为犍陀罗艺术。②

中国历史上有明确记载的最早营建佛寺、制作佛像的是东汉末年的丹阳人笮融。据《三国志·吴志·刘繇传》："笮融者，丹杨人。初，聚众数百，往依徐州牧陶谦。谦使督广陵、彭城运漕。遂放纵擅杀，坐断三郡委输以自入，乃大起浮图祠，以铜为人，黄金涂身，衣以锦采。垂铜槃九重，下为重楼

① 王昶：《金石萃编》卷三十九，转引朱剑心：《金石学》，浙江人民美术出版社，2015 年，第 180 页。
② 常任侠：《印度与东南亚美术发展史》，安徽教育出版社，2006 年，第 25—26 页。

阁道，可容三千余人，悉课读佛经。令界内及旁郡人有好佛者听受道，复其他役以招致之，由此远近前后至者五千余人户。”①

魏晋以降，造像活动随着佛教的不断发展，日渐兴盛。至东晋时期，规模已相当惊人。南朝时，造像达到高峰，宋武帝时造无量寿佛金像，宋明帝时造丈六金像，齐武帝时造瑞石释迦像。梁武帝素以佞佛著称，曾三次遁入佛门，又让大臣用大量钱财为其“赎身”。同时，他在光宅、爱敬、同泰诸寺造丈六弥陀铜像。北朝造像较南朝更是有过之无不及。据北魏杨衒之《洛阳伽蓝记》翔实记载了北朝洛阳地区庙宇之胜：“招提栉比，宝塔骈罗，争写天上之资，竞摹山中之影。金刹与灵台比高，广殿共阿房等壮。岂直木衣绨绣，土被朱紫而已哉。”②北朝时期佛教造像以释迦、弥勒及观世音为多，这从一个侧面反映了该时期佛教发展与民众信仰的基本状况。

应该说，汉传佛教在逐渐“汉化”的过程中，佛教造像也在逐步主动地和中国本土的雕刻、绘画、文化传统、宗教观念以及审美取向相融合，成为别具一格的中国佛教造像艺术。为佛造像被认为是一种积德行善的行为，付出者本无须向他人表白，更不应该追求身外之虚名，只要对佛付出实际行动即可，所以造像者原本可以不作题记。佛教造像之初，信徒们出于自愿在造像之余，常常在佛像旁简单镌刻一段文字记载布施者的姓名、造像的缘由以及祈祷文辞，以表达敬仰佛教之心。如在古印度的造像上就发现有迦腻色迦王时代（2 世纪在位的大月氏贵霜王朝第三代国王）伽罗斯底字母记载的造像题记。

中国造像题记的传统，还可以追溯到上古青铜器铭文、秦始皇刻石、汉碑铭勒等固有的记功习俗。早在青铜时代，先民便将文字镂于金石之上，或“物勒工名，以考其诚”，或记功颂德，扬名后世。古代帝王也乐此不疲，如秦《峄山刻石》《泰山刻石》和《会稽刻石》等，都是歌颂秦始皇“制诸侯，并六合”统一天下的历史功绩。正如《墨子・兼爱下》所言：“以其所书于竹帛，镂于金石，琢于盘盂，传遗后世子孙知之。”因为金石易存，可以永留后世。两汉时期，厚葬之风日盛，墓室建造逐渐精致化，画像石、画像砖繁荣兴盛起来，画像题字也开始出现。特别是东汉时期，在墓室镌刻人物、车马、鸟兽、花木和神怪等，有时画像石旁还刊刻文字，对其内容进行补充说明。如东汉郭稚文墓门画像石左侧刻“圜阳西乡榆里郭稚文万岁室宅”，右侧刻“永元十五年三月十九日造作居”。这种形式与后世佛教造像题记非常相似。三国两晋时期，大量的

① 陈寿：《三国志・吴志・刘繇传》，中华书局，1959 年，第 1185 页。
② 杨衒之：《洛阳伽蓝记》，范祥雍校注，上海古籍出版社，2011 年，第 1 页。

墓门、阁道、石椁、黄肠题凑及石塔发愿文等，都可以看作造像题记的前身。或者说，这些石刻在形制、题记位置、铭文的行文格式等方面，都对后来的佛教造像题记产生了直接的影响。

造像题记的行文格式包括供养人题名、造像纪年和发愿文。供养人题名，一般借题名彰显自己的功德，镂之金石，让世人及后人一睹为证。供养人题名位置一般位于发愿文之后，也有的直接刻在像龛两侧。供养人身份的组成比较复杂，包括有皇室贵族、官吏、僧侣和庶民百姓等，甚至还有外国人，由此可见北朝造像的兴盛程度。通常供养人只要是有官职，无论地位高低，即使不入品级，都会在造像题记中得到体现。如东魏武定七年（549）四月八日义桥石像颂题记“民望土豪董方和”、北齐天保三年（552）三月刘子瑞造像题记“乡豪都督”，仅有题名的造像题记往往是平民或僧尼。龙门石窟中诸多造像题记中没有纪年，也无发愿文和铭颂，仅有造像者的姓名，可见供养者是下层平民、僧尼。受社会地位和经济条件限制，所造之像规模通常较小，刊刻的位置也比较偏僻。凡众人合资造像者，则以僧众尊卑来排列，古人以右为尊，故题名从右至左，上下分成数列，但也有一些题名是从左往右排列的情况；而一家独资造像，则以家庭中的身份地位排列，先尊后卑，先长后幼。这些情况充分体现了社会的伦理观念和等级制度。

造像纪年，一般位于题记的首行，也有位于题记铭颂末尾的情况，还有极少数位于造像题记的中间。一般的造像题记采用建元年号和干支配合来纪日期，个别造像有年无月，或有月日无年。完整的年月日干支纪年始于北魏太平真君三年（442）的《鲍纂造浮图题记》，此后一直沿用。据李玉昆《龙门石刻史料汇编》统计，龙门石窟有明确纪年的题记共202则。巩县（今河南巩义市）石窟有186则造像题记铭文。其中明确纪年为北朝的有40余则。发愿文，表明供养人为谁造像、造何种题材的像、造像的缘由和愿望等。马衡在《中国金石学概要》一书中有精辟的论述：“记文则记其所造之像（释迦、弥勒像居多）及求福之事，上及君国、下及眷属，甚至一切众生，莫不该括。”[①]

造像题记的形制因时代和供养人身份地位的高低，以及经济实力的大小而不同。一般来说，供养人身份地位高，经济实力雄厚，造像题记形制往往较大，内容详备，书刻水平精湛，题记的位置也较为显著。反之，题记的位置不固定，见缝插针，书刻也随意，有的仅仅有供养人姓名。与碑刻、墓志相比较，早期

① 马衡：《马衡讲金石学》，凤凰出版社，2010年，第50页。

佛教造像往往更重视所造之石像，因此疏于文字书法，对题记的位置、大小、形制没有特殊的要求，故而文字较小，书刻简单随意，十分粗鄙。

造像中所载的题材是造像者尊崇对象的直接体现，题材的兴衰起伏大抵折射出佛教信仰者崇拜对象的演变轨迹，直观地记录了佛教信仰在各个时期发展、变化的状况。很多研究者都对此颇为关注，如清代王昶与叶昌炽等人均进行过统计。从已发现的佛教造像等情况来看，北魏时期以法华信仰最为流行，造像以弥勒和释迦并重，阿弥陀佛和观世音相对较少，题记中对此也有明显的体现，常出现“神生净境”“上升兜率”“三会说法”，以及“果报成佛”“俱登正觉”“速成正觉”和“生生世世值佛闻法”等愿词。总体上，这些题记一般都行文质朴、言简意赅。

从东魏开始，观世音像越来越多，释迦、弥勒像数量明显减少，这个时期石窟造像除了胁侍菩萨观世音外，单独的观世音造像也很多。观世音信仰与法华经信仰的普及密切相关，《妙法莲华经·观世音菩萨普门品》中声称观世音具有感灵救危的神力，可以倾听、体察、看到人们的诉求，对孤立无援者能给以每时每刻的关怀。信仰内容表明此时佛教信仰已开始追求时效和实用。当时人们坚信只要念诵菩萨名号便能获救，故信众逐步远释迦而亲观世音，这是佛教中国化的具体体现，与世俗化、功利化等因素息息相关。而且从信徒背景分析观世音信仰在平民中的流行要比在官吏和僧尼中早好几十年，流行时间也要长几十年，大部分时间内，平民与僧尼所造观音像都比官吏要多。

伴随着佛教和佛造像的不断发展，造像题记的内容也丰富起来，开始出现与佛教思想相关的内容。造像的缘由和愿望开始围绕着“无常”“空”“苦”“业报轮回”和“布施”等展开，造像题记对这些思想内容及信众的信仰情况均有非常直观的体现。佛教在宣扬这些思想的同时，还极力宣扬佛的崇高和伟大，宣称佛法无边，佛可以拯救和保佑一切，人们希冀永断苦因。造像题记中经常有“永离苦患”“永离三途”“迹登十地”“托育宝花”“常与光接”“化度一切”“同证正觉”和“值佛闻法、龙华三会”等祈愿词，这些内容真实地记录了当时佛教信仰的基本情况。

有的造像题记还借鉴传统墓志铭的格式，发愿文后面还有颂铭，即于造像题记之后，附加当时流行的骈文形式的赞颂之辞以抒心怀。这种有颂铭的造像题记多出现在由北魏邑义团体组织镌刻的大型造像中。

一般来讲，一则内容较为完备的造像题记，要经历撰文、书丹、镌刻等步骤。造像题记的书写不同于北朝墓志、碑碣，也不同于佛教写经。就书写者来看，由于墓志、碑碣多为贵族官僚所立，所以大都由当时的书法名家所书写。早期佛教写经多由写经生书写，其中大部分写经生为政府雇用。随着民间抄经的盛行，以及写经的商品化，北朝时期出现了许多民间写经者，不排除这一部分人中有一些也参与了造像题记的书写。与墓志碑碣及佛教写经的书者相比，造像题记书写者通常是寺院僧尼、在家信徒和当时的下层书写能手。此外，一些识字的工匠也应该较多地参与了造像题记的书丹。

关于造像题记的书写和刊刻过程，启功先生认为“先用朱笔写在石面上，称之为‘书丹’；然后刻工就在字迹上刻字。最低要求是把字迹刻出，使它不至于磨灭；再高的要求便是要使字迹更加美观。因此，书法有高低，刻法有精粗，在古代碑刻中便出现种种不同的风格面貌”[①]。也就是说，除了书写者水平外，工匠的技艺水平、文化素养的高低对造像题记书法起到十分关键的作用，是否聘请良工巧匠甚至成为评价事佛、做功德虔诚与否的重要标准。隋开皇九年（589）立于山东汶上县石碑《佛在金棺上嘱累经》云：“滥取匠手，虽造像极多，获福甚少。若有精诚，所造虽少，获福甚多。”[②]北朝造像题记许多发愿文中多割舍家财，聘请良工的例子。如北魏永平四年（511）立于山东益都县（今青州市）石碑《刘霍周造均塔记》云：“竭家财运，□名匠，在四衢之内，造均塔一区。”北魏神龟二年（519）立于陕西耀县（今铜川市耀州区）石碑《蒙文庆造像题记》云：“造石像一区，减割家珍，雇良匠。”可见，聘请良匠是虔诚造像的重要因素之一。

古代工匠隶属百工，“其百工伎巧，驺卒子息，皆习其父兄所业”。这些工匠按隶属和技艺高低大致可以分为三类：一类是归中央政府“尚方”或“考工”等部门管辖役使的能工巧匠，他们技艺有专精、传承有序，世守其业；另一类是由地方政府管辖的普通工匠，书写和工艺水平大都较前者低下，但技艺的师、家传和职业性质没有区别；第三类是分别在官营、私营和个体手工作坊作业，其身份有庶民、官奴、私奴和刑徒等。[③]

北魏景明元年（500）至正光年间，政府设立专门的石窟营造管理机构“石窟署”和“营福署”。鲁迅曾在《徐法智墓志考》提到，“石窟署，盖立于景明初，专营石窟”。据此可知，北魏龙门石窟从事刊刻任务的工匠主要隶属于“石窟署”和“营福署”。此外，皇室对石窟造像的开凿十分重视，也派出专门官员

① 启功：《启功丛稿·论文卷》，中华书局，1999年，第137页。
② 鲁迅：《辑校石刻手稿》二函第五册，上海书画出版社，1987年，第1083页。
③ 丛文俊：《关于魏晋出土文字遗迹的性质与学术意义的分析》，见《丛文俊书法研究文集》，中国文联出版社，1999年，第247页。

进行管理。“景明初，世宗诏大长秋卿白整，准代京灵岩寺石窟于洛南伊阙山为高祖文昭皇太后营造石窟二所。”①龙门石窟宾阳洞的开凿大概就是这样完成的。

北朝时期，大部分工匠依附于官府做场，没有资格接受教育，社会地位极其低下，几乎不识字。在这样的背景下，造像刊刻过程中出现错刻、漏刻、补刻、改刻的现象是时有的事，例子不胜枚举。

关于工匠刊刻过程中改变书丹原迹用笔的现象，启功曾有“透过刀锋看笔锋”的精辟论断，由于生理特性，刻工在刊刻造像题记过程中，大都是从右至左的。凿刻直线比弧线要容易，刻方比刻圆要容易。此外，造像题记的位置大多在石窟的洞壁上，凿刻尤为不易，刻工在双刀凿刻的过程中，往往以最简单的线条轮廓来表现字的笔画，比如：横画常刻成平行四边形，点和钩则刻成三角形，横折竖划转折处斜刻一刀，以表示书丹顿笔调锋之笔意。“刻工刻字，都是将每一字的相同方向笔画一起刻成，然后再刻其他方向的笔画。因为刻工一般不识字，相同方向的笔画一起刻起来方便……若书丹的笔画在刊刻时不小心擦去，就会漏刻、错刻。刻完后，如无人检核，这些错漏处就永远流传后世……清人将龙门造像记看作是‘方笔之极轨’，其实这‘方笔’主要由刻工造成的。”②

目前为止，发现有明确纪年的最早佛教造像题记为晋太康三年（282）的《张伯通造像题记》③（图 2–1）。南北朝时期，佛教逐渐本土化、世俗化、功利化，一度被奉为“国教”，信佛、佞佛之风空前绝后。作为礼佛、敬佛的功德，造像广为流传，造像题记随之大量出现。关于早期的造像题记，北宋赵明诚《金石录》中记载有十六国前赵光初五年（322）的《浮图澄造释迦像碑题记》，惜实物不存，无从考证。现藏于美国旧金山亚洲艺术博物馆的《后赵金铜坐佛》有一则建武四年（338）的铭文。此外，甘肃永靖县炳灵寺石窟第 169 窟的阿弥陀佛龛有一段西秦建弘元年（420）的墨书造像题记，惜未行施刻。

在佛教石窟造像群中，造像题记最多的要属河南洛阳的龙门石窟，龙门石窟开凿于北魏时期，历经东魏、北齐、隋唐和北宋，造像 10 万余躯，各种题记 3600 多种。

随着佛教造像的发展，造像题记的内容与形制由简单到复杂、逐步完备，种类也日趋多样化。造像题记的风格面貌很多，工整的、奇肆的，应有尽有。

---

① 魏收：《魏书》卷四，中华书局，1974 年，第 97 页。
② 华人德：《华人德书学文集》，荣宝斋出版社，2008 年，第 78 页。
③ 据《北京图书馆藏中国历代石刻拓本汇编》，题记全文为：“晋太康御龙□三年五月廿八日弟子张伯通妻殷为亡父母姊殷□光造弥勒像一区上为皇帝下及众生正觉。”

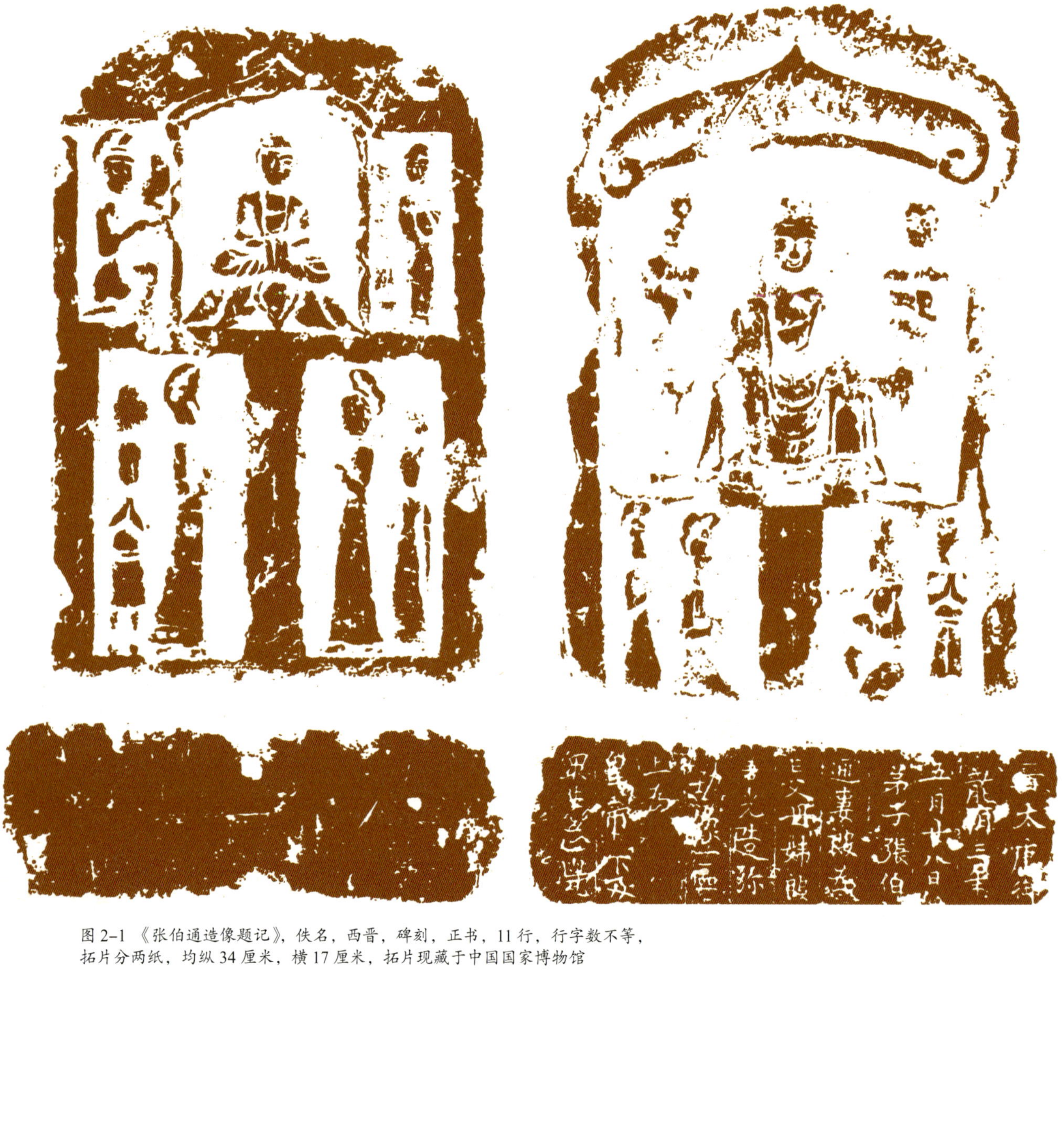

图 2–1 《张伯通造像题记》，佚名，西晋，碑刻，正书，11 行，行字数不等，
拓片分两纸，均纵 34 厘米，横 17 厘米，拓片现藏于中国国家博物馆

与传统帖学书法的运笔特征相比，造像题记书法有两个显著的特点：一是点画锋芒毕露，斩钉截铁，“有锋以耀其精神”，显得生机勃勃，活力四射；二是结体放逸奇肆，极富性情，无拘无束，使得作品风格面貌多变，姿态万千。正因为这两点，晚清以来，许多书家对造像题记都推崇备至。杨守敬《楷法溯源·凡例》讲：“南北朝碑碣所存不过数十通，惟造像不可纪数，乡俗鄙陋，不尽大雅所制，然天真烂漫，风神超逸，良由去古未远，故纸笔者皆有篆隶意。”康有为《广艺舟双楫》所评更为彻底：“魏碑无不佳者，虽穷乡儿女造像，而骨血峻宕，拙厚中皆有异态，构字亦紧密非常……譬如江汉游女之风诗，汉魏儿童之谣谚，自能蕴蓄古雅，有后世学士所不能为者，故能择魏世造像记学之，已自能书矣。”

历代造像题记书法风格千姿百态、精彩纷呈，特别是以《龙门二十品》为代表的北魏造像题记更是堪称绝响，意义非凡，可谓书法史上最为突出的风格类型之一。康有为对龙门造像题记书法进行了细致的分析，他认为：“龙门造像自为一体，意象相近，皆雄峻伟茂，极意发宕，方笔之极轨也，中惟法生则用圆笔耳。”[①] 他将魏碑分为三种类型，认为龙门造像为独立的一种，提出“龙门体”概念，并以《龙门二十品》为中心对龙门造像风格进行评价，又在《广艺舟双楫·购碑第三》中将之全部列为必购之物。

龙门造像题记书法风格的出现是一个系统的、多种文化因子相互影响的结果，是北魏汉化过程中文字书写、书法审美的产物。这种具有独特风格的书法类型与多民族文化背景、鲜卑贵族汉化政策与反汉化彼此消长等多重因素紧密相关。龙门造像题记书法特征表现为笔画多以方笔为主，结构上“斜画紧结”与北魏时期皇室及贵族书风，有一定类似的风格特征。但是，龙门造像题记书法字里行间更多地昭示着北魏时期疯狂的宗教热情，远比当时贵族书风更为质朴、稚拙。故很多论者将其列入民间书法范畴，这种民间性体现在很多方面，其中最为重要的是参与对象的平民化，这些人文化程度普遍比较低，甚至是文盲（如刻工），导致书刻过程的不可控，从而造成题记书法风格的多样性。这种不可控主要体现在笔画形态和结构的夸张、碑别字的泛滥，等等。

考察龙门造像题记书法必须结合这些题记中的佛教内容，同时又结合造像风格，忽视这些内容就排斥了龙门造像题记书法在特定时期的风格成因。龙门石窟造像的供养人虽来自于不同的阶层，造像动机也不完全一致，但却有一些

① 康有为：《广艺舟双楫》，见上海书画出版社编：《历代书法论文选》，上海书画出版社，1979年，第836页。

类似的、近似的地方，其目的无非是祈福免灾、祈祷平安等。阶层的多样化和信众的不断变化使得龙门造像题记书法从字形、结体都呈现出通俗化、普及化的倾向，从而具有质朴、天真的艺术特点。[1]康有为将这样的民间造像题记书法比作是“《诗经》中之国风，汉魏之童谣”。

北魏以来，龙门石窟造像题记，以数量众多、风格突出、书法艺术价值高为后世所推崇，相比之下，其他地区所镌刻的造像题记所受的关注显得相形见绌。事实上，造像题记一直是造像的伴生产物，各个朝代在许多地方都能见到，比方说北魏时期的云冈石窟、巩县石窟、济南千佛山黄石崖石窟等均有数量不等的造像题记。虽然书法艺术优劣互别，内容也不尽相同，但研究意义都很非凡。

位于河西走廊西端的敦煌是中国佛教发展的重镇，也留下了许多造像题记。如第 285 窟北壁分别以墨书写有西魏大统四年、五年（538、539）题记，被视为敦煌现存最早的造像题记。

北魏早期的云冈石窟，尚存题记 32 种、47 题，其中有 30 种、45 题见于 20 世纪日本学者水野清一、长广敏雄所著《云冈石窟》一书中。1956 年在第 20 窟前的积土中发现景明四年（503）《比丘尼昙媚造像题记》一种，后来又有人在第 6 窟南壁窟门东侧发现“道昭”题记一种。云冈石窟造像题记大多集中于第 11、12、13 窟，另散见于昙曜五窟、西部第 22—38 窟，同时在东部第 4、6 等窟偶有发现。

云冈石窟造像题记的书法，以北魏迁都为时间节点，分为前、后两期。前期以第 11 窟《五十四人造像题记》为代表，后期以《比丘尼昙媚造像题记》为代表。前期书法古健丰腴，与当时平城（今山西大同市）时期著名的铭刻书迹《皇帝南巡碑》存在明显区别。主要表现在结字不拘方整密集、笔圆体博，体势上呈右垂之势，横画、捺笔收笔处罕见上挑的动作。后期书法则圆润冲和，与魏碑名品《郑文公碑》十分类似。主要体现为用笔上和魏碑大起大落的方折有明显区别，罕见刀斧棱角，近乎笔笔中锋，起落处多以圆笔为主。其次，结体上宽博从容、笔势开张，呈古朴闲逸之态。龙门石窟中但以书法论，值得称道的还有《比丘尼惠定造像题记》《吴氏为亡息将军吴天恩造像题记》《大茹茹可敦造像题记》和《邑师法宗造像记》。

史书上没有明确记载巩县石窟的造像年代，据有关考证，最早应为北魏宣

---

① 楚默：《佛教书法史》，上海三联书店，2012 年，第 132—139 页。

武帝景明年间。目前遗存的造像题记中，有关北朝的造像题记共 49 题，其中北魏 1 篇、东魏 12 篇、西魏 3 篇、北齐 31 篇、北周 2 篇。这些造像题记书法风格既不同于平城时期的体兼隶楷，又不同于洛阳时期的方严峻厚，更区别于北朝后期北周时期的精妍端凝，同时还有别于北齐时期其他地方各类石刻的书迹风格，具有独立、鲜明的风格意义。巩义造像题记书法总体表现为结体宽绰疏朗，点画纵逸，率真自然，在北朝数以万计的石刻书迹中用笔连绵委曲，使转更为分明，具有明显的书法类型特征，具有不可复制、不可替代的风格意义和审美价值。

北朝后期，一些造像题记呈现出南北书风合流的倾向，如兖州（今山东济宁市兖州区）金口坝出土的北齐河清三年（564）《沙丘城造像残石记》等，书法风格与北魏时期的龙门造像题记有非常明显的区别，字体介乎隶楷之间，用笔方圆兼施，同时又不乏南方“二王”书风笔意。大多数字的笔画线条圆润秀逸，用笔干净利落、神清气爽。结体呈方形，属于典型的平画宽结风格类型，个别字夹杂有隶书的笔意。这和该时期刻经书法风格具有一致性，被视为南北书法风格融汇的产物。

造像题记是一种特殊的书法类型，是佛教信徒在施造佛像时，刻写在佛像下方或旁边石壁上的发愿文。其内容主要记述供养者的姓名、身份、造像的动机和愿望，造像的题材，起讫时间等，与造像构成一个艺术整体，二者紧密相关。造像是发愿人心中所膜拜的偶像，是其信仰的外在艺术形式；题记是发愿人言其心声的文字记载。造像书法题记风格与造像有着直接的联系，因此，研究造像题记书法必须建立在这样的前提之下，不然，忽略造像题记的内容谈书法，就忽略了书法的佛教意义。

第一节 龙门造像题记

龙门石窟，开凿于北魏孝文帝在位期间，之后历经东魏、西魏、北齐、隋、唐、五代、宋等朝代连续大规模营造，历经400余年，南北长达1千米，今存窟龛2345个，造像10万余尊，碑刻题记2800余品。其中以《牛橛造像记》《始平公造像记》《杨大眼造像记》《孙秋生造像记》和《魏灵藏造像记》等堪称精华，且各具特点。清代以来，学界对龙门造像题记加以评选，皆冠以“品”的雅号，相继推出了《龙门四品》《龙门十品》和《龙门二十品》等名目。

《龙门二十品》有：《孙秋生造像记》（502）、《始平公造像记》（498）、《北海王元详造像记》（498）、《北海王国太妃高为亡孙保造像记》（年代不详，或于北魏太和、景明）、《牛橛造像记》（495）、《一弗造像题记》（496）、《司马解伯达造像记》（477—499年）、《杨大眼造像记》（506）、《魏灵藏造像记》（506）、《郑长猷造像记》（501）、《惠感造像记》（502）、《贺兰汗造像记》（502）、《高树造像记》（502）、《比丘法生造像记》（503）、《太妃侯造像记》（503）、《元燮造像记》（507）、《慈香造像记》（520）、《比丘道匠造像记》（年代不详）、《马振拜造像记》（503）、《齐郡王元佑造像记》（517）。这二十品造像题记中，除《慈香造像记》之外，其余十九品都在古阳洞。

古阳洞是北魏造像最为集中的地方，其佛像供养人大多是皇室、贵族，朝廷管理者，以及一些邑义社团。虽然他们来自不同的阶层，造像动机也不尽相同，但整体上，这一时期各种造像和佛龛都装饰得十分精致、华丽。

龙门造像题记一直以来都受到广泛关注，特别是清代以来享有盛誉。清代碑学中所说的“魏碑”和“魏体”，多指北魏时期墓志、造像题记书迹，这种“斜画紧结”的楷书新模式有时也被称作“北魏邙山体”“龙门体”或“洛阳体”等。这种字体类型的特征，康有为在《广艺舟双楫》总结为“龙门造像自为一体，意象相近，皆雄峻伟茂，极意发宕，方笔之极轨也”[①]。

“魏碑”整体上承继了汉魏隶书系统，是在钟繇楷法南传，缺乏新体变革支撑参照下所开启的隶楷之变。[②]从西晋覆亡到北魏拓跋氏统一北方，在近130年的时间里，中原板荡，文化凋敝，书法也衰陋不堪。北方书法虽有来自留守的崔、卢等世族大家的参与，但整体上无法和南方相比，也就是说上层文人对书法风尚的主导远不如南方。北方书法的群体文人化程度不高，书法审美意识处于非自觉状态。加上北朝各个时期，各朝不同程度的佞佛，建造了大量的石窟，镌刻了大量的造像、碑文和很多经文，这个过程中也为不知名的善书者广泛参与提供了广阔的空间。《龙门二十品》中，除《始平公造像记》和《孙秋生造像记》二品确切知道为朱义章、肖显庆书丹外，其他十八品都不知为何人所书。这种书丹者不明的现象在存世的北朝各种碑刻中十分普遍，故而有人感叹这一时期的书法为民间书法。

沙孟海在20世纪80年代撰写的《两晋南北朝书迹的写体与刻体——〈兰亭帖〉争论的关键问题》一文中认为，“魏碑”中的一些减省讹变很多出于民间刻手的粗陋。实际上，大部分的减省讹变应理解为隶楷之变的必然结果，是合理化的书体演变。这种演变后的魏碑净化结构，消除了隶书中尚且保留的象形性孑遗，推动了楷书的逐渐完整，对于隋唐以后楷书的进一步完善和发展意义非凡。

世人所言龙门造像题记书法，一般多指北朝时期的造像题记。事实上，龙门石窟还有大量隋唐时期的造像题记，虽然这些造像题记书法整体风格没有前者那么突出，但书刻水平与同时期其他地方的造像题记相比，明显要技高一筹，且这些造像题记的书法和隋唐时期的写经书风关系密切，对于研究隋唐时期佛教碑刻书法及书、刻关系大有裨益。如唐咸亨四年（673）《慧简造像记》、唐开元七年（719）《大卢舍那像龛记并牒》、唐贞元七年（791）《龙门山观音石像铭》，等等，值得关注。

---

① 康有为：《广艺舟双楫》，见崔尔平选编：《历代书法论文选》，上海书画出版社，1979年，第836页。
② 姜寿田：《中国书法史绎·本体论》，上海书画出版社，2014年，第317页。

一、《牛橛造像记》

《牛橛造像记》，全称《长乐王丘穆陵亮夫人尉迟为亡息牛橛造像题记》，又称《尉迟造像记》或《长乐王造像》（图 2–2）。《牛橛造像记》，北魏太和十九年（495）十一月立于洛阳龙门石窟古阳洞山壁，是《龙门二十品》之一。该造像题记在龙门石窟造像题记中纪年最早。拓本纵 66 厘米，横 33.5 厘米，7 行，行 16 字，楷书。

《牛橛造像记》是长乐王丘穆陵亮夫人尉迟氏（后改“尉”姓）为夭折的儿子牛橛所造，过去曾有“牛橛龛”之称。造像题记中的职衔“司空公长乐王”是穆陵亮在太和十四年（490）至廿一年（497）期间的官职。据其内容：“若存托生，生于天上诸佛之所，若生世界妙乐自在之处。若有苦累，即令解脱，三涂恶道。”意思是儿子生前未能共享福祉，不能成佛，所以期冀来生能成佛。这正是北朝时期普遍流行的弥勒崇拜的体现，弥勒净土思想在南北朝时期有强大的吸引力，其所倡导的救世思想，以及宣传的彼岸净土，给长期饱受苦难和战乱之苦的人们提供了重要的精神寄托。

牛橛造像龛位于古阳洞北侧，杨大眼造像龛的上方。该造像碑座中间雕刻十一童子牵花绳，童子手持莲花，二童子间刻莲花蕾，两端各一飞天，飞天头前一浅雕小飞天。龛楣下方左右，身着胡服的供养人。龛楣主尊是戴宝冠交脚弥勒坐像，为弥勒上兜率天宫时的菩萨形象。头光内刻莲花，外刻七身坐佛。背光外参外层火焰纹由各以坐佛为中心的十七组火焰纹组成，内层十身飞天分两侧相对以璎珞供养。二狮蹲踞弥勒膝下，交脚下刻力士，手托弥勒双足。这些形象都十分生动逼真。[①]

丘穆陵亮原姓“丘穆陵”，武帝后改姓“穆”，据《魏书·高祖纪》载，亮字幼辅，早有风度，显祖献文帝时赵郡王，加侍中，征南大将军，是营造洛阳新都的主要官员。丘穆陵亮在延兴元年（471）徙封长乐王，后迁使持节，征西大将军，西戎校尉，仇池镇（今甘肃天水市南）将军职。后置司州，举为司州大中正。高祖孝文帝南伐，亮为录事尚书，留镇洛阳，受宠于高祖。后因兄罢事自劾，徙封顿丘郡（今河南濮阳市北）开国公。景明三年（502）毙，年 52 岁。该造像题记称其最著者“使持节”“司空公”及“长乐王”职位，显然有所选择，以显示其荣耀。

---

① http://www.360doc.com/content/18/0928/21/32665938_790515859.shtml

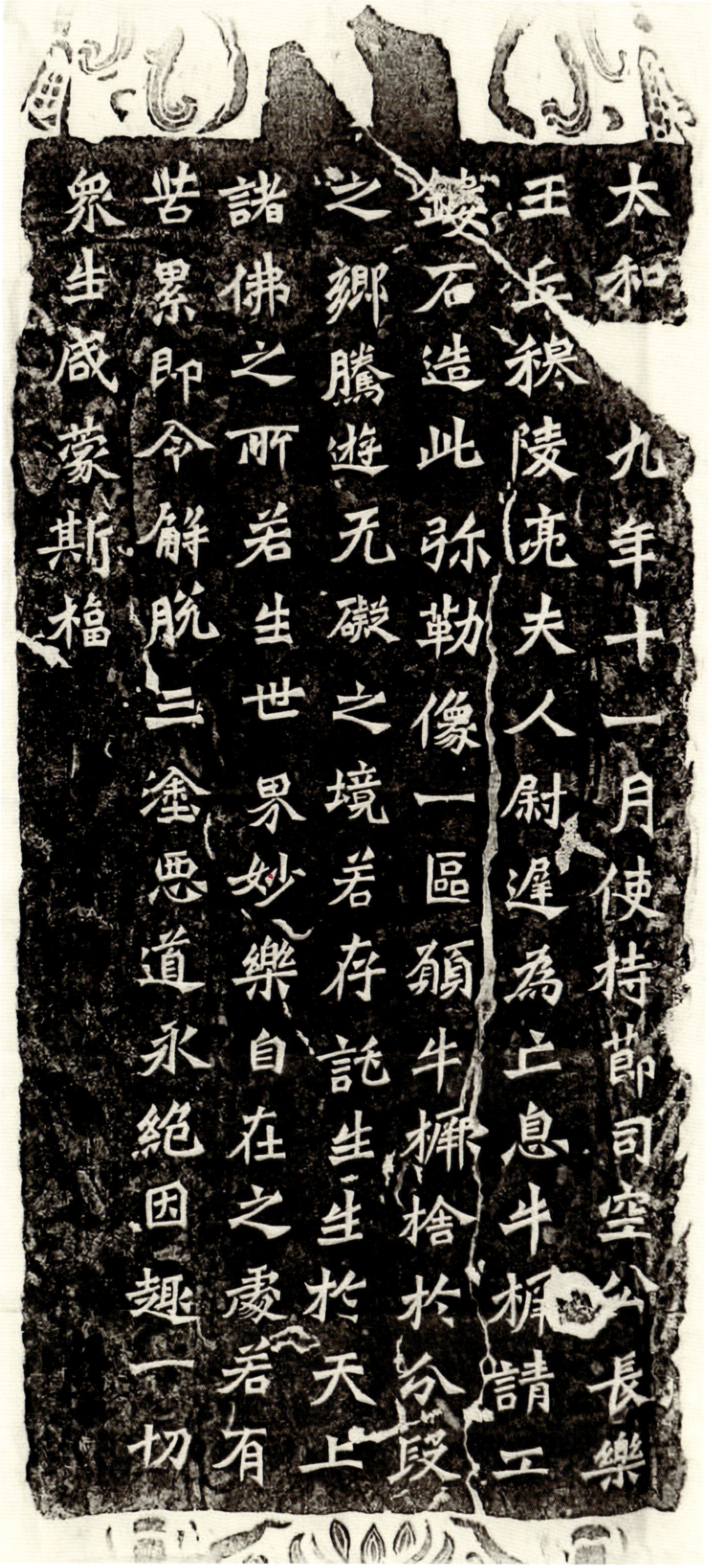

图 2–2《牛橛造像记》，佚名，北魏，摩崖，正书，7 行，行 16 字，拓片纵 66 厘米，横 33.5 厘米，河南洛阳龙门石窟古阳洞

牛橛造像的时间约在北魏高祖南伐，丘穆陵亮留镇洛阳之时。据《故太尉公穆妻尉太妃墓志铭》可知，其妻尉迟氏之父是当时的尉诩。尉迟氏因儿子绍袭爵，故称尉迟氏太妃。由于供养人的特殊身份，该造像题记镌刻最为精致，且年代最早。

这件造像题记书法整体上端庄整肃，镌刻精美，点画顾盼清晰，用笔顿挫分明。起笔处方峻外露，横画起笔多作侧锋斜入，左轻右重，左低右高。捺画波势锐利。点画多呈三角状，垂笔多作悬针之状，转折处顿挫非常明显，呈现出凌厉果断，爽朗峻拔之风。同时，该题记结体茂密而左右伸展，平整而不板滞，神态宽博旷达，静中寓动，体势鲜活。章法整齐统一，疏朗空灵，意境高远，是龙门造像题记，乃至北魏时期碑刻书法的精品之作。

康有为在《广艺舟双楫》中将其列为能品上，称体方笔厚，适合初学者学习。有关该造像题记的拓本繁多，其中，乾隆拓本，二行“牛橛”之“橛”字完好。此后一段时期拓本均仅损末二笔。近拓“橛”字石泐痕已连及首行“公”字。五行“若有”之“若”字，稍旧拓本“口”部未损，新拓则泐成一白块。有重刻本，三行首“镂”字，原石稍有模糊，重刻本竟空一格，一笔不刻。首行第三字原石泐，重刻本一格，也一笔不刻。

二、《始平公造像记》

《始平公造像记》(图2–3)，全称《比丘慧成为亡父洛州刺史始平公造像记》。关于该题记的镌刻时间历来存在争论，清代孙星衍、姚晏、康有为以及今人宫大中等认为是北魏太和十二年(488)，而王昶、陆增祥等人则认为是北魏太和二十二年(498)。据《魏书·地理志》:“洛州，太宗(明元帝)置，太和十七年改为司州，天平初复。”该题记书法上与山西云冈石窟的风格十分类似，楚默据此认为在迁都洛阳之前应已镌刻完毕，认同“太和十二年”之说，并认为《始平公造像记》与《孙秋生造像记》书风十分相似，当是相同作者所为，创作时间应相去不远。题记由孟广达文，朱义章书。该题记位于河南龙门石窟古阳洞北壁。记文内容寄造像者宗教情怀，兼为往生者求福除灾。《始平公造像记》制作、书体均佳。清乾隆年间该题记被黄易发现后，备受书坛关注，被列入《龙门二十品》之一、《龙门四品》之一。此题记全部采用阳刻法，逐字界格，在古代石刻中独树一帜、颇为罕见。

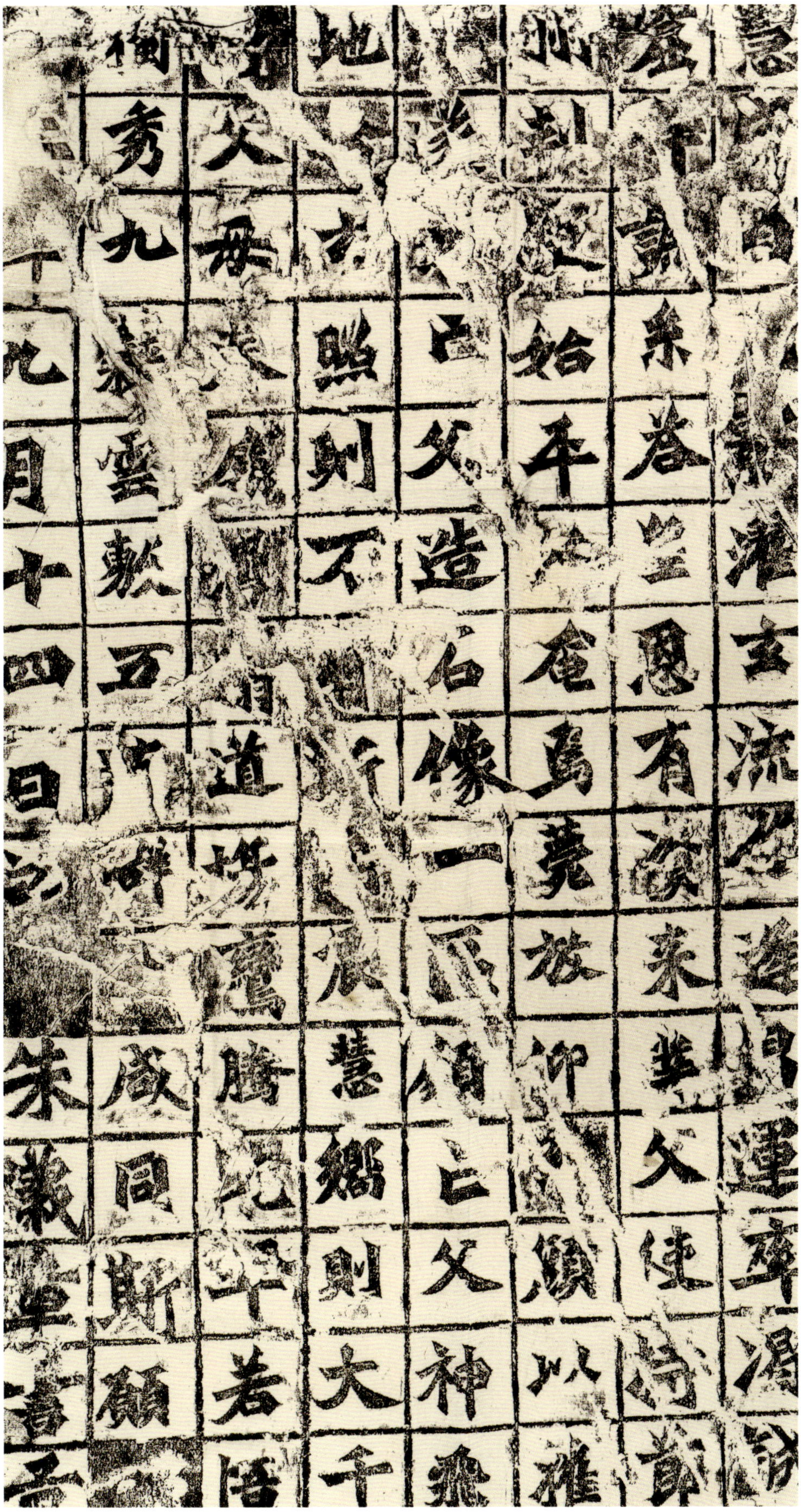

图 2-3《始平公造像记》(局部)，朱义章，北魏，摩崖，正书，10 行，行 20 字，整拓纵 90 厘米，横 40 厘米，河南洛阳龙门石窟古阳洞

龙门造像题记中，除此碑和《孙秋生造像记》外，鲜有书手姓名者，故颇受关注。康有为在《广艺舟双楫》中称为“工绝一时，精能各擅”进而盛赞此碑书手朱义章，评曰“雄重莫如朱义章”。

此碑文方笔斩截，笔画折处重顿方勒，是北碑中方笔的典型，结体扁方紧密，点画厚重饱满，撇捺伸展，欹侧生动，锋芒毕露，显得雄峻非凡，同时，文字端严飘逸，将森严方朴的北朝书风，写得婉畅流动，书法具有风骨，雄重遒密，于端谨中出以飘逸。具有龙震虎威之势，被推为魏碑方笔刚健风格的代表，以阳刚之美流传于世，“字形大小，如星散天，体势顾盼，如鱼戏水”[①]。

《始平公造像记》拓本最为精致者为清人胡震所藏，上有咸丰九年（1859）题记。该拓本第3行“邀”字除末笔稍损之外，其他笔画完好；第6行“乌”字完好；第7行“周”字首和第8行“率”字中间笔道均尚可见，所优于存世其他拓本。康有为《广艺舟双楫》中称：“遍临诸品，终于《始平公》，极意疏荡，骨格成，体形定，得其势雄力厚，一生无靡弱之病。”杨守敬《平碑记》称：“《始平公》以宽博胜。”

三、《孙秋生造像记》

《孙秋生造像记》（图2–4），北魏宣武帝（元恪）景明三年（502）五月二十七日造讫，全称《孙秋生刘起祖二百人等造像记》，在洛阳龙门石窟古阳洞南壁。孙秋生造像位于龙门二十品造像龛中的五大龛之一的古阳洞壁第二层，左侧邻比丘法生造像龛，也是《龙门四品》之一。

《孙秋生造像记》拓片纵126厘米，横48厘米，其中碑额部分纵17厘米，横18厘米，中间刊刻“邑子像”题铭，字径约5厘米。“邑子像”左侧刻“邑主中散大夫荥阳太守孙道务”题名，《魏书·官氏志》所载，“中散大夫”官阶为第四品，也可称得上地方高官了。

一般而言，碑额题字所表现的有两方面内容：一是碑名；二是造像碑的性质，在石窟造像中题刻的“邑子像”或“娣女”，表明该造像系由佛教组织——邑社出资开凿。《孙秋生造像记》碑额题字中的“邑子像”，表明该造像龛是由邑社出资开凿的。主持该造像邑社的应该是北魏新城县（今河北高碑店市）功

① 毛远明：《汉魏六朝碑刻校注》第三册，线装书局，2008年，第301页。

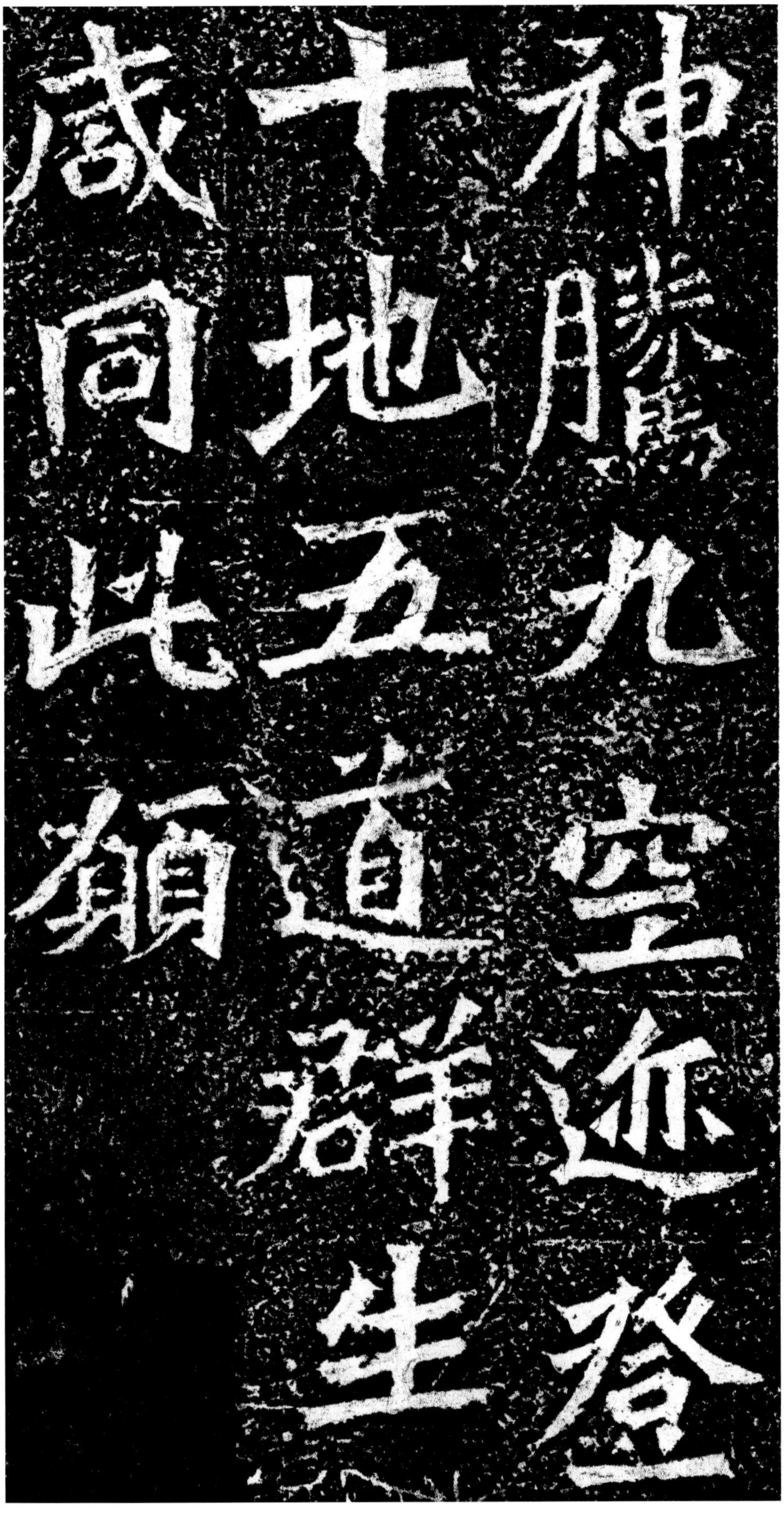

图 2-4 《孙秋生造像记》(局部)，萧显庆，北魏，摩崖，正书，13 行，行 9 字，整拓纵 126 厘米，横 48 厘米，河南洛阳龙门石窟古阳洞

曹孙秋生、刘起祖，两人官职并不高，他们能组织包括四品官员在内的二百余人为“国祚永隆，三宝弥显”而造像，应属当地的高门贵族无疑。龙门石窟中邑社造像众多，邑主均出现在发愿文中，在邑社造像中，邑主的身份地位无疑是最重要的，孙秋生造像碑中，邑主之名却刻在碑额的两侧，其中缘由值得关注。

六朝碑刻中书家署名者不多，孙秋生造像碑刻有孟广达文，萧显庆书，但有关书家资料无从考证，一般以为是地位低下的工匠或经书手。

《孙秋生造像记》是龙门石窟造像题记中颇具代表性的书法风格类型，与《始平公造像记》近似。章法处理上行列较为整齐，纵有行、横有列，虽字字独立，却并无刻板之感，清代以来，广受赞誉。清代康有为对龙门造像总体评价分为两个方面：一是方笔极轨；二是雄峻伟茂，笔意发宕。同时他又称龙门造像题记又可细分为数种类型，而《孙秋生造像记》属沉着劲重一类。

四、《郑长猷造像记》

《郑长猷造像记》（图 2–5），在河南龙门石窟古阳洞，北魏景明二年（501）九月三日完成。造像记位于佛龛右侧。纵 50 厘米、横 35 厘米。

在龙门石窟造像记中，《郑长猷造像记》风格尤为独特，字体介乎隶楷之间，劲厉拙朴、富于稚趣，历来将之与位于云南边陲的东晋义熙元年（405）所立《爨宝子碑》和南朝宋大明二年（458）所立《爨龙颜碑》进行类比。该造像龛位于古阳洞口上方南侧，共 6 龛，分上、中、下 3 排，每排 2 龛，为大小不等的圆券形浅龛。圆楣拱内刻卷草葡萄纹，主像为交脚弥勒佛（已残破），左右侍立二胁侍菩萨。据题记内容，该造像为景明二年郑长猷为亡父、亡母皇甫、亡儿士龙，以及其妾陈玉女为亡母徐所刊。

有关郑长猷生平，附见《魏书·郑演传》，称：“长猷，以父勋起家，又拜为宁远将军、东平太守。旋转沛郡。入为南主客郎中、太尉属，袭爵云阳伯。车驾南伐，既克宛城，拜长猷南阳太守……永平五年卒。”[①] 其父郑演，于献文帝初年任琅琊太守，后以功除冠军将军、彭城太守、洛阳侯。后拜太中大夫，改爵云阳伯。可见，该造像题记与史书记载颇为吻合。

① 魏收：《魏书》，中华书局，1974 年，第 1332 页。

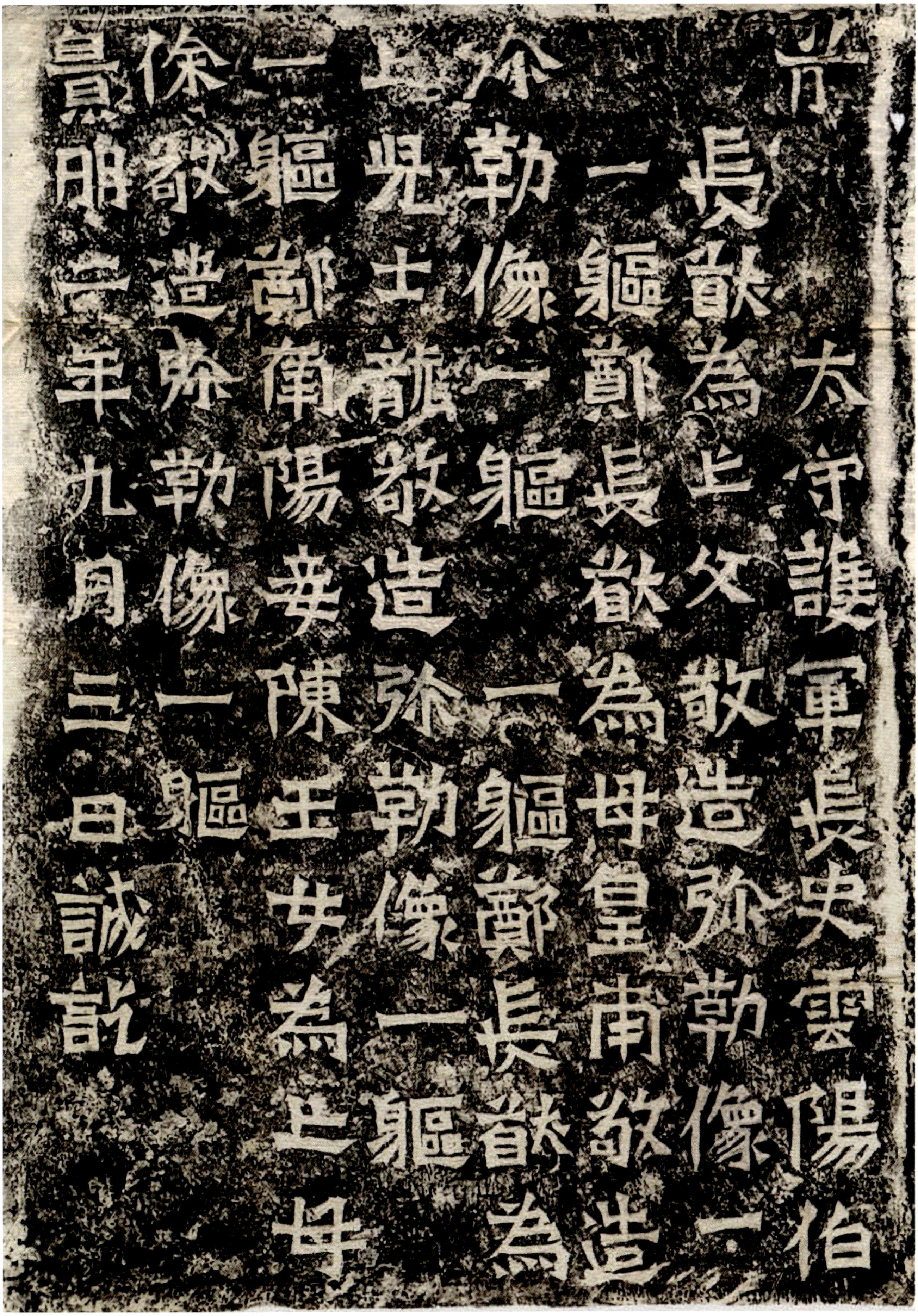
前太守護軍長史雲陽伯
長猷為亡父敬造彌勒像一
一軀鄭長猷為母皇甫敬造
彌勒像一軀一軀鄭長猷為
上兒士龍敬造彌勒像一軀
一軀鄭衛陽妾陳王母為亡母
像敬造彌勒像一軀
景明二年九月三日誠訖

图 2–5 《郑长猷造像记》，佚名，北魏，摩崖，正书，8 行，行 12 字，拓片纵 50 厘米，横 35 厘米，河南洛阳龙门石窟古阳洞

对于该造像题记书法的评价，历来悬殊。康有为称其“波磔极意骏厉，犹是隶笔”，又称“雄强厚密，导源《受禅》，殆卫氏嫡派”，还称赞其“气象挥霍，体裁凝重”。[①] 另外有些学者如楼宇烈、宫大中等认为，此造像题记极有可能是未经书丹而直接凿刻上去的。华人德《分析〈郑长猷造像记〉的刊刻以及北魏龙门造像记的先书后刻问题》一文将之做了典型分析，针对有些造像题记字迹拙劣的现象，提出了令人耳目一新的看法，他认为造像题记如果不经书丹便下刀，刻工通常识字，《郑长猷造像记》的刊刻者就属于这种情况。该文还指出，造像题记若不经书丹的话，往往需要按笔画顺序刊刻，《郑长猷造像记》中出现多处漏刻字等现象，应为工匠在刊刻过程中不小心将字擦得模糊了，由于这些人不识字，故缺而不刻。值得注意的是，龙门造像记中这种风格最为稚拙，但如《郑长猷造像记》《侯太妃造像记》和《马振拜造像记》三记，都位于古阳洞的顶部，书刻困难，致使书者、刻者不能正常发挥，也可能是造成字迹质朴、拙劣的客观原因。

此外，《郑长猷造像记》笔画中长横的隶势特别明显，平直的笔势、横平的结体，均具有隶法特征。龙门造像中《一弗造像记》和《惠感造像记》的方厚笔画均有类似特征，但较此造像记，结构上显得更为欹侧。

五、《杨大眼造像记》

《杨大眼造像记》，全称《辅国将军杨大眼为孝文皇帝造像记》，简称《杨大眼造像记》（图 2–6），位于河南洛阳龙门石窟古阳洞，为《龙门二十品》之一；与《始平公造像记》《孙秋生造像记》《魏灵藏造像记》合称为《龙门四品》，是龙门石窟北魏造像题记中最具书法艺术价值的作品之一。该拓片纵 95 厘米，横 41 厘米，共 11 行，行 23 字，碑额题“邑子像”。

《杨大眼造像记》没有明确纪年，但从其内容及所涉及官员，大致能推断其年代。温玉成认为在龙门石窟刚开凿之时，存在大量地方官员选择有利的位置造像的情况，如 N1–1 是洛阳刺史、始平公之子所造，N1–2 是陆浑县功曹魏灵藏等造，S1–3 是新城县功曹孙秋生所造，而当时中央官吏留洛阳人员还不多，如穆陵亮、元详、杨大眼等人是先期人员。至太和十九年（495）九月，六宫及

① 康有为：《广艺舟双楫》，见崔尔平选编：《历代书法论文选（下）》，上海书画出版社，1979 年，第 819—837 页。

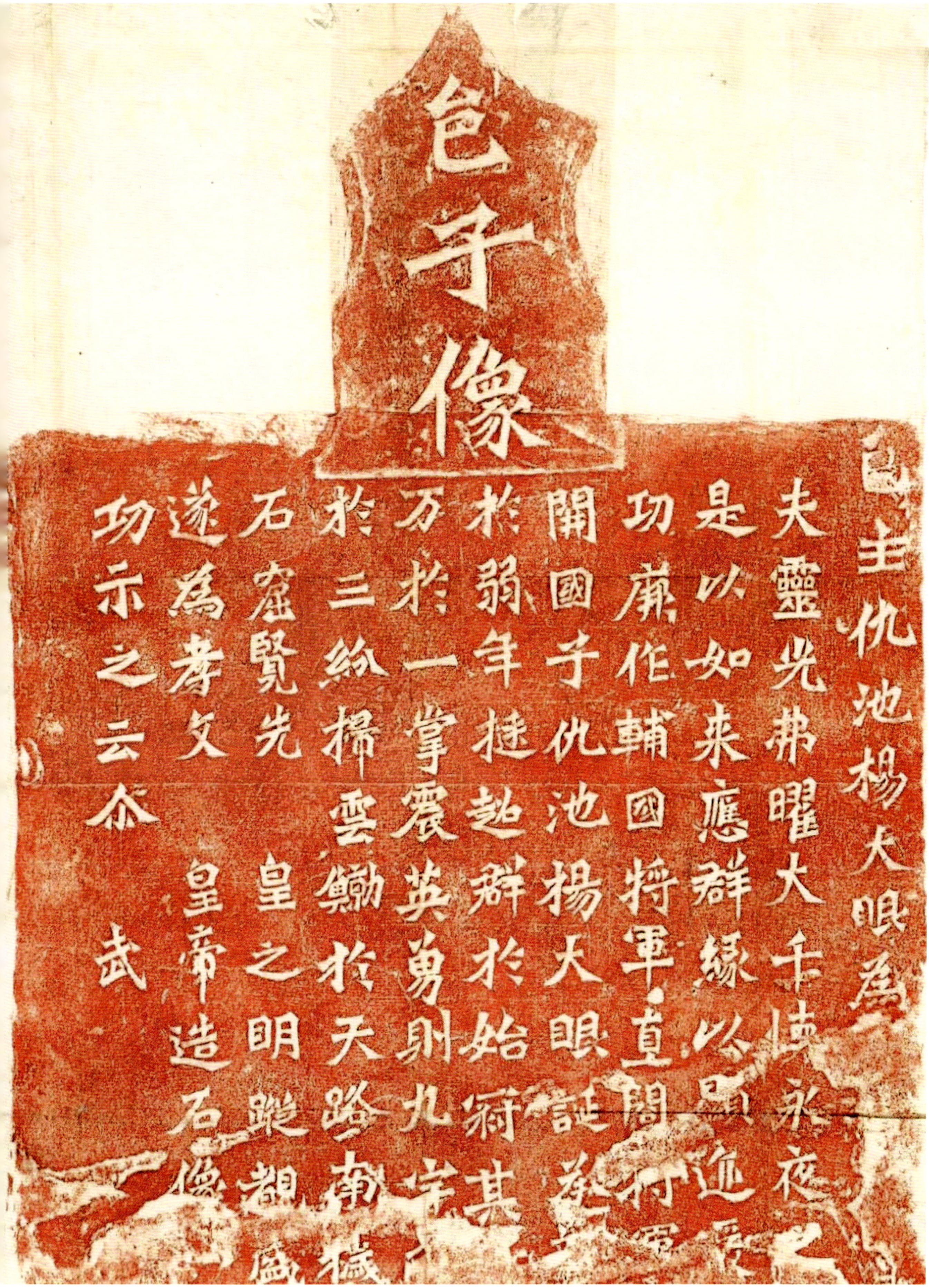

图 2-6 《杨大眼造像记》(局部)，佚名，北魏，摩崖，正书，11 行，行 23 字，整拓纵 95 厘米，横 41 厘米，河南洛阳龙门石窟古阳洞

文武尽迁洛阳。[1] 显然，《杨大眼造像记》符合这种判断。

杨大眼，是北魏时期的名将，勇冠三军，封安成县开国子，食邑三百户，任直阁将军，后又加辅国将军、游击将军等。南朝人形容他的眼大得像车轮子，故称“杨大眼”，真名不知。《魏书·杨大眼传》记载他：“少有胆气，跳走如飞。”又，“传言淮泗、荆沔之间有童儿啼者，恐之云：‘杨大眼至！’无不即止。”[2]

北魏宣武帝初年，杨大眼奉命南征，连拔五城，一路追击敌军直至汉水边，斩杀了南朝辅国将军王花，并俘虏了两千余人。他在凯旋途经伊阙时，发愿开凿佛龛，这一行为大约发生在正始三年（506）的夏秋之际。楚默认为《杨大眼造像记》应该就是在这个时候完成的。

该造像龛位于古阳洞北壁第二层，从东边数第三龛，其右侧紧邻魏灵藏造像龛。杨大眼造像以精细且华丽的雕刻技艺著称，被视为古阳洞中的精品之作，在整个龙门石窟北朝造像中显得尤为突出。

《杨大眼造像记》在书法风格上属于典型的“斜画紧结”邙山体，在书写用笔上，笔锋犀利、圭角尽露，力度深沉且豪放，堪称“方笔之极轨”。这种笔画特点显然受到刻工技艺等非书写因素的显著影响。此外，其书法结体上，单字中宫紧收，呈现出向四周发散的态势，点画的轻重对比极为鲜明。康有为在其著作《广艺舟双楫》中，将《杨大眼造像记》评为能品上，并推崇其为峻健、丰伟风格的典范。

《杨大眼造像记》被列入《龙门四品》之一，现存最早的是清代校勘家顾广圻的藏本，后归无锡丁福保，再后来其子丁惠康又捐赠给国家图书馆。该拓本第五行“远踵应符”之“踵”和“应”两字未损，“远”字末笔未损；第6行“垂仁声”之“垂”字尚可辨认，“光”“也”和“摧”等字均完好，优于其他拓本。

① 温玉成：《中国石窟与文化艺术》，上海人民美术出版社，1993年，第153页。
② 魏收：《魏书·列传第六十一·杨大眼传》，中华书局，1974年，第1633—1636页。

六、《魏灵藏造像记》

《魏灵藏造像记》，全称《魏灵藏薛法绍造像记》（图 2–7），无具体年月及撰书人姓名，位于河南洛阳龙门石窟古阳洞北壁。拓片纵 75 厘米，横 40 厘米，为《龙门四品》之一。

《魏灵藏造像记》没有明确的纪年时间，据其佛龛位于《始平公造像记》和《杨大眼造像记》近旁来看，三者造像时间应相距不远。《魏灵藏造像记》书法风格酷似《杨大眼造像记》，似同出一手。共 10 行，行 23 字。额楷书题“魏灵藏”3 字，额左题有“薛法绍”3 字，共 9 字，中间一行“释迦像”字略大于两侧。北魏造像题记中多有别体字，在这件题记中尤为突出。

康有为《广艺舟双楫》将这件造像题记列入能品下，清乾隆年间钱塘黄易访拓后，开始显于世。乾隆拓本第三行“腾空”之“腾”字“马”部可见，“空”字未损。共应 215 字。有一裂纹，自左上第 2 行斜下至第 1 行第 14 字处。中有四处当是空格无字。光绪拓本“空”字已泐大半。民国十年（1921）凿损百余字。碑额现仅存“藏迦像薛法绍”大字矣。

《魏灵藏造像记》与《孙秋生造像记》《比丘慧成造像记》《解伯达造像记》一样，是魏碑书法中方笔露锋的典型代表。这类造像题记书法特征呈现出“方”的外在形态，锋芒毕露，线质方，结体也是方中趋扁。上文已提及这类“方笔”，是刀与笔，书手与刻工共同作用的结果。这类书法笔画挺直，折角分明，收笔处有时敛毫便止，有时放锋犀利，有些横画和捺画的特征，在云南曲靖县（今曲靖市）的《爨宝子碑》同样得到体现。它们的相同处是收笔处往往上扬，笔画大小不一、错落有致。大者纵矛横戈，如虎奔龙吟，小者轻微一点，如蜻蜓掠水，皆能顺势合情，绝无率意轻发。结体或取横势，或取纵势，皆极意显示雄踞盘关之威仪，怀隐瑰玉之神采。通篇作品严整肃穆、端庄隽洁。

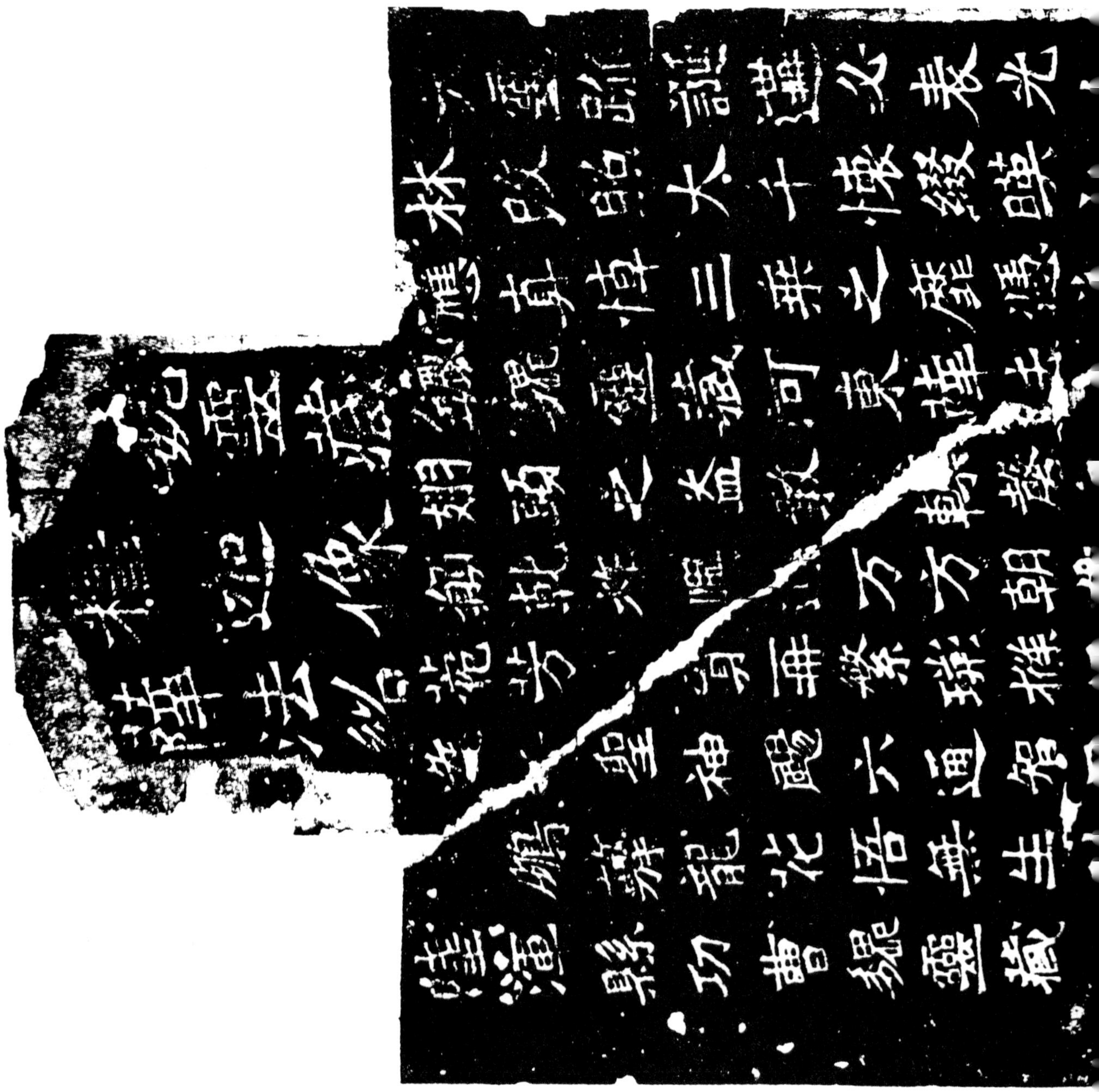

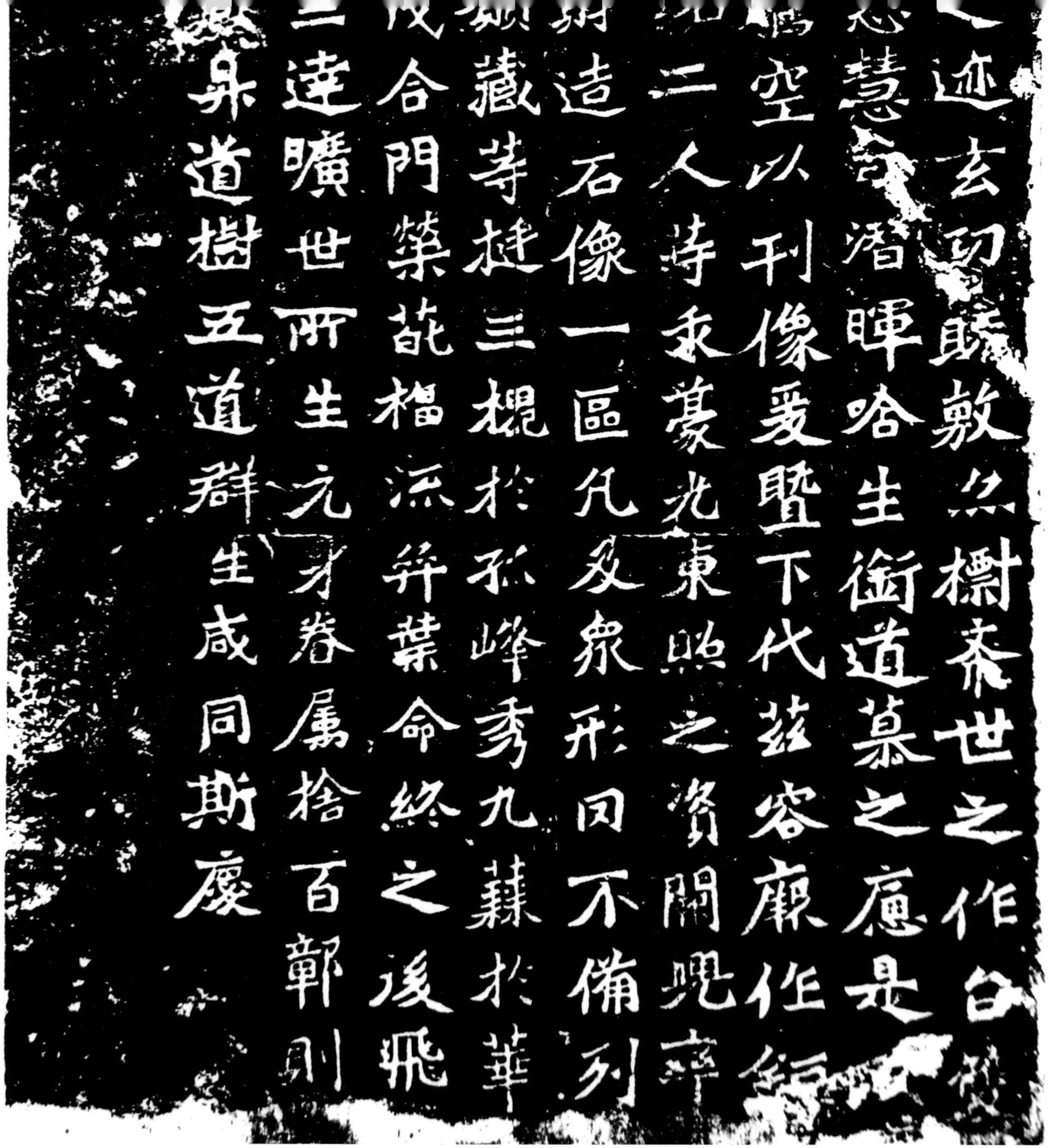

图 2–7 《魏灵藏造像记》，佚名，北魏，摩崖，正书，10 行，行 23 字，拓片纵 75 厘米，横 40 厘米，额纵、横均 15 厘米，河南洛阳龙门石窟古阳洞

第二节 云冈、巩县石窟及其他地区造像题记

造像题记是佛教碑刻的重要组成部分，时间跨度大，分布范围广，除龙门石窟之外，云冈石窟、巩县石窟、响堂山石窟等地都有数量不等的造像题记，虽然罕有与龙门造像题记书法价值相提并论者，但并不意味着这一部分就没有意义。这些造像题记随意挥洒，不拘法度（甚至错刻、漏刻），给佛教书法审美带来了新的可能性。正如有些研究者所言，这些具有民间意义的书法类型给正统的主流文人书法注入了新鲜的血液，成为他们后来借鉴和学习的对象。此外，造像题记的保存相对较差，很多裸露在外的，因自然的风化、浸泐，以及人为的破坏，使得很多造像题记都与初刻时的面目存在极大差别，甚至已不复存在。据有人统计，山西大同云冈石窟原有 47 通造像题记，遗存至今的已屈指可数，只能借助于拓片或影像资料加以研究了。

本节主要介绍云冈石窟中的造像题记代表《比丘尼昙媚造像题记》、巩义造像题记和发现于 20 世纪 90 年代初的山东兖州《沙丘城造像残石记》等。其中以《沙丘城造像残石记》书法成就最高，受到广泛关注。该题记与同时期山东摩崖刻经书法，特别是中皇山刻经风格最为接近，对于全面了解和研究北朝晚期书风演变，以及南北书法融合有重要的参考价值。

一、云冈石窟《比丘尼昙媚造像题记》

云冈石窟造像题记书法的整体水平不高，与声名显赫的龙

门石窟造像题记自然无法比较。当然，这跟早期造像过程中更多关注造像本身，而相对忽视题记内容及书法特色密切相关。然而，在云冈石窟造像题记中，仍有一些书法特色比较突出的作品，如第11窟的《五十四人造像记》和第20窟的《比丘尼昙媚造像题记》等。在这些造像题记中能够真正代表云冈石窟最高成就的当属《比丘尼昙媚造像题记》，有人甚至认为包世臣、康有为等人能见到此题记，定会将之归入神品之列。

关于云冈石窟造像题记的数量，前文已提及，日本学者水野清一、长广敏雄在他们所著《云冈石窟》中详细记载有30种、45题。后来随着考古进一步发掘，增加了两则，达到32种、47题。《比丘尼昙媚造像题记》（图2–8）是1956年在第20窟，即所谓露天大佛窟窟前积土中发现的。其石为云冈细砂岩，略呈方形，纵30厘米，横28厘米。楷书10行，行12字，共110字。原文除首尾稍有缺泐外，大部完好。此记末行年号已漫灭不可连缀，所幸第二字右半“月”字尚存。考北朝年号，第二字右为“月”者，有孝文帝承明、宣武帝景明、东海王建明和北齐废帝乾明，其中四年以上者唯有景明，由此断定此碑年代为景明四年（503）。原文如下：（夫虑）灵镜觉，凝寂迭代。照周（群）邦，感垂应物。利润当时，泽潭机季。慨不邀昌辰，庆钟播末。思恋灵福，同拟状金石。冀瞻容者加极虔；想像者增忻希。生生资津，十方齐庆。颂曰：灵虑巍凝，悟（岩）言鉴觉。寂绝照周，蠢趣澄浊。随像拟仪，瞻资懿渥。生生邀益，十方同沐。（景明）四年四月六日，比丘尼昙媚造。

此碑真实地记录了“景明之禁”下，平城僧尼这一次颇具规模的造像活动，对于研究云冈石窟的开凿情况，昙曜五窟的完工时间，以及古书上关于云冈佛寺“东为僧寺，西头尼寺”的说法提供了重要的依据。

《比丘尼昙媚造像题记》基本上可归入魏碑的书法一类，其风格与北魏时期的名品《郑文公碑》，以及龙门造像题记的典型风格近似。该题记用笔多取篆法，以圆转为主；结体上宽博雄浑，呈圆润冲和之致。比较突出的特征体现在起收笔处并非方起方收、锋芒毕露，相反地，多数笔画能做到笔笔中锋，破方为圆。横画、捺画，鲜见刀斧棱角，多见圆笔，饱满开张。此外，笔画重叠时多见连带和笔断意连的行书笔致。转折处多取篆书笔法，圆转含蓄，颇多钟、王一脉情趣，意在隶楷之间。此碑书法的另一个特点是宽博从容，其结体呈方形，又能寓方整于变化之中、存天趣而去雕饰，不泥成法。但是，云冈石窟石质为砂岩，不似花岗岩和石灰岩有较高的硬度，再加上这些题记多为摩崖石刻，极易风化，浸泐，因此其现存面目与初镌刻存在明显差别，这一点必须加以考量。

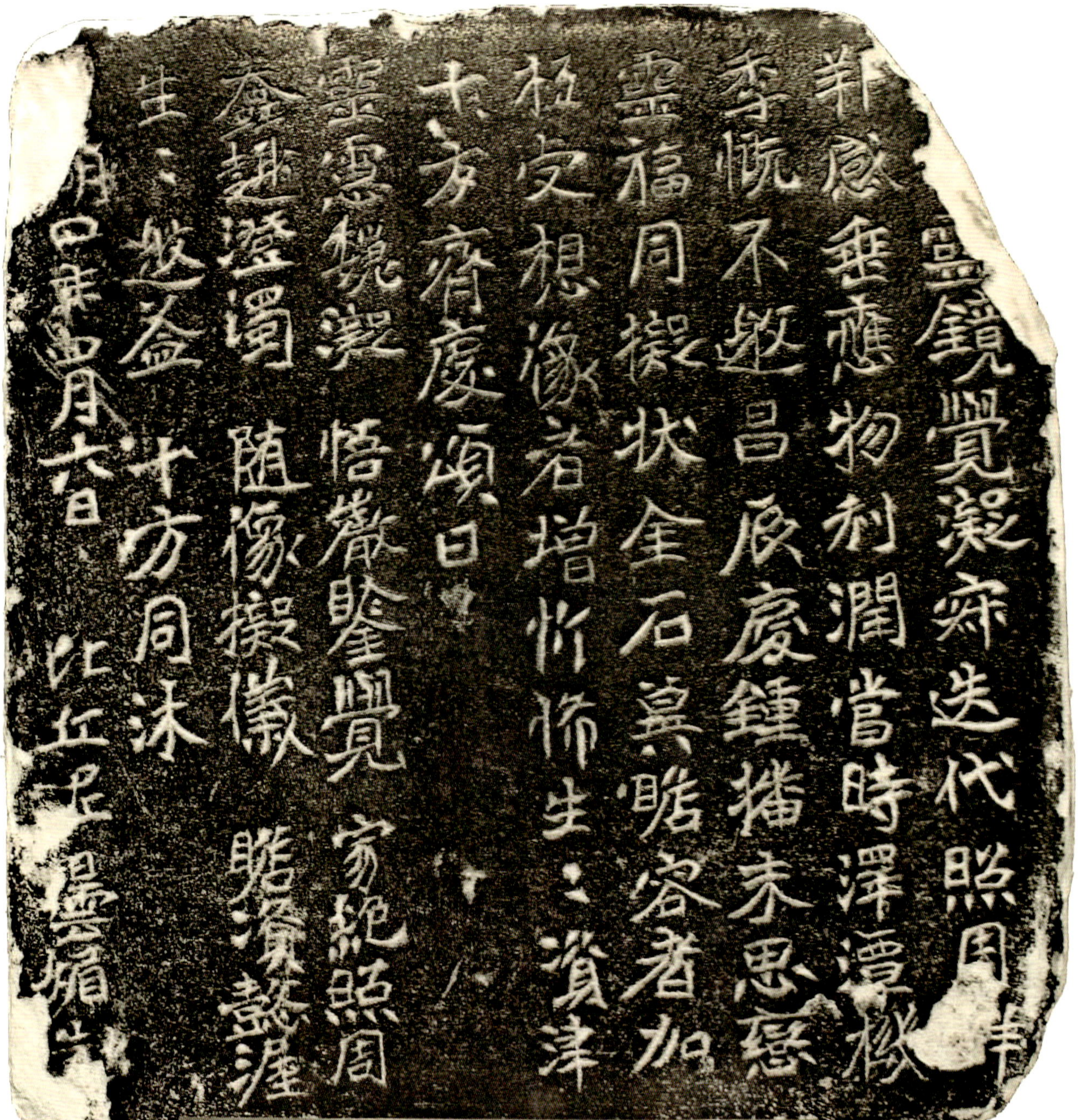

图 2-8 《比丘尼昙媚造像题记》，佚名，北魏，正书，10 行，行 12 字，
拓片纵 30 厘米，横 28 厘米，山西大同云冈石窟

二、巩县石窟造像题记

巩县石窟位于河南巩义赤湾村北邙山下，南临洛水，北依大历山。巩县石窟早期寺院建筑已荡然无存，现在窟前的大殿为清同治年间修建。据相关统计，巩县石窟共3尊摩崖大佛，一座千佛洞，以及386个造像龛，共有造像7743尊，造像题记及其他铭刻186篇。关于该处造像年代，史书上没有明确的记载，据考证最早当为北魏宣武帝景明年间。目前遗存的造像题记中，可明确判断镌刻于北朝时期的有49篇：北魏1篇，东魏12篇，西魏3篇，北齐31篇，北周2篇。此外，还有唐代85篇，宋代2篇，其余皆年代不明。另外经初步统计，巩县石窟已佚的造像题记及其他铭刻共59篇。镌刻于北魏的2篇，东、西魏各3篇，北齐12篇，唐代29篇，剩余10篇具体年代不明。这些造像题记中，整体以北朝时期的书法水平最高，且多以摩崖小品最为常见。在其中49篇北朝造像题记中，《乾智造像记》和《叡妻成郡君造像记》2篇，分别位于第1窟中心柱北面主龛东、西两侧，因存于室内，少有风化。后者字形平和端庄、意态雍容、大气磅礴，兼魏碑之余绪与南朝之俊逸，乃上乘之作。其余47篇均在第1窟至第5窟外壁间。[①] 其中以同镌刻于东魏天平三年（536）的《杨大昇造像记》和《赵胜荣造像记》、东魏天平四年（537）的《比丘惠庆造像记》、北齐天保二年（551）的《崔宾先造像记》《比丘道成造观世音造像记》《比丘法训造像记》《惠凤造像记》《沙弥道荣造像记》《李妃造像记》和《惠育造像记》，以及北齐天统四年（568）的《魏显明造像记》（图2-9），天保九年（558）的《比丘道邕造像记》等，最具典型特征。

从书法风格的角度进行分析，巩县石窟造像题记具有独特的风格类型意义。它既不同于北魏平城（大同）时期体兼隶楷的风格，也与洛阳时期方严峻厚的风格相异，更有别于北周时期精妍端凝的风格，同时与北齐时期其他地方各类石刻碑铭也迥然不同。具体而言，这些造像题记的书法风格整体呈现出结体宽绰疏朗、点画圆劲纵逸、体势奇崛宏逸的特点。部分题记中笔画之间呼应显著，具有明显的行草书旨趣。如《比丘惠庆造像记》（图2-10）中“庆”字，《沙弥道荣造像记》中“同”和“庆”字，《比丘道邕造像记》中“佛”和“为”字，《魏显明造像记》中“为”等字，不仅姿态丰富，笔画连带、使转分明，还出现明显的省笔、并笔，其风格在北朝数以万计的石刻题名书迹中都是很突出

---

① 参考马健中：《巩县石窟北朝造像题记及其书法研究》，中州古籍出版社，2012年，第167—168页。

图 2-9 《魏显明造像记》，佚名，北齐，摩崖，正书，8 行，行 4-6 字不等，河南巩县石窟

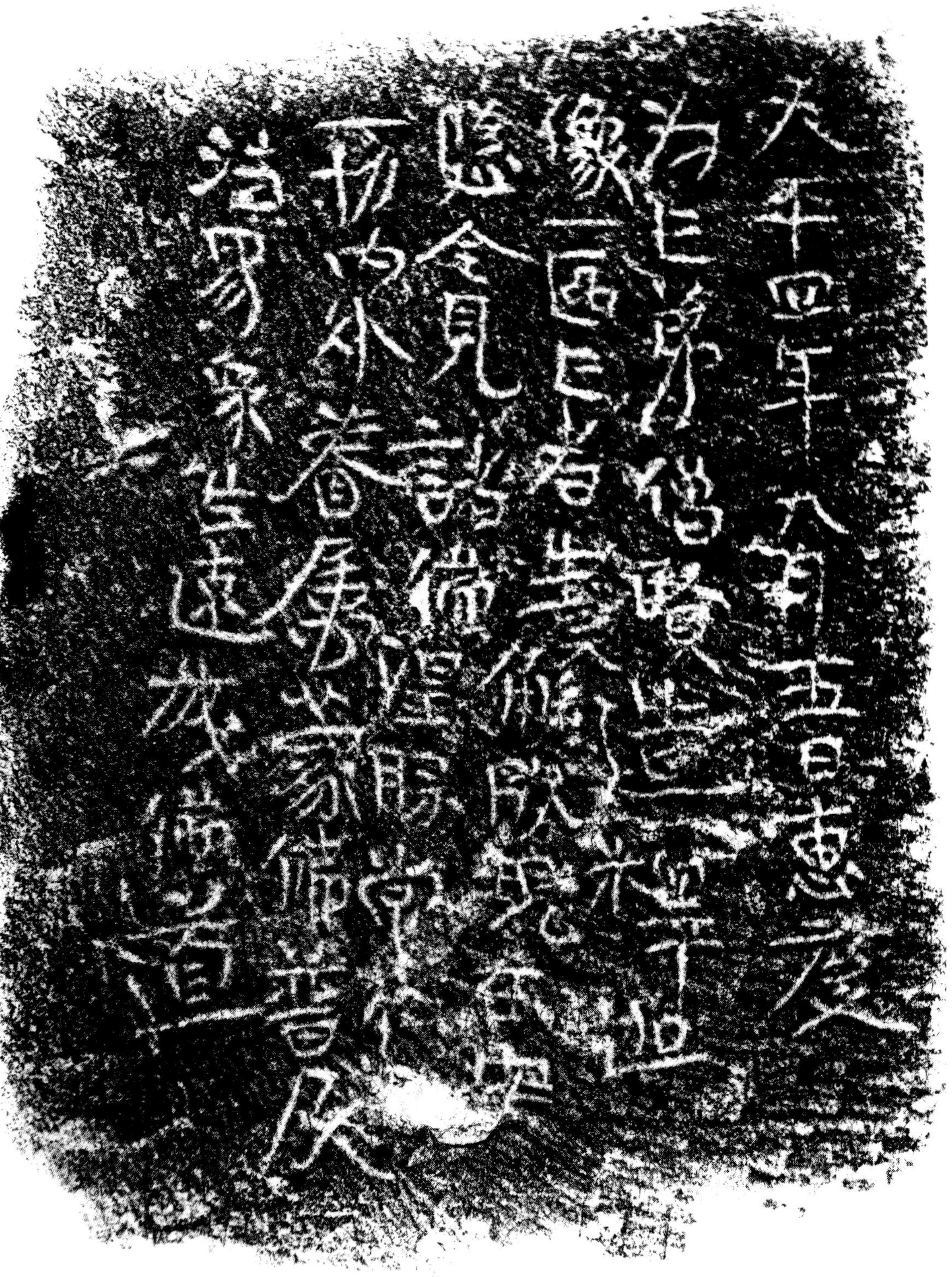

图 2-10 《比丘惠庆造像记》，佚名，东魏，摩崖，正书，6 行，行 8-10 字不等，河南巩县石窟

的。此外，巩县石窟造像题记书法中也不乏隶书浓厚古朴的意趣和特征。如《比丘道邕造像记》中“同”“匠”和“遇”字，与龙门造像题记的典型书法又有某种类似特征，书风方劲古朴，结体上和早期云南曲靖县的《爨宝子碑》更是有暗合之处。

总体而言，巩义造像题记书法与龙门造像题记那种棱角分明、锋芒毕露的书法风格明显不同，它以圆笔为主，寓方于圆，质朴自然，意态奇逸，全无雕饰造作之气。康有为寥寥数语道出了这一类书迹的意义：“虽穷乡儿女造像，而骨血峻宕，拙厚中皆有异态，构字亦紧密异常，岂与晋世皆当书之会邪……有后世学士所不能为者，故能择魏世造像记学之，已自能书矣。”[①]华人德先生亦指出没有发现一种墓志、一篇题记、一通造像碑与巩义造像题记的风格、面目非常接近。巩义造像题记在结体上具有北朝石刻题名的某些特征，却又与北碑的严整端凝并非一致。虽然有行草书的笔画情趣，却又与南朝“二王”一脉的妍美书风相去甚远。正因为如此，巩县石窟造像题记具有不可复制和替代的书法风格意义和审美价值。

巩县石窟中，还有大量的唐宋造像题记，这些题记也具有较高的艺术水准，其中一些书法风格与当时的经生书法非常接近，唐代造像题记通常篇幅较大，雍容饱满，法度谨严，宽博大气，如唐咸亨元年（670）《法枰造像记》等。宋代以降，则明显呈现出书体不一、风格多样的特征。

三、金口坝《沙丘城造像残石记》

金口坝，位于山东兖州城东泗水、沂水和府河的交汇处，以前是兖州至曲阜的必经之路，因其所处位置重要，坝身石与石之间均以金属（铁）扣接，故名。1993年春夏之交，鲁南大旱，泗水干涸，兖州金口坝基石暴露，其下游至邹兖公路桥一带，出现了大批碑刻残石等，其中绝大多数内容与佛教有关，有造像、造像碑、造像幢、刻经碑、发愿文、功德主题名、题记，以及建寺、庵、塔题记等。

金口坝佛教残石的年代始于北魏，经东魏、北齐、北周、隋，一直到唐代中期，罕见唐晚期作品，其间也有几件宋代残石。赖非先生认为，这些碑刻残

① 上海书画出版社编：《历代书法论文选》，上海书画出版社，1979年，第826页。

石来自于金口坝附近的瑕丘尼寺等多个寺院中，可能多数毁于唐武宗灭佛时期。被毁以后的这些残石，被充当筑坝材料用来维修金口坝，堆砌于此。但也有人对此提出异议，认为这些数量众多的残石是历史上“三武灭佛”的共同结果，沉入河中的时间不一，被集中发现并出土于同一段时间。

金口坝，又名金口堰，北魏延昌三年（514）由兖州刺史元匡最初开始修筑，后又不断加以补充、完善。[①]元代以前，金口坝被称为泗津桥，是一座既可以拦水分流，又可以供人通行的具有坝堰和桥梁功能的水利建筑。据不完全统计，近年金口坝所发掘的残碑刻石有二百余种，拓片更是不下三百种。又，当年参与发掘的人士称，这批残石的总数量应该在五六百种，可惜造像精彩、文字多且全的碑刻在当时即被外地人买走，现存于济宁市兖州区博物馆的残石仅占其中一小部分。

金口坝所发掘的佛教残石中，有关刻经和造像题记的内容最引人关注。刻经内容以般若系的《般若波罗蜜多心经》（18种）、《文殊师利所说般若波罗蜜经》（7种）和《摩诃般若大明咒经》（1种）为主，其余还有净土系的《佛说阿弥陀经》（2种）等，共计50余种。平阴某私人所藏残存32字的《思益梵天所问经》等亦常被关注。除刻经残石外，造像题记颇具规模和特色者，有60余种。这些造像残石记录了当时寺院建造和造像立佛的盛况，对研究北朝后期该地区的佛教信仰、僧官制度也有一定的价值。

金口坝佛教残石大小、形状各一，极不规则，损毁严重。残石存字较少，部分带有年号，如“大魏泰昌元年”“大齐天保八年”“大魏正光四年”“大魏寿昌三年”和“大齐武平元年”等，多数残石不见纪年，据其书法风格，大致能判断其所刊刻的年代。其中最为著名的是《沙丘城造像残石记》。此题记为横式，高0.38米，宽1.41米，左侧稍残，存字26行，行8字，共226字。

《沙丘城造像残石记》（图2-11）载：……若夫邑义人等……以大齐河清三年，岁次实沉，于沙丘东城之内，优婆尼、比丘尼之寺，率彼四众，奉为太上皇帝陛下、师僧父母、俾闰含灵一切有识。于是法堂巍巍，廊庑赫奕，磊硌而重叠，峨峨以连属。又乃敬造阿弥陀连座三佛……

据碑文内容可知，这是修造一座尼寺并造佛像后所刊的纪功德之碑，其中功德主姓名缺失，所以其名称至今没有定论。《中国书法全集·北朝造像题记》称其为《北齐河清三年造像记》，该题目并不能区别于同年所刻的其他造像题

---

① 王大中：《兖州金口坝佛教残石研究》，《中国书法》2017年第6期。

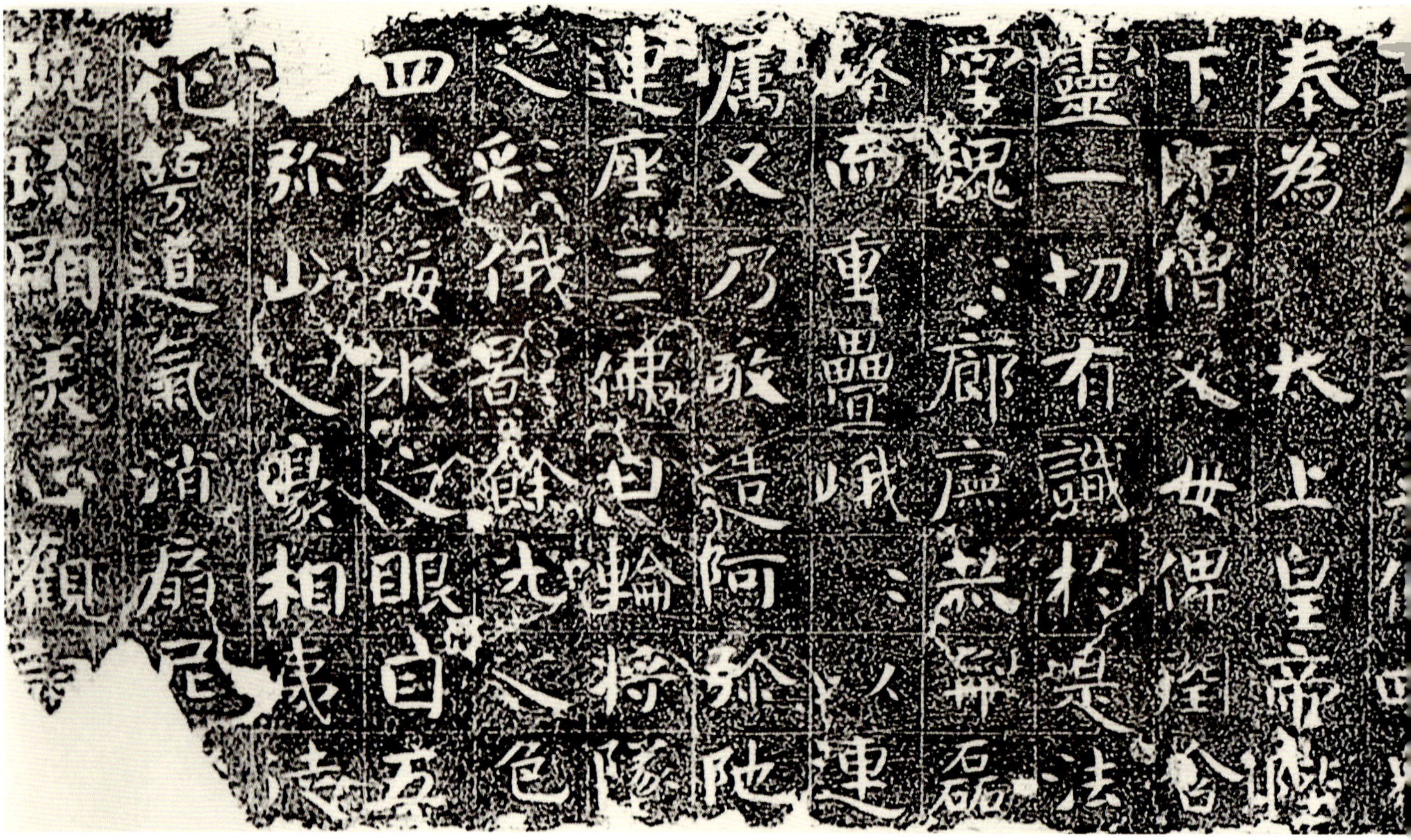

图 2-11 《沙丘城造像残石记》(局部)，佚名，北齐，摩崖，正书，存 26 行，行 8 字，
拓片纵 38 厘米，横 140 厘米，现藏于济宁市兖州区博物馆

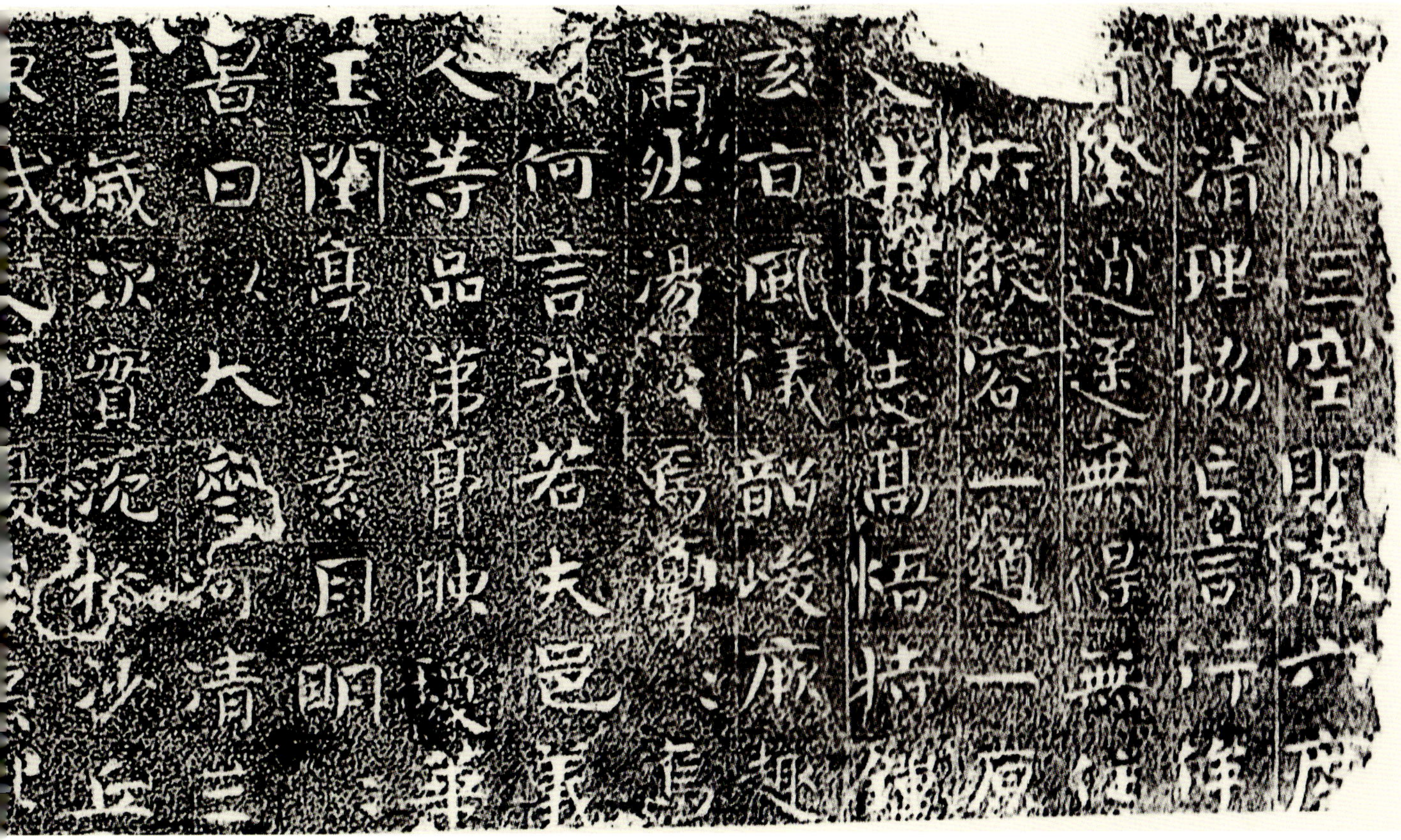
□而三空既濟六度
淡清理協音言六律
□隆道遂無得無德
而統容一道一風
人中捷支高悟持儀
玄言風儀韵峻威趣
蕭然湯、焉□、焉
成向言哉若夫邑義
人等品第冒映□華
王閨真、素月明、
旨曰以大空河清三
丰感深質沉於沙正

记，且有专家考证此造像题记所刻时间稍晚于河清三年（564）；《兖州市志》中有时称《北齐造像刻石》，此名称可涵盖北齐的所有造像题记刻石；有时称《北齐沙丘城造像残碑》，此名称亦不妥当，此非碑刻，而是造像题记；毛远明编著的《汉魏六朝碑刻校注》称其为《邑义人等造像记》。[1]

这通造像题记对于揭开沙丘城之谜，具有十分重要的实证意义，它说明在北齐时兖州（瑕丘）就有沙丘之称，沙丘城应为瑕丘城（即兖州）。瑕丘尼寺是当时全国著名的尼寺，该寺名尼竺道馨、僧念在《高僧传》中均有记载。同时，据史料考证，李白家居山东二十余年，他曾有“我来竟何事，高卧沙丘城”“我家寄在沙丘旁，三年不归空断肠”的诗句，具体不知何处。《沙丘城造像残石记》的出土，或可为李白曾寓家兖州之佐证。

四众指的是比丘、比丘尼、优婆塞、优婆夷。其中比丘尼指受过具足戒的女性佛徒，优婆夷指在家修行的女性佛徒。据《北齐书・羊烈传》：“烈女传素业，闺门修饰，为世所称，一门女不再醮。魏太和中，于兖州造一尼寺，女寡居无子者并出家为尼，咸存戒行。”该碑可与史料相互证。

《沙丘城造像残石记》与北齐泰峄地区刻经碑和摩崖刻经的刊刻时间接近。峄山五华峰的《文殊般若经碑》摩崖题记中有“河清三年”的纪年，可为证明。虽然此题记书法和刻经书法在字径大小上差别很大，但字体特征、书法风格极为接近，早有专家论述，将此碑字径放大到与摩崖刻经字体同等大小，俨然就是同一人所书，字体是平画宽结的介乎隶书和楷书之间的隶楷体。

隶楷书是北朝石刻中特有的一种书体，其特点隶、楷兼备，体势平整宽博、略有欹斜，笔画平阔丰腴、劲雅疏朗，和西晋十六国以来铭石书一脉相承，起收笔率意与含而藏之形成对比，表现出轻松飘逸、意境深邃的格调。这种书体在北朝后期的刻经中比较多见，金口坝佛教残石中的《沙丘城造像残石记》和《文殊般若经碑》等，即是这种风格的体现。这类书法的笔法特征与北齐、北周时期泰峄山区的摩崖刻经具有相同的特征，在青州（今山东青州市）地区出土的一些碑刻残石中，也出现过风格类似的作品。这种字体看似是楷书，字体却较为扁平，且又保留了隶书的某些笔画特征，尤其是捺笔的“波”画特征十分明显。

此造像题记结体宽博，用笔方圆并用，变化丰富，既有魏碑的笔法，又不失“二王”韵致。下面仅以点为例来说明它丰富的艺术性：①单独的点时，珠

① 毛远明：《汉魏六朝碑刻校注》第九册，线装书局，2008年，第67页。

圆玉润、形态各异，或呈梭形，如“亡”字，或呈三角形，如“清”“悟”等字，或呈钩形，如“為”的左上点，等等变化多端。②当一个字中出现两个点时，则距离较远，如“道”的左右两点，“清”字的上下两点。③如果有三个点，则从大小、方向、方圆、长短等各方面变化以避免趋同，如“彩”“法”等字。④当多个点出现在一个字中时，则分布如繁星，目不暇接。“齊”字可看成十一个点的组合；“然”字中九个点，下面四个点采用行书笔法，与上面的五个点相映成趣。此外，在处理点和其他笔画的关系时，书写者别具匠心，连断自如，或实连，如“旨”“言”“六”等字；或虚连，如“玄”“亡”等字；或映带，如“沉”的第三点和第四点等。这些特征充分反映出书写者高超的书法素养。近年出土于甘肃天水的《赵佺墓志》、山东青州《宋休墓志》，用笔和结体与此极为接近，应是北朝晚期常见的一种字体类型，与同期梁陈太建八年（576）的南朝写本《佛说生经第一》，又如出一辙。

刻经与造像题记有着非常明显的区别，前者相对要更为郑重。刻经的动机除“护法”等信仰因素外，还有统一经论、刊正谬误等“弘法”因素。为了表达经主信仰的虔诚，刻经过程都极其讲究。一般都在石材上刻有界格，文字书写和刊刻一丝不苟，基本反映出书丹时的原貌。造像题记则因书写、镌刻者的不同使得书法风格差异明显。一般来说，士大夫阶层书写精美，用笔讲究。普遍民众为造像祈福留下的文字，往往因书写者及镌刻者的文化、素养较低，故书刊过程中随意性较大。据此可知，《沙丘城造像残石记》的书、刻精细程度远非摩崖刻经所能比拟，昭示其上流社会佛教信仰特征。

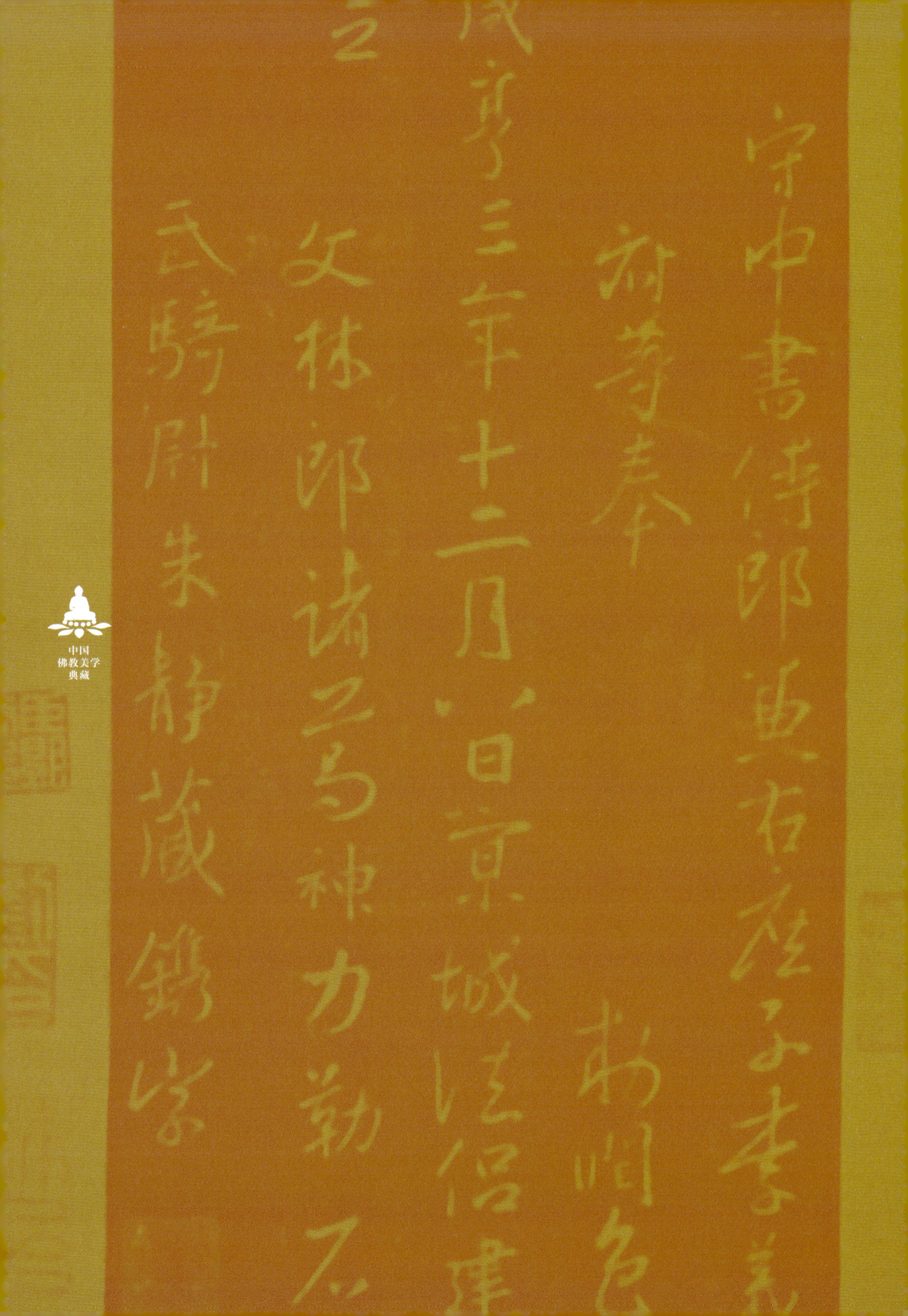

中国
佛教美学
典藏

第三章 寺塔碑碣

碑是最为常见的石刻形式之一。东汉时许慎以“石”定义“碑”，认为“碑，竖石也”。故一般意义上，凡在地面立石作为永久性纪念物或标志者，均可称为碑。汉末郑玄注《仪礼·聘礼》时对碑也曾有论及：“宫必有碑，所以识日影，引阴阳也。”也就是说碑用来标志或引导物体。郑玄还提到祠庙和宫殿庭院中的碑为石质，葬礼中的碑为木质，经常被搬来搬去。出现这种情况是由碑在仪式中的重要功能，即它在献祭祖先和神祇时所扮演不同角色所决定。有人也常用碑直接来指代所有的石刻。碑上常镌刻文字，故称碑刻。最初的碑专门用于献祭、典礼和葬礼三种典礼仪式，一般没有铭文。

先秦时期，有三种器物可以被称为“碑”。第一种是竖立在墓坑四角的大木。这种大木上方有一圆孔，称“穿”，当棺木下葬时，将绳子穿过该孔，以牵引棺木徐徐下降。下葬完毕之后牵引大木并不撤除，以供后人凭吊逝者时指引方向。后来，逐渐以石质代替木质，并逐渐在碑上镌刻逝者的姓名、官职、籍贯等基本信息，这是墓碑的早期原型。第二种是古代用来测定日影以定时的仪器——日晷。第三种可能与墓碑同源，也是从竖木或竖石转变而来，这类碑一般立于祠堂和寺庙门外，用来拴马，也有“穿”，只是位置与前一种不同，位于中间，而非顶部。

两汉时期墓碑开始由木质向石碑过渡，由于王莽当政时规定凡有石刻者皆令扑倒磨灭，故西汉时期的碑刻存世稀少。迄今为止，西汉早期石刻仅存十余种，且这类石刻仅用来标明人物姓名、年月、建筑材料等，属于“物勒工名”性质。西汉中期开始出现地界、符契一类的石刻。西汉晚期至新莽时代，出现坟坛、祠堂神位等丧葬用石刻[1]。这一时期如新莽天凤三年（16）《莱子侯刻石》等，虽采取石面上刻画界格，效仿简牍文书书写格式，但已经近似碑的形制，有人据此认为这类石刻是碑的雏形。

新近在天津以北，原汉代辽西海阳地区出土的一批砺石上，记载着从西汉昭帝元凤二年（前79）至汉献帝初平四年（193）共二百多年的关于边疆战争、击贼、击盗的历史。文字内容涉猎将士姓名、籍贯、职官、军队所在、征战对象以及阵亡信息，等等。这批砺石多呈方形权状或圭形，上有穿孔，有明显的磨损痕迹。刻辞造句风格如“某君神冢”和“呜呼哀哉”等辞，应是早期墓碑的雏形。

形制上，汉碑中如东汉永元四年（92）的《袁安碑》，中部多有穿孔。马衡指出：“汉碑之制，首多有穿，穿之外或有晕者，乃墓碑施鹿卢之遗制。其初盖因墓所引棺之碑而利用之，以述德纪事于其上。其后相袭成风，碑遂为刻辞而设。”[2] 综合文献和现存碑刻遗存的实际情况来看，东汉石碑大量出现并定型的主要原因，可能与标识墓葬习惯，以及厚葬之风的盛行密切相关。

东汉是古代碑刻发展的重要转折点和高峰时期。据北魏郦道元所著《水经注》记载，当时能见到一百余座汉碑。宋代洪适《隶释》中收录汉碑115件，近人统计有明确纪年的东汉碑刻达一百六十余种。这类碑大都有相近的形制，且较为固定、统一，制作精良，为后代碑石确立了规制。

综观历代流传下来的碑，大小各异，装饰与附属成分也各不相同，一般由碑首、碑身、碑座三个部分组成。东汉时期，碑首、碑身连为一体，另有长方形的碑座。碑首正中被称为碑额，往往题写碑铭等，称为额题。碑额上一般镌刻有各种祥瑞纹饰，如延熹八年（165）的《鲜于璜碑》，在圭首上正面线雕，左右分别雕有青龙、白虎，背面雕朱雀，用碑座代表玄武的位置。魏晋以后，直接将碑座雕刻为巨龟形可能受到这方面习惯的影响。南北朝时期四灵中的青龙演变为碑首龙纹。唐代以后，由蟠龙缠绕组成的螭首和碑身明显分开，形成螭首、碑身、龟趺三部分碑式。此后，历代帝王、贵族、豪门以此为规制，成为使用最为广泛的碑式。

碑既可以单独竖立，也可以与其他石刻一起组成纪念性的石刻群，普遍应用于标识墓冢、颂扬功德，还用于刻写经典、药方、书目，记录谱系、名氏等。根据铭文内容可以将碑分为墓碑（含神道碑）、功德碑、纪事碑、造像碑、题名碑、经典及其他书籍刻碑、书画碑、地图天文图礼图碑等若干类型。

---

① 参考赵超：《中国古代石刻概论》，文物出版社，1997年，第8页。
② 马衡：《马衡讲金石学·中国金石学概要》，文物出版社，2010年，第48页。

佛教传入中国后，碑刻逐步成为主要传播形式，除了刊刻佛陀法相顶礼膜拜祈求福佑的造像之外，佛教碑刻涉猎的内容也非常广泛，在各地寺庙之中，还存有大量的寺塔碑铭，涉及修寺、建塔、庙产等方面的记录，宗派传锡、师徒谱系的图表，以及功德、纪事、浮屠、刻经、立碑记，等等，这些碑刻对于佛教发展、传播等多方面的研究具有十分重要的意义。

塔，是随佛教传入中国之后才出现的一种建筑形式。东汉许慎《说文解字》中说：“塔，西域浮屠也。”浮屠，又称浮图，系梵文 Stupa 的汉语音译（或译写为窣堵波等），是僧众、教徒灭度之后，用来掩埋死者骨灰、舍利等遗体的建筑。后来佛塔逐渐成为佛教徒崇拜的对象。古代印度的塔原形多为下方上圆的覆钵式，传入中国后，逐渐与中国传统建筑样式相结合，出现了亭阁式、楼阁式、密檐式等，后来受密教艺术的影响，又出现金刚宝座式、花塔式等多种形式。

根据出土情况及石刻铭文所记，属于塔内的碑刻有：塔铭、题记、石函、浮屠（刻铭石塔）等。其中塔铭的文体、内容及埋设的目的与世俗墓志接近，甚至有塔铭自称墓志。塔铭又有塔下铭、灵塔铭、身塔铭、像塔铭、龛铭、塔记、石室铭等别称。北朝、隋唐时期，还出现过另一类刻写在石塔上的铭文，其内容多为佛教徒祈福之语。历代金石著录多将这一类称为浮屠或浮屠铭，如北京房山云居寺的唐代景云二年（711）《王璥造石浮图铭》和太极元年（712）《田义起造石浮图颂》（图 3–1）等。浮屠或浮屠铭的衰落与经幢的兴起相关，滥觞于魏、孳乳于隋，至唐开元、天宝间而极盛，此后又戛然而止。

刻有铭文的石塔现存数量甚少，北魏至隋代仅

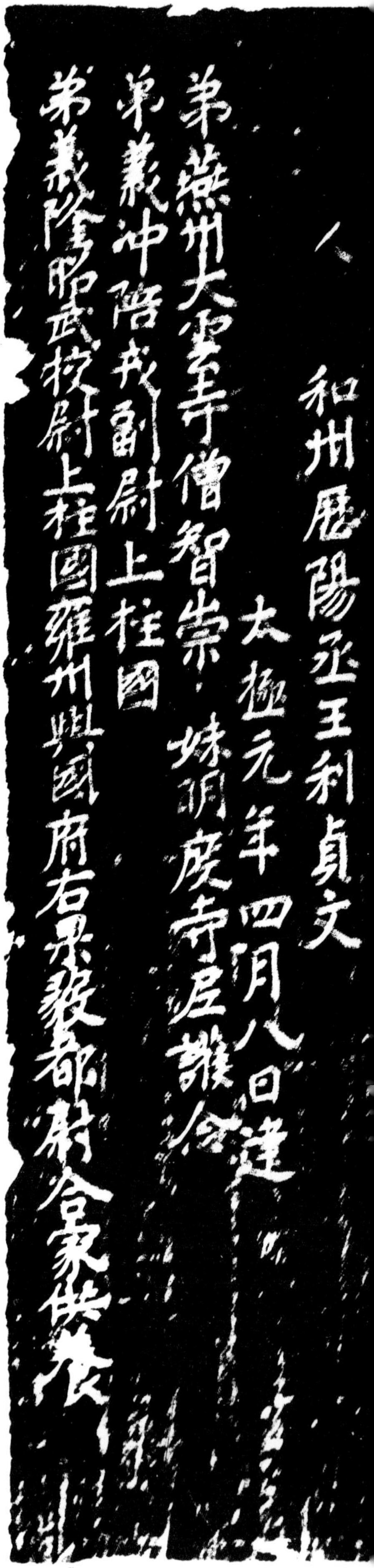

图 3–1 《田义起造石浮图颂》，佚名，唐，碑刻，正书，22 行，行 9–21 字不等，拓片纵 61 厘米，横 63 厘米，北京房山云居寺

大唐易州石亭府左果毅都尉涿縣田義起石浮圖頌
詳夫釋氏大慈能仁廣運一禪恵劍則結獄峯摧輕之
篤實般若則法海波息若迺豐牛步坦香鳥澄淨福
祉夙昭解行先備非功德無以淨其有興於此乎浮圖
主石亭府果毅田公者孝乎惟孝忠爲令德象武
略文遊仁蹤義富潤石室頁積鋼山保性寓閑樂道
知正尊崇法門福求無上奉爲七代先亡見存大夫
人合家大小敬造石浮圖一級釋迦像二菩薩神王等
一鋪爾其崇竇幽谷稷琰崇巖異濟北之神期壓河西
之馬瑞猕爲棒迴不日而成狀雀離之徒天猶乡寶之
涌地虬篇務舉賀鐸咸以醉容如在神儀儼若晃
朝日以舒鑒爍幽宵以放光伏願冥資先靈七代爰
以昭祐廣及見存与恵日而長懸同定水之無竭贊歎功
德而述頌云 惟佛与佛法所皆空能仁富智廣度
乡功有清信士崔積豐崇檀波羅蜜琉璲彫磐輪

图 3-2　敦煌本《化度寺故僧邕禅师舍利塔铭》(局部)，欧阳询，唐，碑刻，正书，35 行，行 33 字

存少数几件。近代在新疆及甘肃西部地区沿河西走廊一带，陆续发现一批北凉石塔，多出土于寺庙遗址，主要镌刻《增一阿含经》和《佛说十二因缘经》等内容，镌刻目的主要分两类：世俗施主多为“做功德，造福田”，寺院僧侣则多为礼拜供养、禅观之用。

近年来，在塔基的清理发掘之中，还发现了另外一些石刻，如舍利石函、刻经等。其中舍利石函的盝顶盖上所刻的铭文，通常叙述造塔的缘由。如隋仁寿元年（601），隋文帝曾下诏命令 30 名沙门分别去各州送舍利、建佛塔，这些舍利石函的四周砌有护石和砖塔，且模仿墓志形制，单独镌刻“舍利塔下铭”，镶嵌在石函口内。唐代出现了地宫，舍利石函往往放置于地宫正中，石函四周刻铭，比如明万历年间发现的唐仪凤三年（678）四月八日山西长治《舍利塔铭》。有些地方地宫中还附有单独的碑形石刻，如唐景福元年（892）悯忠寺（今北京法源寺）《重藏舍利记》，以及陕西扶风法门寺地宫发现的《大唐咸通启送岐阳真身志文》和《监送真身使随真身供养道具及恩赐金银器物宝函等并新恩赐到金银宝器衣物账》等。

信奉佛教的僧尼及居士按照佛教仪轨，离世后用火葬，然后葬入骨灰塔，塔中随葬有记录生平的刻石，一般称为塔铭。比较著名的有欧阳询正书、刻于唐贞观五年（631）的《化度寺故僧邕禅师舍利塔铭》（图 3-2），敬客正书、刻于唐高宗显庆三年（658）的《王居士砖塔铭》，皇甫阅正书、刻于唐贞元九年（793）的《澄空塔铭》，刘钧正书、刻于唐贞元十八年（802）的《明演塔铭》，以及刻于唐开元十二年（724）的《净业法师塔铭》、刻于唐贞元七年（791）的《法玩塔铭》、刻于北齐太宁二年（562）的《法懃禅师塔铭》（图 3-3）、刻于唐开元四年（716）的《法藏塔铭》、刻于唐贞元七年（791）的《兴圣寺尼法澄塔铭》、南宋高宗赵构的《佛顶光明塔铭》，等等。也偶有称墓志的，如唐贞元十八年（802）寇弁、寇亮等撰的《幼觉大师墓志》。直接称碑的情况也很普遍，如薛稷正书、刻于唐神龙二年（706）的《信行禅师碑》，欧阳通正书、刻于唐龙朔三年（663）的《道因法师碑》，宋儋正书、刻于唐开元十五年（727）的《道安禅师碑》，史惟则正书、刻于唐开元二十四年（736）的《大智禅师碑》，徐浩正书、刻于唐建中二年（781）的《不空和尚碑》，僧无可正书、刻于唐会昌元年（841）的《寂照和尚碑》，以及裴休正书、刻于唐大中九年（855）的《圭峰定慧禅师碑》，等等。

此外，寺院新建或重建，也经常竖碑以纪事。如刻于北魏太和十二年（488）的《晖福寺碑》，刻于隋开皇六年（586）的《龙藏寺碑》，丁道护正书、刻于隋仁寿二年（602）的《启法寺碑》，颜师古正书、刻于唐贞观年间的《等慈寺碑》，李北海行书、刻于唐开元十八年（730）的《麓山寺碑》，僧大雅正书、刻于唐开元九年（721）的《兴福寺残碑》，米芾行书、刻于北宋元丰六年（1083）的《方圆庵记》，苏轼正书、刻于北宋元祐六年（1091）的《宸奎阁碑》等，这些碑碣是全面了解所涉猎寺庙历史的重要历史遗存，是研究佛教史不可或缺的资料。

正如笔者在前文中所述，除了内容与佛教有关之外，其中绝大部分的寺院碑塔石刻作品与世俗的碑碣之间很难区别，这些作品亦是佛教碑刻的组成，甚至是主体部分，同时也是书法史上的客观存在和重要作品。

[歲]次景辰秋八月甲辰朔十日
癸丑終于龐瑞春秋七十有三
十三日景辰權厝于寺北岡之
東至十一年歲次癸亥秋七月
乃營塔於浮圖東嶺之左大師
味淨之所而庭栢存焉癸巳晦
奉遷于塔從僧儀也弟子比丘
僧仁素等刊此貞石以旌不朽

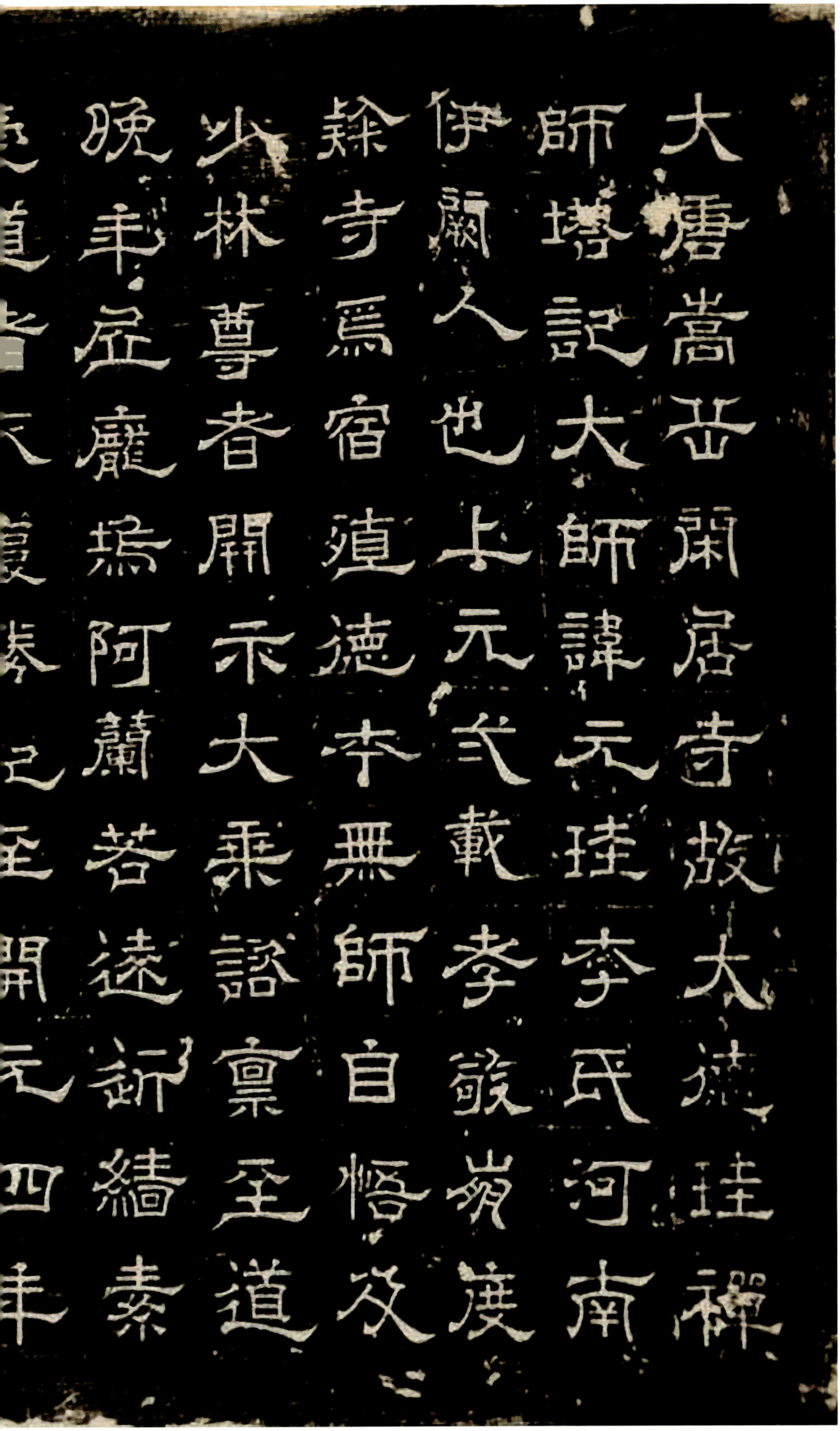

图 3-3 《法懃禅师塔铭》（局部），佚名，北齐，碑刻，隶书，19行，行14字，整片纵35厘米，横47厘米，河南安阳出土

一、《沮渠安周造佛寺碑》

北凉《沮渠安周造佛寺碑》（图 3–4），另有《沮渠安周造寺碑》及《沮渠安周功德记》之称，近人阎文儒将其认定为弥勒造像碑。此碑镌刻于北凉承平三年（445），由夏侯粲撰文，书体为隶书，现存 22 行，每行 47 个字。清光绪八年（1882），该碑出土于火州故城（新疆吐鲁番高昌故城），最初为当地挖宝之人所获。1902 年，格伦威德尔（Albert Grünwedel）率领的德国探险队从挖宝人手中购得此碑并运送至柏林。

此碑出土之时已呈残缺状态，其后在运往柏林的途中又不幸断裂为两部分。该碑曾收藏于德国柏林国家图书馆，然而在第二次世界大战期间下落不明。清光绪三十二年（1906），赴欧洲考察宪政的端方在柏林见到此碑，惊叹其为稀世瑰宝，遂与该博物馆馆长协商进行捶拓。在拓制第二张时，因捶拓不当损毁了一些碑字，博物馆方面未准许其继续捶拓，故而存世仅有一张整幅本和一张约四分之一的不全本。囿于当时的条件限制，缺乏技术精良的拓工，拓片的字口皆模糊不清。整幅本被端方收藏，端方视如拱璧，先后邀请二十余位名家为此题跋，其后人将其售予李介如。不全本则被端方赠予缪荃孙，端方又请刘拙东采用响拓法对不全本进行补足，其后该不全本经张伯英之手，也流入李介如处。1976 年，李介如后人将这两本拓本全部捐赠给了中国历史博物馆（现中国国家博物馆）。此外，光绪三十四年（1908），刘拙东还响拓出一本全本的《沮渠安周造佛寺碑》，收藏于中国国家图书馆。该本经过端方、樊增祥、张祖翼、张伯英、许炳璈等人题跋，亦极为珍贵。

《沮渠安周造佛寺碑》记述了笃信佛教的沮渠氏雕造佛寺之事。沮渠安周是北凉武宣王沮渠蒙逊之子，据传沮渠氏有尊崇佛教的传统，《魏书・释老志》曾记载沮渠蒙逊在凉州和高僧多有往来，经常向他们咨询国事。北魏太武帝拓跋焘灭北凉后，一部分凉州僧徒及宗族吏民东迁平城（今山西大同市），凉州的佛教图像轨范也随之带到北方及中原地区。同时，北凉文化也因沮渠安周西迁至高昌地区，而凉州佛教式样也向西移置，原本佛教艺术就很发达的高昌地区得以进一步繁荣。

从该碑的行文风格、字体特征、所记习俗等多方面印证内地儒家文化和佛教通过北凉对当时高昌地区产生了深远影响。两晋十六国时期，河西走廊一带作为当时佛教文化的重镇，与一部分中原汉族知识分子流

图 3–4 《沮渠安周造佛寺碑》（局部），佚名，北凉，碑刻，隶楷，22 行，行 47 字，拓片纵 136 厘米，横 88 厘米，新疆吐鲁番火州故城出土

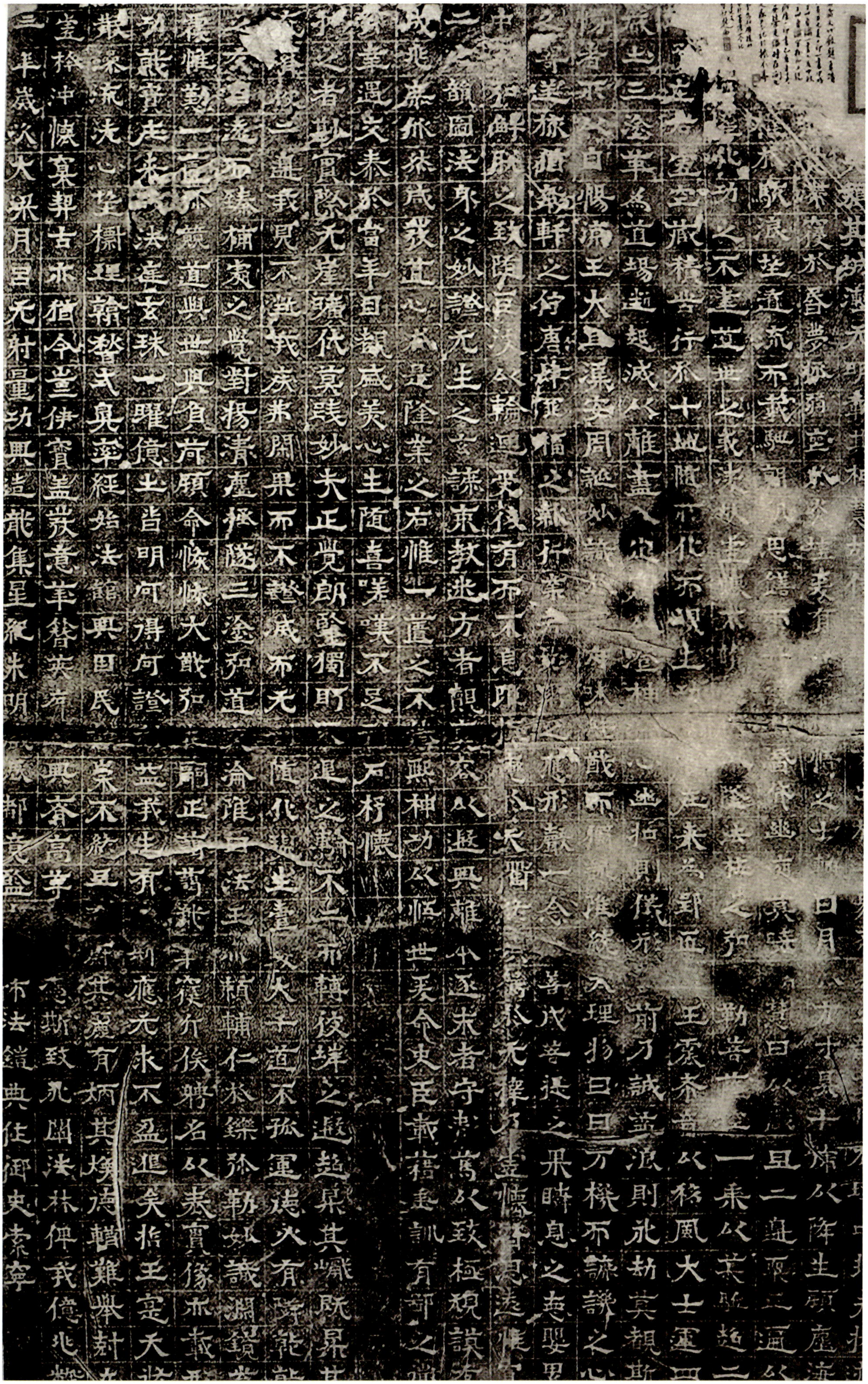

徙河西，将汉文化移植当地有直接的关系。晚清新疆布政使王树枏曾经收藏过4件沮渠安周供养的佛经，均有题记，可与《沮渠安周造佛寺碑》相互佐证。这几件写经现藏于日本东京书道博物馆。

《沮渠安周造佛寺碑》与《主簿程疵家题字》《广武将军碑》《邓太尉祠碑》并称为燕秦诸国“四品”。这几件碑刻文字书势古拙瘦硬，波磔明显，结构均匀整齐，用笔横平竖直，方劲挺拔。字体介于隶楷之间，上承居延武威汉简、汉碑及晋人写本，下启龙门造像及北魏诸碑，在魏晋南北朝文字由隶书向楷书过渡过程中具有典型的风格特征。

该碑基本上保持魏晋隶书的特点，翻挑明确，结体平整。其笔画特征在《王羲之夫妇墓志》《谢鲲墓志》《王闽之墓志》，以及《爨宝子碑》中有不同程度的表现。但是，与魏晋隶书相比较，写法和形态均发生了改变，较为明显的是横画两端夸张地呈对称特征往上翘。撇、捺斜且直，明显夹杂了楷法，其翻挑弱化了曲势，别具一格。施安昌结合北凉写经与碑刻所呈现的类型性特点，将之称为“北凉体”[①]。华人德认为这种书法只见于写经标题、造塔发愿文、造寺碑、墓表等比较庄重的场合，并非日常书写字体。整体上看，《沮渠安周造佛寺碑》为了表达对佛教的虔诚，特地采用庄重、端严的书体，这正是自汉魏以来的“铭石书”演化、发展的结果。

该碑与五凉时期的抄经书法，如日本京都博物馆藏北凉玄始十六年（427）的《优婆塞戒经卷第七》和日本学者中村不折旧藏北凉承平十五年（457）《佛说菩萨藏经第一残卷》等一样具有共同的地域特征，这就是著名的“北凉体”。这种字体表现出对钟繇“古质”意趣的增损，在字体楷化的过程中夹杂隶书笔意与情趣，最为明显的是横画收笔处燕尾往上挑，呈现出“古而不今”的风格特征。此外还表现在笔形上横向、纵向、斜向，以及转折处相为借用，既有草书、隶书笔画孑遗，又不乏楷书特色的混合型特征，较为清晰地反映出民间书法和经典书法之间的相互影响、推进的关系。

二、《晖福寺碑》

魏晋南北朝时期，长安一直是北方佛教的重镇，虽然，随着北魏首都从平

① “北凉体”这一概念，最早由施安昌提出，其1993年发表于《书法丛刊》的《“北凉体”析——探讨书法的地方体》一文，对这种地域性特征的书体进行了较为详细的分析。

城（今山西大同）迁至洛阳，政治、经济中心逐步南移，但长安以其特殊的地理位置和悠久的文化传统，仍是北朝佛教发展的中心之一。后秦姚兴时期曾在长安建波若台，其中雕塑和佛像令当时人皆感惊奇。这些能工巧匠制作佛像的技术在当时亦是名扬塞北关外。北魏孝文帝时期兼任将作大臣、掌管建宫室之事的王遇，是世居关中冯翊的羌族豪族，这位为皇室营造了重要工程的关中人，据称"性巧，强于部分"，晚年在其家乡陕西澄城李润镇北寺村（今澄城县东南15千米处）建造了著名的晖福寺三级浮屠，《宕昌公晖福寺碑》即记载了这项功德。

《晖福寺碑》（图3–5），又称《造三级浮屠碑》，北魏孝文帝拓跋宏太和十二年（488）立，共24行，行44字，纵294厘米，横90厘米，现藏于西安碑林博物馆。此碑螭首方座，额下有穿，碑身下部两侧呈弧形对称向内收敛，形成束腰。蟠首带穿、方座，篆书碑额。碑身上方下收，形制颇为独特。碑文正书，碑阴刻有撰文者及刻工名字："秘书傅恩□制文，钜鹿苏□刊文。"此外，还有许多少数民族姓氏，是研究当时少数民族宗教信仰和少数民族史的重要实物。

该碑篆额"大代宕昌公晖福寺碑"题字与《司马金龙墓表》风格极为接近，碑文书体又与《司马金龙墓木屏风榜题》风格相似，有研究者据此推断可能出自同一人手笔，即北魏名臣宕昌公王遇。

此碑在笔画上呈现拙重之态，其章法与结字较为随意，直斜俯仰之间，流露出一种自然、质朴之美。将其与同时期南齐永明五年（487）的《刘岱墓志》相比较，能够明显看出当时南北书法所具有明显的风格差异。此碑沉雄浑穆、格调高古，显著地展现出一种豪放、朴拙的北方民族气质。它充分体现出北魏早期（迁都以前）书法的典型风格特征，用笔方峻且端整，锋芒尽显。

从历史背景来看，北魏早期的书法风格受到多种因素的影响。当时的北方地区处于民族融合的进程之中，不同民族的文化相互碰撞与交融，为书法艺术带来了独特的风貌。此碑所呈现的豪放、朴拙气质，既反映了北方民族的性格特点，也体现了那个时期书法艺术在多元文化影响下的创新与发展。而后来风靡一时的洛阳"北邙体"，在一定程度上继承了北魏早期书法的某些特质，此碑的存在为研究书法风格的演变提供了重要的实物依据。

北魏时期是书法艺术史上蓬勃发展的阶段，时代、地域风格特征突出，这一时期的书法类型主要以碑刻为主，故"魏碑"和"北碑"几近可当成这一时期乃至整个北朝书法的代名词。《晖福寺碑》作为这一时期的佳作，具有一定的代表性。该碑基本上脱去了隶书痕迹，完全以一种新的书法体式展现，通篇宏整遒丽，下笔锋芒内敛，线条凝练，结体气势豪放。用笔方圆兼备，以圆为

图 3-5 《晖福寺碑》（局部），佚名，北魏，碑刻，正书，24 行，行 44 字，拓片纵 157 厘米，横 14.4 厘米，现藏于西安碑林博物馆

主，笔道遒劲厚实，结体紧收，力求方正之美。康有为将其列为“妙上品”，称其“书法高简，为丰厚茂密之宗，隶楷之极则”，并认为此为《谷朗碑》和钟元常一派的“法嗣”。此碑丰厚方整的风格不仅影响同时期的北朝书法，对后世书法，特别是隋唐书法产生了极大的影响。

三、《文殊般若经碑》

山东北朝刻经中《文殊师利所说般若波罗蜜经》98字选段经文最为常见。这段经文作为摩崖刻经先后出现在洪顶山、徂徕山、峄山、尖山等8处遗址中[①]。此外，汶上博物馆现藏有一通曾刊刻于水牛山山顶的《文殊般若经碑》（图3–6）。

水牛山刻经遗址位于汶上县白石乡小楼村东，该遗址的东北面石壁上，现今仍有一处《文殊般若经》的摩崖刻经。

山东刻经中常见的98字《文殊师利所说般若波罗蜜经》选段，正是通过汶山水牛山碑刻比对确认的。此外，兖州金口坝遗址曾出土数块《文殊般若经》的刻经残石，至少来自于数块不同的刻经碑。遗憾的是，这些刻经碑在筑修金口坝时早已被毁，仅存零星残片，无法判断这些经文碑的具体情况。

《文殊般若经》是佛教大乘般若学的重要经典之一。该经主要阐释般若学思想，如法界、般若、菩提、一行三昧等。《文殊般若经》前后有4种译本，唐代以前有梁僧伽婆罗和曼陀罗仙2种译本。山东北朝刻经中的《文殊师利所说般若波罗蜜经》所刻内容与僧伽婆罗译本、曼陀罗仙译本都有关系，也就是说该段内容并不完全属于其中的某一个译本。这种刻经内容与经典译本之间的差异，极有可能折射出古代经本流传、演变，以及佛教思想信仰的变迁。而对其展开深入研究，对于我们更加客观全面地了解北朝佛教乃至整个佛教史都有积极的意义。这段刻经内容如下：

> 尔时文殊师利白佛言。世尊。我观正法。无为无相。无得无利。无生无灭。无去无来。无知者。无见者。无作者。不见般若波罗蜜。亦不见般若波罗蜜境界。非证非不证。不作戏论。无有分别。一切法无尽离尽。无凡夫法。无声闻法。无辟支佛法。佛法。非得。非不得。不舍生

① 在同时期的河北南响堂山石窟第二窟前壁上，也有内容完全相同的98字《文殊师利所说般若波罗蜜经》选段。

死。不证涅槃。非思议。非不思议。非作非不作。法相如是。不知云何当学般若波罗蜜。尔时佛告文殊师利。若能如是知诸法相。是名学般若波罗蜜。菩萨摩诃萨若欲学菩提。自在三昧。得是三昧已。照明一切甚深佛法及知一切诸佛名字。亦悉了达诸佛世界。文殊师利白佛言。世尊。何故名般若波罗蜜。佛言。般若波罗蜜。无边无际。无名无相。非思量。无归依。无洲渚。无犯无福。无晦无明。如法界无有分齐。亦无限数。是名般若波罗蜜。亦名菩萨摩诃萨行处。非行。非不行处。悉入一乘。名非行处。何以故。无念无作故。

图3-6《文殊般若经碑》，佚名，北齐，碑刻，隶楷，10行，行30字，拓片纵161厘米，横63厘米，额纵26厘米，横40厘米，山东汶上水牛山，现藏于汶上博物馆

山东北朝佛教摩崖刻经分为前后两个时期，前后两段时期的刻经动机、经主，以及刻经特点均存在明显的差异。早期刻经的主导力量更多的是底层僧侣及信徒。而后期刻经，可能受到河北响堂山和中皇山等皇家刻经的影响，刻经的主导力量不再只是底层僧侣和普通民众，更多高官达人、世家豪门，以及上层僧侣开始进入刻经团队，并主导着整个刻经活动。但是，从现存的碑刻实物来看，无论是水牛山刻经碑、金口坝碑刻残石，还是同时期巨野的《华严经碑》、曲阜胜果寺的《金刚经碑》、泗水天明寺的《维摩诘经碑》等，都表明后期刻经与早期刻经相比，人员组成、刻经内容、刻经规模以及展现方式等都有着明显的区别。《文殊般若经碑》同样如此，具有后期刻经的特点。该碑两侧有大量题名，虽多已浸漶不清，可识别的文字尚不到一半，但足以看出其中所涉猎的人物多为当地豪贵，很可能与泰山羊氏这个世家有关系。

刘涛先生曾将北齐佛教刻经的书法特征分为4种类型，并将汶上《文殊般若经碑》的碑额“文殊般若”4字与正文的书法风格加以区别对待。碑额“文殊般若”4字笔画形态怪异，捺笔很重，且做三处燕尾式的分叉，特征十分明显。这种笔画特征在山东摩崖刻经中大量出现，至于是否具有特别的含义，仍需进一步深入研究。

《文殊般若经碑》书法以楷书为基础，融入隶书的情趣，如横画皆以藏锋起笔，竖画常用露锋，有明显的捻管调锋下行的痕迹。捺、竖弯钩等笔画皆以隶书的方式加以呈现，呈现隶书的回笔态势，并不出锋，如第 1 行“观”字左撇。钩笔不显，如“何”“乃”等字，一般将竖笔写至末端时，笔锋常往左稍有挑出的倾向，省略竖钩中的钩等，显示出隶书的笔画特征，但多数情况下还是表现为楷书的笔画特征，如“名”“不”“唯”“有”“佛”等字的撇画结尾处出锋收笔。但有时，收笔处出现叉笔，如第 3 行“无”、第 2 行“者”字的撇笔。此外，捺画都不是很长，捺脚也不十分明显，与隶书用笔又存在差别。折笔基本上不用顿笔方折，而采用篆隶的圆转，使得整体上富于古趣。总体上，字体介乎隶楷之间，体势宽博平整，笔画取平势，线条圆浑，在用笔中融入篆、隶笔法，真可谓楷势隶韵，绰约如处子，气韵穆穆，低眉合掌，自然高绝。

四、《龙藏寺碑》

隋文帝杨坚于北周大定元年（581）以外戚身份迫使北周静帝禅位，建立隋朝。杨坚是一个坚定的佛教徒，建国伊始，立即“普诏天下，任听出家，仍令计口出钱，营造经像”，大肆兴佛，一度奉行“有僧行处，皆为立寺”[①]，在“五岳及诸州名山之下各置僧寺”，下令修复北周灭佛时所毁的寺庙。

隋开皇六年（586），恒州（今河北正定县）刺史王孝伶响应隋文帝普兴佛法之诏，劝奖州内士庶万人捐资修造龙藏寺（今隆兴寺），寺成，又刊石立龙藏寺碑，以资纪念。虽然据北周武帝灭佛已经过去了 12 年，但是灭佛的阴影在人们心中挥之不去，该碑文记载：“往者四魔毁圣，六师谤法，拔发翘足，变象吞麻。李园之内，结其恶党；竹林之下，亡其善聚。护戒比丘，翻同雹草；持律□□，□等霜莲。慧殿仙宫，寂寥安在；珠台银阁，荒凉无处。离离缀彩，宁劳周客；含含奏曲，讵假殷人。”

隋代碑刻，承六朝风气，鲜有题书丹人名者，《龙藏寺碑》亦是如此。正如清人柯昌泗所言，古者士大夫视书丹为劳役，传记韦诞、王献之事，及《颜氏家训》所言，不似后代名家汲汲以此为事也。[②]有人认为，此碑应系当时恒州官

① 道宣：《续高僧传》卷十五《义解篇》，中华书局，2014 年，第 549 页。
② 叶昌炽、柯昌泗：《语石·语石异同评》卷六，中华书局，1994 年，第 387—388 页。

人繼開博敬良爲
福地太師上柱國
大威公之世子使
持節[illegible][illegible]衛將軍
上開府儀同三司

署中书佐、书吏之类的下层书手所为。历来著录据该碑末行所记“齐开府长兼行参军九门张公礼之”（下缺）等，认为此碑撰文者为张公礼。值得一提的是，末行内容是586年据北齐被灭已近十年，却仍以齐之官职署名，竟不以为禁忌。

《龙藏寺碑》（图3-7）现藏于河北正定隆兴寺内。碑纵210厘米，横90厘米，碑阳共33行，行50字，碑阴分5列，每例30行，每行字数不等，凡1500余字。此碑刻工精细，碑额楷书“恒州刺史鄂国公为国劝造龙藏寺碑”15字。碑阴及左侧有题名及恒州诸县名，分5截30行，行字数不等，亦为楷书。此碑传世善本有数种：①黄云、唐翰题、沈树镛等人递藏元明间拓本，现藏于上海图书馆；②王懿荣、汪大燮递藏明初拓本，惜残缺半页28字，张彦生经手配补嘉道本乃成全本；③端方藏明代中期拓本，墨拓不精，装裱凌乱；④李瑞清藏晚明拓本，有曾熙、朱祖谋等人签并跋。方若《校碑随笔》认为数种拓本中，以“张公礼未泐本”最为珍贵，传世年代最早，存字最多，拓工最精，现藏于上海图书馆。此外，国家图书馆藏有明拓和清拓2种，亦弥足珍贵。

《龙藏寺碑》是隋代最为显赫的碑刻之一，被尊为楷书发展过程中的集大成之作，是南北书风不断融合的典型代表，意义非凡。后人评价此碑上承汉魏，下开三唐，多与欧阳询、虞世南等人书法相比较进行论述，称其“字画遒劲，有欧、虞之体”。仔细分析《龙藏寺碑》，其在用笔与结构上与欧阳询、虞世南的楷书，确有许多类似的特征。通过这种类似的特征，能清晰地看到南北书风融合，以及隋代楷书向唐代楷书递嬗的发展、演进。正如清代杨守敬所言：“隋代混一南北，其书法亦有整齐气象，龙藏寺、贺若谊已开虞、褚之先声。”[①]与此碑风格比较接近的还有刻于唐显庆三年（658）的《王居士砖塔铭》、刻于北齐武平三年（572）的《城头四面造像碑》等，仔细审视这些碑，不仅能看到南方书法妍美灵动的笔画形态，还可感受到北朝书法在结构体势方面的端严峻朗特色。

毫无疑问，隋代楷书是北方质朴、整饬与南方秀润、雅致两种审美观念相互融合的结果。进入唐代以后，南北书风融合不断深入、

图3-7《龙藏寺碑》（局部），佚名，隋，正书，33行，行50字，碑纵210厘米，横90厘米，河北正定隆兴寺前殿

① 崔尔平选编点校：《明清书论集（下）》，上海辞书出版社，2012年，第1252页。

完善，最终推进中国书法进入“尚法”时代，全无六朝俭陋习气。

总体上看，《龙藏寺碑》用笔上瘦劲沉稳、遒劲挺拔。在同时期的碑刻中风格突出，既能方峻有力、筋骨雄强，又能不拘一格、变化多端。无论是从单个笔画提按来看，还是从笔画呼应与过渡的顾盼呼应之姿来看，均显示出“二王”一系的行书笔意。此碑结体上宽博舒朗，横向取势、平正冲和，不断弱化魏碑中的欹侧之势，以横画宽结，加上行书笔画的流畅与灵动，以及穿插揖让，显得秀妍、雅致，具有成熟楷书的笔画和结构特征。此外，该碑文中仍包含有不少自北朝以来的还没正式定型的俗字、别字，说明文字在这一时期尚未出现统一的标准，虽然楷书笔法已经基本具备，但其间仍不乏篆隶笔意。这些特征正是此碑在楷书发展史上的意义所在。

五、丁道护：《启法寺碑》

隋代在我国书法发展的历史进程中占据着至关重要的地位。一方面，它是南北朝书法的融汇与发展时期，另一方面，它又是唐代楷书规模的奠基时期。从书法风格的演变来看，隋代书法总体上呈现出由拙朴、荒率向妍美、规整转变的趋势。这种转变是书法艺术在历史发展过程中不断发展、衍变的重要标志。客观地讲，在这一时期转变并非是确定不移的，存在着诸多的自由度和选择性。隋的统一给文化艺术的交流与融合带来难得的契机，书法上不同的风格相互碰撞、彼此影响，呈现出多样化特点，从而推动其不断探索创新，并为唐代楷书的高度发展奠定基础。

现存隋代佛教碑刻中，有一些是具有典型时代特征的隶书碑刻，与北朝后期的铭石书风一脉相承，如隋开皇元年（581）《太平寺碑》、隋开皇十一年（591）《诏立僧尼二寺记》等。这些碑刻结体上全用隶法，取势宽博，而用笔则蕴含楷书特征，于前代隶书相比较，更显清峻劲峭，从中能洞察到隶书自六朝至唐代的发展脉络。与此同时，更多的碑刻在风格上前接六朝，下开三唐，具有笔意上妍质兼备，结构上洞达冲和的楷书时代新风尚。如前文所述《龙藏寺碑》，以及隋开皇十四年（594）河南汤阴《信行禅师砖塔铭》、隋仁寿二年（602）湖北襄阳《启法寺碑》等。

隋开皇四年（584）四月一日，齐州刺史韦世康奉诏复建启法寺，初名“光福禅房”，后改“启法寺”，宋代名“龙兴寺”，故址位于今湖北襄

图 3-8《启法寺碑》（局部），丁道护，隋，正书，碑刻，碑石宋代已佚，原立于湖北襄阳，具体信息不详，据日籍学者伊藤滋所述，唯一孤拓现为日本的大西润甫氏所藏

啓法寺碑銘

阳城南隅。据相关记载，隋代陈仁稜曾在龙兴寺内，于碑面书、刊刻《阿弥陀经》，世称襄阳石经。《启法寺碑》即是韦世康之子隋民部员外郎福嗣兄弟为纪念其父奉敕造寺之事而镌刻的纪功碑。该碑镌刻于隋仁寿二年（602）十二月十五日，周彪撰文，丁道护书丹，李宝刻字，赵励等人题名，是隋代碑刻中少数有书人署名的碑刻。据元代陶宗仪《书史会要》载：丁道护，谯县（今安徽亳县）人，曾官至襄州祭酒从事，其他无从考证。由于隋代碑刻罕有书丹人题名者，故丁道护一直颇受关注，被认为是当时除释智永之外唯一一位值得称述的书家。

自北宋时起，对丁道护、欧阳修、曾巩、米芾、蔡襄、黄伯思等历代名家多有所论及。欧阳修在《集古录跋尾》卷五中写道："右启法寺碑，丁道护书……隋之晚年，书学尤盛，吾家率更与虞世南，皆当时人也。后显于唐，遂为绝笔。余所集录开皇、仁寿、大业时碑颇多，其笔画率皆精劲，而往往不著名氏……惟道护能自著之。"[①] 蔡襄《蔡忠惠集》称"道护书兼后魏遗法，隋唐之交，善书者众，皆出一法，道护所得最多"。

《启法寺碑》（图 3-8）是成熟的楷书范式，平正和美，法度谨严，实为唐楷之先导，从此碑可窥唐代书家的笔法渊源。宋代米芾在崇晋卑唐的观念下，甚至认为书法至丁道护、欧阳询、虞世南时，笔法始匀，古法尽失。据赵明诚《金石录》，由丁道护所书丹的还有《兴国寺碑》，碑文由隋内史令李德林所撰，立于隋开皇六年（586）。惜该碑石早佚，且无拓本传世。《启法寺碑》亦在宋代遗失，传世仅有清代临川李宗瀚旧藏摹拓本，拓本上钤有贾似道"魏国公印"，曾归罗振玉所有，后流入日本，为传世仅存孤本。

《启法寺碑》用笔精到，笔画劲挺，结构方正，洗六朝之余习，开欧褚之先声。从字势上看，劲挺之中寓含柔和散逸的笔调，且结体宽绰，仍保持着铭石书朴拙的遗风。《启法寺碑》书法与智永书风略同，均从"二王"而来，故宋代蔡襄有"丁真永草"之誉。

六、颜师古：《等慈寺碑》

《等慈寺碑》（图 3-9）乃唐贞观年间诏命所立七碑之一，原碑坐落于河南荥阳汜水镇（原汜水县治所地）东北塬的等慈寺西山墙外。此碑与唐高宗李治

---

① 转引朱关田：《中国书法史·隋唐五代卷》，江苏教育出版社，2009 年，第 16 页。

撰文并书丹的《大唐纪功颂碑》等一同被称作汜水八景。该碑纵 470 厘米，横 153 厘米，碑文为楷书，共 32 行，每行 65 字。碑额篆书分三行镌刻“大唐皇帝等慈寺之碑”9 字，由颜师古撰文并书丹。等慈寺始建于唐初，曾多次重修。清赵星五《重修等慈寺碑记》记载，清光绪年间此寺进行过一次大规模修葺。然而，令人惋惜的是，1944 年等慈寺毁于日军炮火，仅留下两通唐碑。更为遗憾的是，1958 年，因当地人误信碑石富含铁质，竟将其捣毁用以炼钢，导致这一珍贵的文化遗产遭受了不可逆转的损失。目前，仅存的部分残石被妥善保存于郑州博物馆，是研究唐代历史、文化与书法艺术的重要实物资料。

唐武德四年（621），秦王李世民率唐军以少胜多，在汜水虎牢关（李渊祖父名李虎，故唐代避讳改虎为武，称武牢关）一举打败了夏王窦建德亲率的河北、山东的 10 万大军并活捉了窦建德，迫使占领洛阳的郑王王世充投降，从而奠定了统一中原的基础。唐贞观三年（629）十二月，李世民为纪念和超度死难的将士，在“建义以来交兵之处，为义士勇夫殒身戎阵者各立一寺，命虞世南、李伯药、褚亮、颜师古、岑文本、许敬宗、朱子奢等为之碑铭，以纪功业”[①]。翌年 5 月，各地开始建寺，等慈寺就是在这年开建的。

《等慈寺碑》未记撰文和镌刻时间，历来争论甚多。宋欧阳修《集古录》中称：“唐颜师古等慈寺碑，贞观二年立。”之后，如宋赵明诚《金石录》、宋陈思《宝刻丛编》、清毕沅《中州金石记》等皆沿用此说。马子云、施安昌所著《碑帖鉴定》中“等慈寺塔记铭碑”条仍称：“无年月，在河南汜水，以前考之为贞观二年，又有谓三年，惟《校碑随笔》考为贞观十一年，不知孰是。”张叶露《唐〈等慈寺碑〉研究》一文中，此碑落款为“通议大夫行秘书少监轻车都尉琅琊县开国子□师古奉敕□”，认为应为颜师古晋升为子爵时所书。[②]而《旧唐书》卷七十三，颜师古于贞观“十一年，礼成，进爵为子”[③]。可知此碑撰文、镌刻时间应在贞观十一年（637）至十二年（638）之间。

此碑未著书丹人名，一般认为系颜师古所为。颜师古（581—645）是北朝大儒颜之推之孙、颜思鲁之子。幼传家业，遵循祖训，史称其博览群书，学问通博，擅长于文字训诂、声韵、校勘之学。颜师古精于书法自不必多论，颜氏家族一贯有重视书法、文字之学的传统，但据颜之推《颜氏家训》，可看出颜氏家族对于族人书碑一事和当时名门望族一样非常谨慎。

---

① 刘昫：《旧唐书》卷二，中华书局，1975 年，第 37 页。
② 张叶露：《唐〈等慈寺碑〉研究》，《中原文物》2015 年第 3 期。
③ 刘昫：《旧唐书》卷七十三，中华书局，1975 年，第 2595 页。

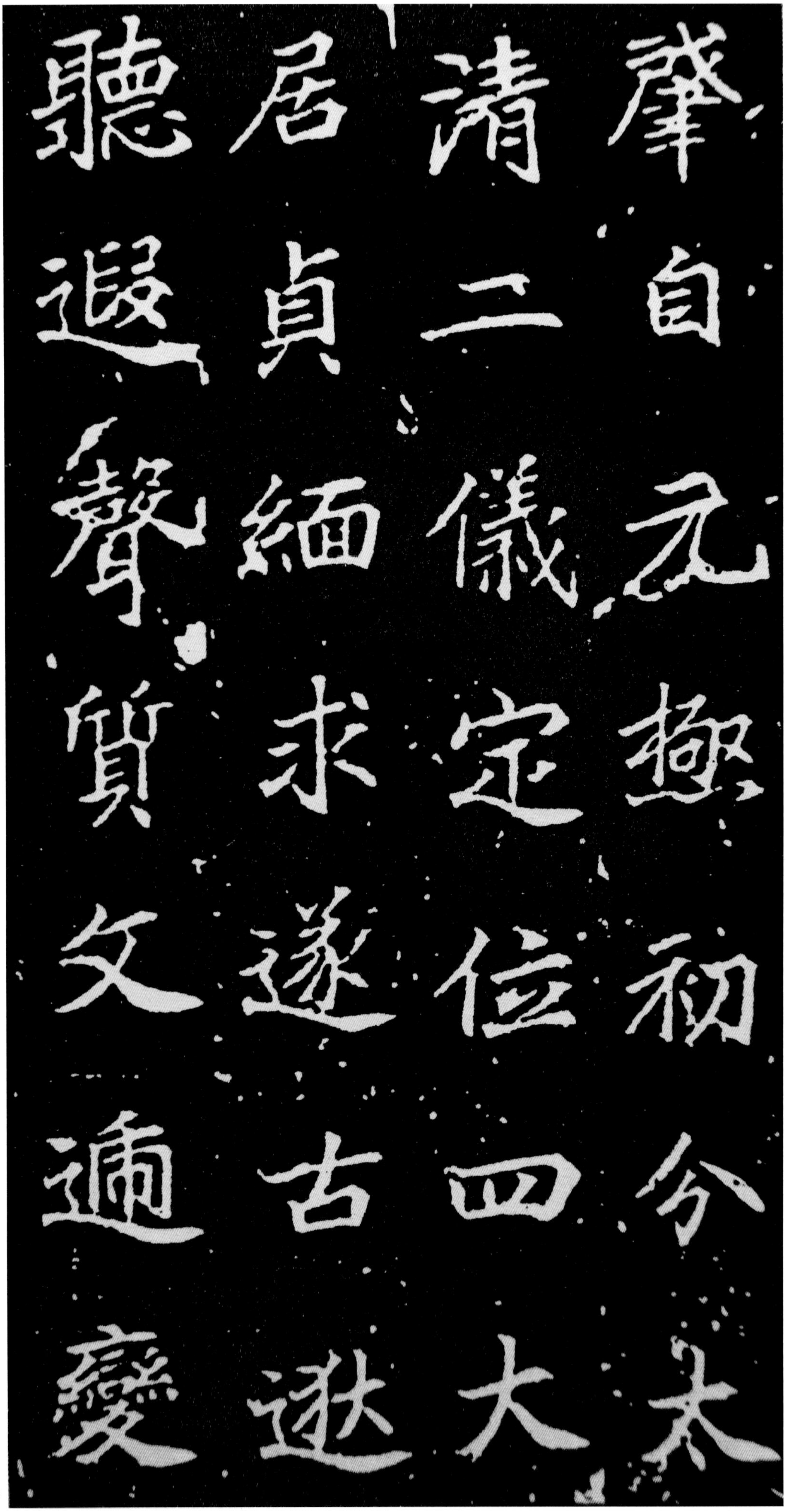

图 3-9 《等慈寺碑》(局部)，颜师古，唐，碑刻，正书，32 行，行 65 字，拓片纵 470 厘米，横 153 厘米，原立于河南荥阳等慈寺，现藏于郑州博物馆

《等慈寺碑》既有北朝碑刻一脉相承的风格，又有初唐楷书的工整秀逸，端庄流美，雅俗共赏，在唐初的碑刻中颇为独特。清王澍《虚舟题跋》评：“书法工绝，上援丁道护，下开徐季海，腴润跌宕，致有杰思。”[①] 杨守敬在《平碑记》中说：“结构全法魏人，而姿态横生，劲利异常，无一弱笔，直堪与欧虞抗行。”[②]

《等慈寺碑》在用笔方面最为突出的特点，表现为行笔极为自然且灵活生动。在书写过程中轻松自如，毫无造作之感。从点画形态来看，无论是笔锋的藏与露、转折之处，还是提按动作以及点画的衔接，皆能顺应笔势，呈现出浑然天成之态。体现在点画的姿态十分活脱，相互映带，顾盼生姿。此外，在用笔灵活的同时，追求浑厚朴茂的艺术风格，既有魏碑的风格，又不失唐人的法度。用笔浓纤合宜、粗细得体、沉着飞动、端庄流美，灵动与浑厚巧妙地结合。此碑结体多以扁方取势，整篇碑文皆能均衡、协调，同时又不一味地趋扁，无险峻斜出，凸显字形本身的特点。此碑书写时注重点画的均匀分布，强调构形中黑白、虚实之间的协调统一，在平整中求险绝，超拔俊逸。此碑整体章法纵横有势，开阔清朗，取得字法与章法上的高度和谐、统一。

七、欧阳询：《化度寺碑》

欧阳询一生横跨陈、隋、唐三朝，其出身和早年生活的特殊性深刻地影响了他的性格和处世态度，并进而影响其独特书法风貌的形成。[③]

欧阳询于陈永定元年（557）生于潭州临湘（今湖南长沙市）一个地位显赫的官宦之家。13 岁时，其父欧阳纥因谋反被诛，只得寄人篱下，由父辈好友江总领养，这样的人生周遭使他形成了谨小慎微、寡言少语的自闭性格，也使得他无论是在隋朝三十余年，还是入唐以后的仕途中屡受挫折，坎坷多歧。幸而他从小聪明绝伦，勤勉好学，博闻强识，且得到了养父江总良好的教育，在经史、诗文，特别是书法方面显示出了卓越的能力，蜚声甚远。后来，他拟定并书写了“开元通宝”的钱文字样，参与修纂《陈书》，并领衔《艺文类聚》的编写。

然而，欧阳询在书法上的贡献要数其偕同虞世南于弘文馆教示楷法，开启了“唐尚法”的先声，在整个书法史上具有重要意义。唐代官员选拔人才以身、

---

① 崔尔平选编点校：《明清书论集》，上海辞书出版社，2012 年，第 817 页。
② 陈上岷整理：《杨守敬评碑评帖记》，文物出版社，1990 年。
③ 卢辅圣主编：《中国书法史绎》卷四，上海书画出版社，2002 年，第 60 页。

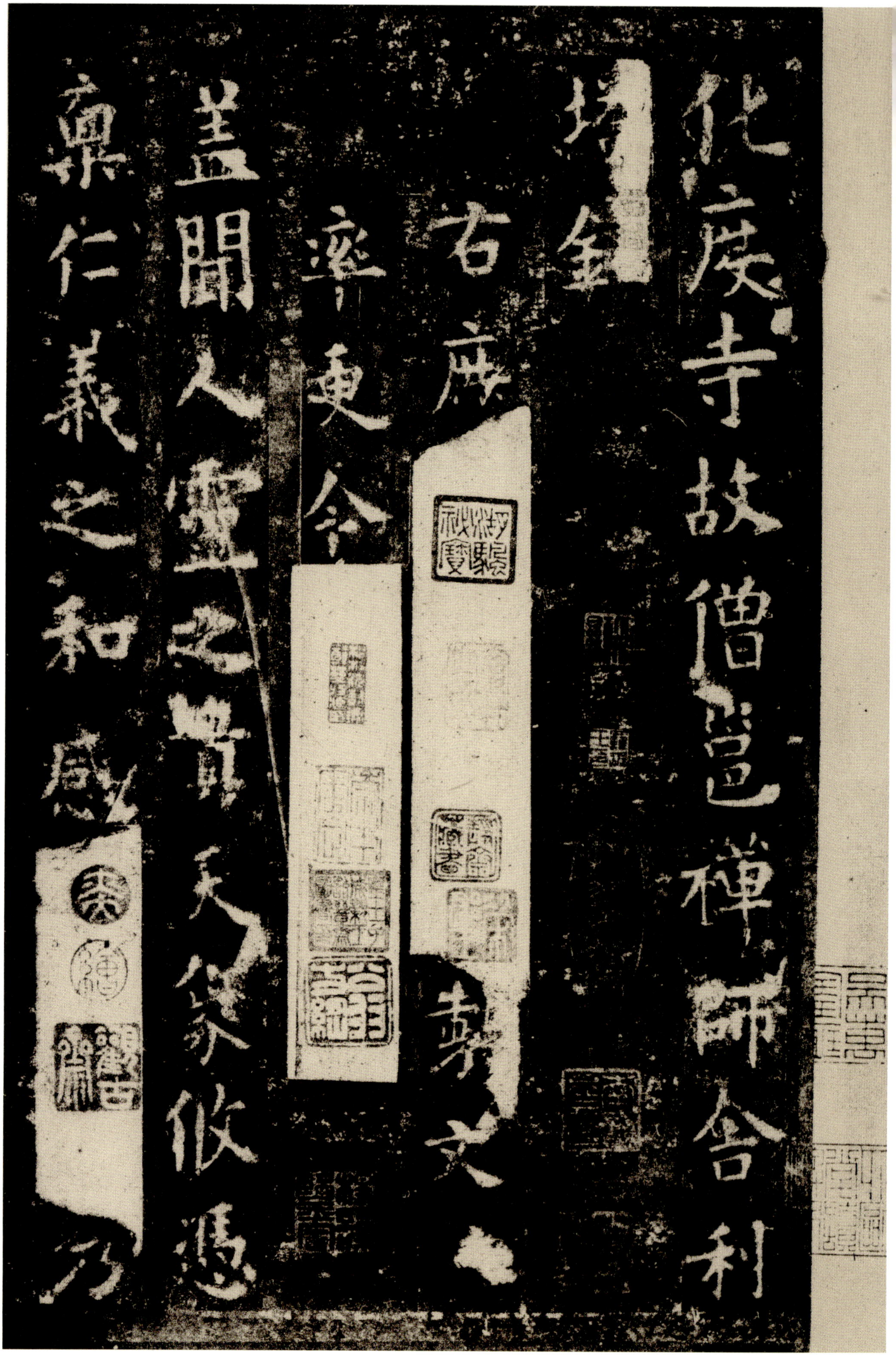
化度寺故僧邕禪師舍利
塔銘
右庶
李文
率更令
蓋聞人靈之貴天象攸憑
稟仁義之和感乃

言、书、判作为标准，其中对于书法要求“楷法遒美”，而弘文馆的学生都是五品以上的官宦子弟，他们的取法自然而然地引领着当时的风尚，这样的尚法要求正好与欧阳询书法整饬谨严的个人风貌不谋而合，正是在这样的条件下，不到数年间学欧者“海内从风”。

欧阳询一生撰写、书写了大量碑文和墓志，历代著录三十余通，陈隋及初唐时期都有撰碑不留名的传统，故实际数量恐不止于此。他的代表书作有《房彦谦碑》《化度寺碑》和《九成宫醴泉铭》，行书墨迹《张翰帖》《卜商帖》和《梦奠帖》相传也是他的佳迹。

《化度寺碑》，又称《化度寺塔铭》或《邕禅师塔铭》，全称《化度寺故僧邕禅师舍利塔铭》（图 3–10）。镌于唐贞观五年（631），李百药撰文，欧阳询书，35 行，行 33 字。碑刻成之后，置于长安南山鸱鸣阜（今西安终南山天子峪）信行禅师灵塔左侧。据记载，北宋庆历初年范雍在寺中曾见过此碑，惜后来为寺僧所毁，碑石断为三块，范雍将之移置于府中赐书阁。靖康之乱时，范雍又将之藏于井中，事后方取出，锥拓数十本后，碑石亦碎亡。此碑被毁后，曾被反复不断地翻刻。

化度寺，亦名化都寺，位于陕西乾县阳洪镇好畤村西北侧。唐贞观五年（631）化度寺僧人邕禅师圆寂，李百药撰写《化度寺故僧邕禅师舍利塔铭》对禅师的德行进行歌颂，并由欧阳询书丹。欧阳询的楷书笔力遒劲、结构险峻。楷书法度之严谨，笔力之险峻，世无所匹。具体到《化度寺碑》，书法平正清穆，丰腴悦泽。其妙处在于严劲缜密，神气深隐，具有体方笔圆之妙，超尘绝世之概。同时，此碑模勒之工，非后世所及，故有“楷法极则”之称。

《化度寺碑》版本众多，其中著名的有王偁（孟扬）本，又称荣郡王（南埙斋）本、潘祖荫（攀古楼）本、吴湖帆（四欧堂）本等，现藏于上海图书馆，每面 6 行，行 8 字。王偁（孟扬）本王壮弘述“精光四射不可逼视”“黝黑中透紫光”，原本纸黄墨陈且历经多次重装，目视极旧。其次是敦煌本，清光绪二十二年（1896），敦煌石室惊现唐拓本，后被法国人伯希和携往国外，现分藏于法国国家图书馆和英国大英图书馆。近年，在莫高窟石室再度发现一残本，存 236 字（以往文献中多次错误记载为 226 字），其摹拓效果同样极为精彩。一般人所称道的《化度寺碑》，均为翁方纲审定“原石宋拓”本体系，包括李东阳本、大兴翁方纲（苏斋）本、王世贞真本第二本、丰坊（道生）本、马日璐（小玲珑山馆）

图 3–10 《化度寺碑》（局部），欧阳询，唐，碑刻，正书，35 行，行 33 字，此为敦煌残本，残存 236 字，原石宋时已被毁，此图为上海图书馆所藏拓本

本等，宋人依据宋拓本翻刻，后人陆续翻刻，传世刻本甚多。传世拓本中，唯李东阳本，又称顾从义（玉泓馆）本、南海吴荣光（筠清馆）本、成亲王（诒晋斋）本等，现藏于日本三井听冰阁，每面5行，行12字。李东阳本为翁方纲审定“原石宋拓”中时间最早者，拓本内有破损，填描却极少，同样古气盎然，现藏于上海图书馆。[1]

欧阳询书法的过人之处，体现在碑帖相济，既能取北朝书法之长，又能汲取“二王”风格之妙，从而成为楷书史上的一座丰碑。他的楷书风格体现为结体严谨缜密、秀整清劲，气韵清古浑厚，深契体方笔圆之妙。这种封闭的结构特征有如性格冷峻之人，自始至终都给人以内在的紧张感，似与其性格不谋而合。

欧阳询一生虽留下了不少碑刻书法，但真正奠定其在书法史上崇高地位的还是这块化度寺碑。

《化度寺碑》的书写时间比《九成宫醴泉铭》早半年，两者风格十分接近，方整谨严中不乏醇厚冲和的意味，达到了骨肉相称、中和圆融的审美境界。它历来被视为欧阳询楷书第一，亦被称为楷书之极则。北宋《宣和书谱》云：“询以书得名，实在正书，若《化度寺》石刻，其墨本为世所宝，学者虽尽力不能到也。”[2]王世贞赞其：“化度尤精紧，深合体方笔圆之妙。”刘熙载《书概》中称此碑“笔短意长”“雄健复深雅”，正好概括欧阳询书法以隶书融入楷书，故能于楷书用笔中不失篆隶古意，醇古意深是也。

八、褚遂良：《伊阙佛龛碑》《孟法师碑》与《雁塔圣教序》

翻阅史书，不难发现褚遂良的一生与初唐时期诸多重大历史事件有着密切的关系，似乎始终都没有离开当时的权力中心。在传统史家和书法批评家的眼中，褚遂良无疑是唐初著名的谏士、股肱之臣。他的书法同样声名显赫，影响深远，被尊为“广大教化主”。

褚遂良（596—659），字登善，浙江钱塘（今杭州市）人。博学多才，为人笃实。历官谏大夫、中书令、吏部尚书等。被封为河南郡公，世称“褚河南”。

---

① 关于《化度寺碑》的版本问题，可参考楚默：《佛教书法史》，上海辞书出版社，2012年，第317—320页。

② 桂第子译注：《宣和书谱》，湖南美术出版社，1999年，第166页。

褚遂良和欧阳询、虞世南及薛稷并称“初唐四大家”，但年纪上算是晚辈。其父乃初唐名臣褚亮，与欧、虞两人交善，因为这个缘故他自然而然地得到了两位书法大家的亲授指导，此外，他还师从以“疏瘦”见称的书家史陵。转益多师的学习经历使他的书法能最终博采诸家之长，自成体系，形成自己独立的书法风貌。不难发现，褚遂良的书法将欧、虞笔法融为一体，方圆兼备，波势自如，且更显舒展。

然而，褚遂良进入书法史视野，有着一个流传甚广的故事，据传，贞观十二年（638）虞世南病逝之后，李世民叹息身边无人可与论书，魏徵便趁机推荐了他。也就是说，褚遂良借书法之能敲开了政治权力中心的大门。

唐太宗一生酷爱书法，尽人皆知，曾不惜重金遍求羲之遗迹，并亲自为《晋书·王羲之本传》作赞。设弘文馆，诏令五品以上京官子弟去弘文馆学书，并将书学立为国学，书学自此蔚然成风。当时，太宗征集的羲之遗墨甚多，真伪难辨。褚遂良为其一一详细鉴定，无一舛误，并编定《右军书目》，藏于内府，为以后研究王羲之书法做出了杰出的贡献。由于既能沿承传统又能创新格调，《唐人书评》中把褚遂良的字誉为“字里金生，行间玉润，法则温雅，美丽多方”。他的传世墨迹有《倪宽赞》《阴符经》，碑刻有《伊阙佛龛碑》《雁塔圣教序》《孟法师碑》和《房玄龄碑》等。

与虞世南、欧阳询不同的是，褚遂良真正成长在唐朝，其书法具有十足的唐风唐韵，被认为是奠定大唐书法风气的重要人物。欧阳询和虞世南作为初唐第一代书法家，进入唐代时书风已是俨然定型，他们开启了南北书风融合的先声，为后继者提供了新的起点。褚遂良正是在这样的契机下，继承欧、虞传统，锐意进取，努力探索符合初唐时代书法审美风尚的风格类型。他的书法用笔上较欧、虞的紧张规矩更为丰富、多变，结体上也更为宽博、疏朗，更富于趣味。

褚遂良一生的书迹大致可以分为两个阶段，前期继承北朝以来的书风，笔画瘦硬、方正谨严、横向开阔，有明显的隶书特征，如《伊阙佛龛碑》《孟法师碑》；后期师法“二王”，俊秀温润、婀娜多姿、雍容和畅，如《雁塔圣教序》。前后两个时期明显呈现出易刚为柔、易紧为松、易平直为姿媚、易局促为宽绰的特点。这是对欧、虞传统的继承和发展，将整饬谨严演进为具有诸多可能性书法类型，使后世学习书法更为便捷，也就是说他为书法赋予了具有“唐法”的全新内涵。

《伊阙佛龛碑》，又名《三龛记》（图 3–11），是现存褚遂良最早的书法作品。此碑勒于河南洛阳龙门山，虽名为碑，实为碑状摩崖石刻。此碑多少带有一定的政治色彩，贞观十年（636），长孙文德皇后离世，太宗四子李泰于洛阳龙门山开

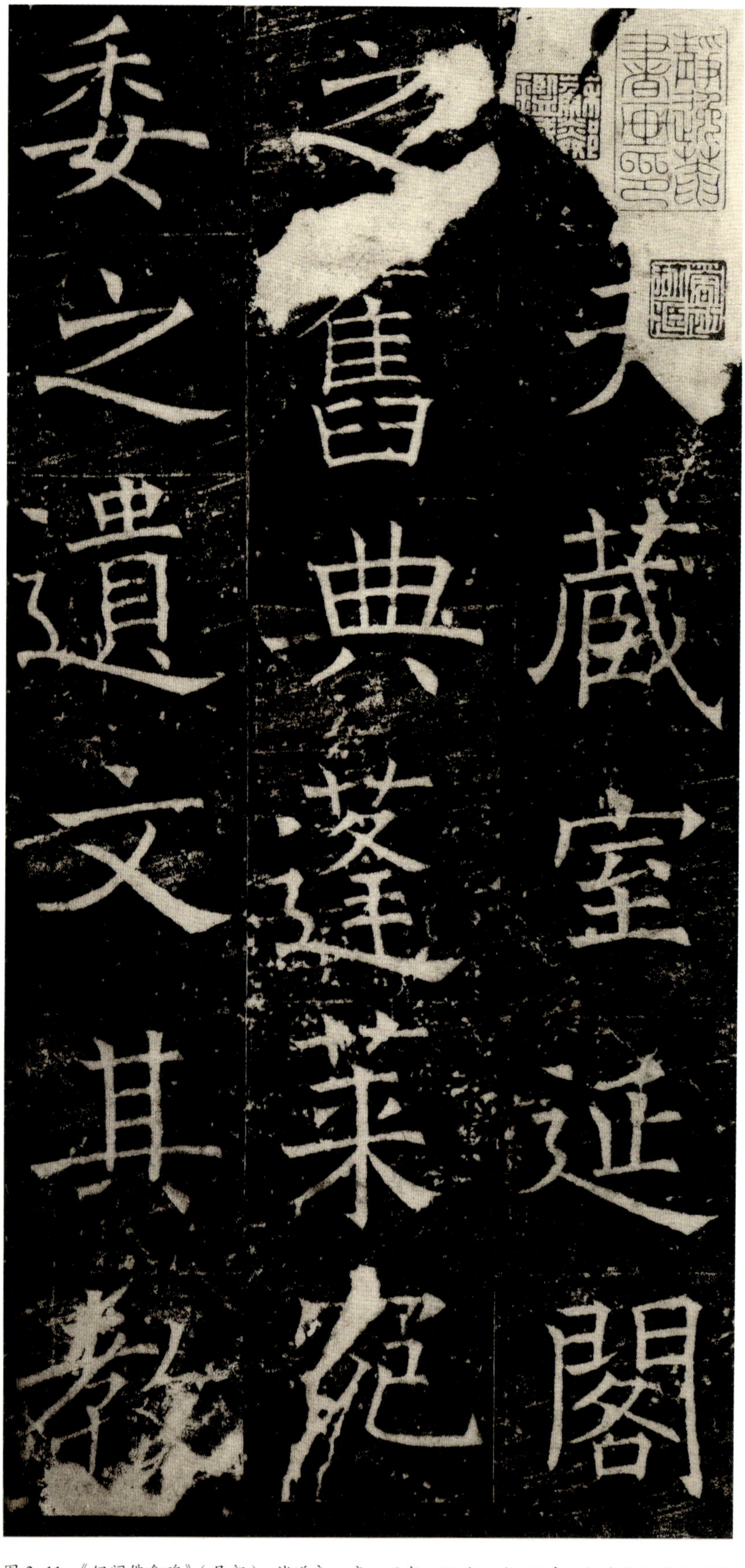

图 3-11 《伊阙佛龛碑》(局部)，褚遂良，唐，正书，33 行，行 52 字，河南洛阳龙门石窟

凿佛窟，历经数年完工。贞观十五年（641），岑文本撰文记述此事，由褚遂良书丹。长孙氏作为一位贤德皇后，曾对初唐开明政治发挥积极作用。出于敬慕之情，又因此碑置于佛窟之内，主题庄严神圣，褚遂良在书写此碑时极为恭敬肃穆。其笔法横平竖直，风格刚严实在，尽显朴质宽博之态，毫无过多修饰。也正因如此，与褚遂良后期碑志相较，此碑虽略显板滞，却依然能够彰显出他惊人的艺术天赋。

仔细审视此碑，可发现笔势往来之间，时而呈现出隶书特有的波磔之笔，尽显端庄静穆、清虚高洁之态。褚遂良充分汲取汉、隋诸碑以及欧阳询“铭石之书”的特点，内疏外密，字体稍扁，横向取势，重心较低，与隶书书势相似；方刚挺劲，纵横质实，又近似欧体。同时，他还融入了自身从容浑朴的个性与刚严的气度，展现出独特的艺术风采。

《伊阙佛龛碑》历来评价很高，杨守敬评此碑“宽博俊伟”，翁方纲称其为“唐楷中隶法”，刘熙载赞其“兼有欧、虞之胜”。

《伊阙佛龛碑》用笔上仍保留了欧阳询书法的一些特征，如点画的瘦劲挺拔，遒迈劲健。具体体现为横画略带上弯的弧势，显示出极强的控笔能力。结体上“平画宽结”，但与隶书的扁势又有区别，字形挺拔，器宇轩昂，富有古意。至于《伊阙佛龛碑》的佛教美学意义，可能置身于其中，更能让人有切身体会。宾阳洞中的主佛为阿弥陀佛，造像高 8 米多，南洞四壁上还有大小 150 多个佛龛，可谓星罗棋布。而《伊阙佛龛碑》作为该洞中最为宏伟的碑记，且有蟠龙碑首，龟趺底座，与佛像气势恢宏的气魄十分匹配。端庄遒劲、宽博方正正好体现碑文的气象，也体现宏阔庄严的艺术气质。

在书法风格类型上，《伊阙佛龛碑》可和《孟法师碑》放在一起进行考量，两者颇为一致。后者书丹时间仅晚一年，即贞观十六年（642）。

《孟法师碑》，全称《京师至德观主孟法师碑》（图 3–12），由岑文本撰文，万文韶刊刻。该碑原石在西安，久佚。现仅存清人李宗瀚旧藏剪裱的唐拓孤本。

《孟法师碑》和《伊阙佛龛碑》都一改初唐时期欧、虞结字取纵势的特色，纵横兼顾，且以横为主，兼具汉隶的波挑之意和隋碑的润达之态，流露出不少新意。褚遂良作为唐代楷书新风的代表人物，其成熟时期的书法用笔细骨丰肌、轻重虚实、起伏顿挫变化、飘逸妍丽等，均在这两通碑中有所体现，可视为褚遂良书法变法的新的转折。李宗瀚评曰：“遒丽处似虞，端劲处似欧，而运以分隶遗法，风规振六代之余，高古近二王以上，殆登善早年极用意之作。”

褚遂良最具代表性、影响最为深远的作品当推唐永徽四年（653），58 岁时所书的《雁塔圣教序》。此碑距其卒年仅差 5 年，且在左迁潭州（今湖南长沙）

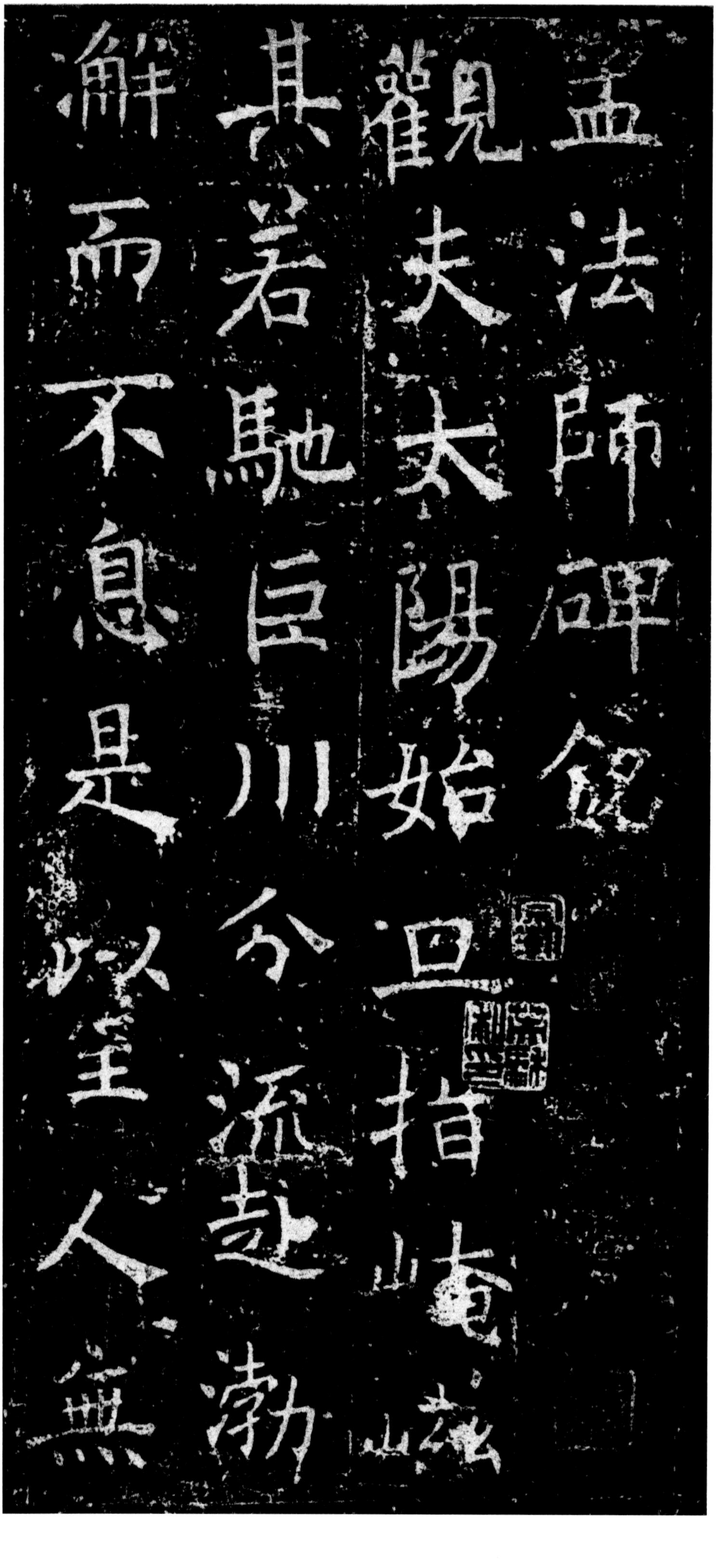

图 3–12 《孟法师碑》(局部)，褚遂良，碑刻，正书，碑石佚失，仅有清代李宗瀚藏唐拓本传世，拓本分 86 行，行 9 字不等

之后褚遂良已无书迹可见，或为其最晚作品。该碑妍媚超逸，字体清丽刚劲，笔法娴熟老成，对后代书法风格的传承和演变均产生了非常重要的影响。

《雁塔圣教序》，位于陕西西安南慈恩寺大雁塔底层，此碑共有两石，分别镶嵌于塔门之东、西龛，均为楷书，万文韶刻。东龛内为唐太宗所撰之《圣教序》，书写行次从右排向左；西龛内为唐高宗任太子时所制《大唐皇帝述三藏圣教序记》（简称《圣教序记》），书写行次则从左排向右，呈对称状。其中，《圣教序》21行，行42字，共821字。《圣教序记》20行，行40字，共642字。前者题额是隶书、后者为篆书。两石所书时间略有差异，前者为永徽四年（653）十月，后者则为同年十二月，褚遂良的官名也不同，前者为中书令、后者为尚书右仆射。

《雁塔圣教序》所记内容为唐代礼佛的重大事件。序文记录了唐初的佛教政策，具有重要的导向作用。此碑的产生，亦是书法史上的大事，意味着一种新的楷书模式开始，为历代书家所珍视。

《雁塔圣教序》的版本繁多，最好的版本为宋拓本，即日本高岛槐安氏藏本（图3–13），该本凡27开，纵24.5厘米，横14.3厘米，为《中国书法全集》收录。此外，许多明拓本，其中北京大学藏本共19页，纵30厘米，横14.5厘米。其中第8行、第18行“活”字未封口，第8行，第10行“玄”字破损。明末清初拓本，序五行“凝玄”之“玄”，第10行玄奘之“玄”，末笔破损，均为避康熙“玄烨”之讳所致。康熙前拓本则未凿坏末点。康乾年间，又“垂拱之治”之“治”字已封口，其后“风云之润治”之“治”也封口。

《雁塔圣教序》用笔瘦健、沉劲，方圆并用，逆起逆止；横画竖入，竖画横起，保持并发展了《伊阙佛龛碑》的书法特色，筋骨硬朗又能简练生动。《雁塔圣教序》在结体上改变了欧、虞的长形字，创造了看似纤瘦，实则劲秀饱满的字体。清人王澍《虚舟题跋》中称此碑“笔力瘦劲，如百岁枯藤，而空明飞动，渣滓尽而清虚来，想其格韵超绝，直欲离纸一寸，如晴云挂空，仙人啸树，故自飘然不可攀仰矣”，并称此书“美女婵娟似不轻于罗绮，铅华绰约甚有余态”。[①]此碑用笔以弧形线条居多，即使是短促的笔画，也有一咏三叹的情调。弧线的大量使用，使原本笔直、坚

① 上海书画出版社编：《历代书法论文选》，上海书画出版社，1993年，第645—646页。

挺的基本笔画，增加了几分柔和委婉的韵致。起笔时略微多了点逆笔，然后引回，波转一下，用笔生动活泼，笔画纤细而俊秀，总体上呈清虚简净之态。

此碑结体如“美女婵娟，不胜罗绮”，横画宽接，形态优美。字法上，此碑用字代表了当时官方楷书的标准化，《雁塔圣教序》一出，褚书成一时之风尚与这一点应不无关系。

唐代有“圣教序”多种，其中最有名的是褚遂良的《雁塔圣教序》和怀仁《集王圣教序》。此外还有唐显庆二年（657）十二月五日镌刻，由王行满楷书所书的《招提寺圣教序》，以及还有不少关于前两种的翻刻，如唐龙朔三年（663）陕西大荔所摹刻的褚遂良《三藏圣教序记》，等等。

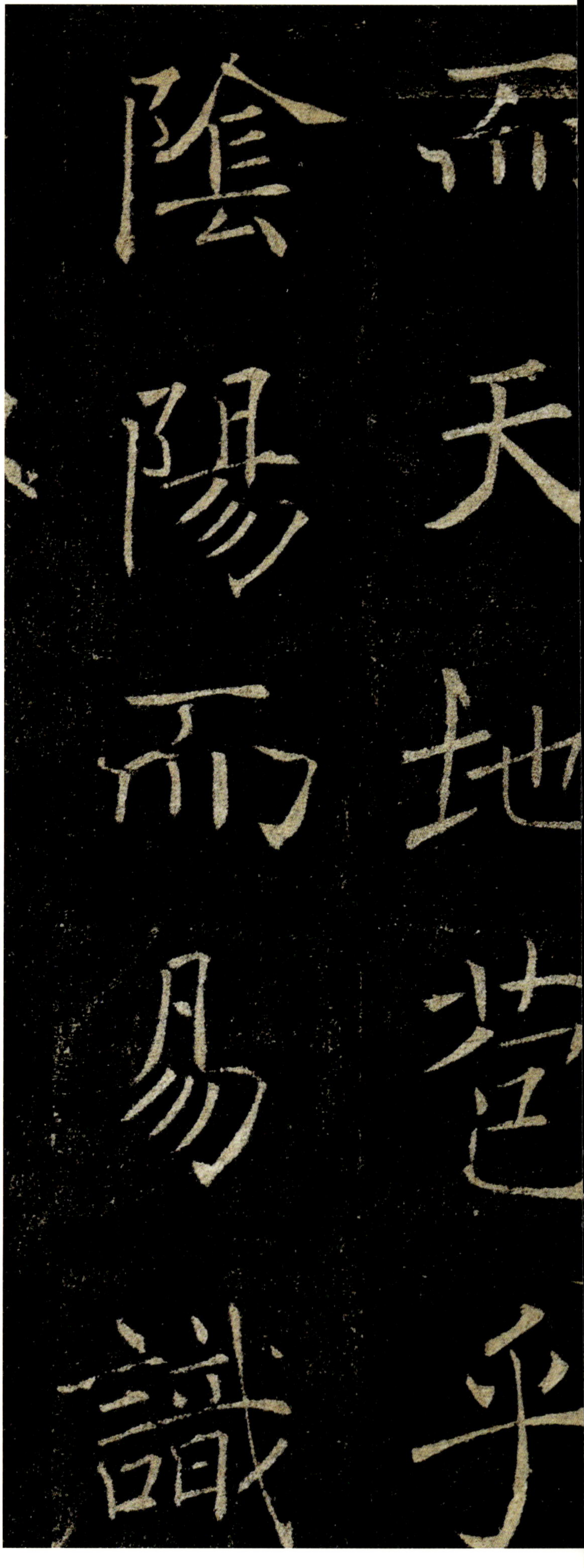

图 3–13 《雁塔圣教序》（局部），褚遂良，拓本凡 27 开，纵 24.5 厘米，横 14.3 厘米，现为日本高岛槐安氏所藏

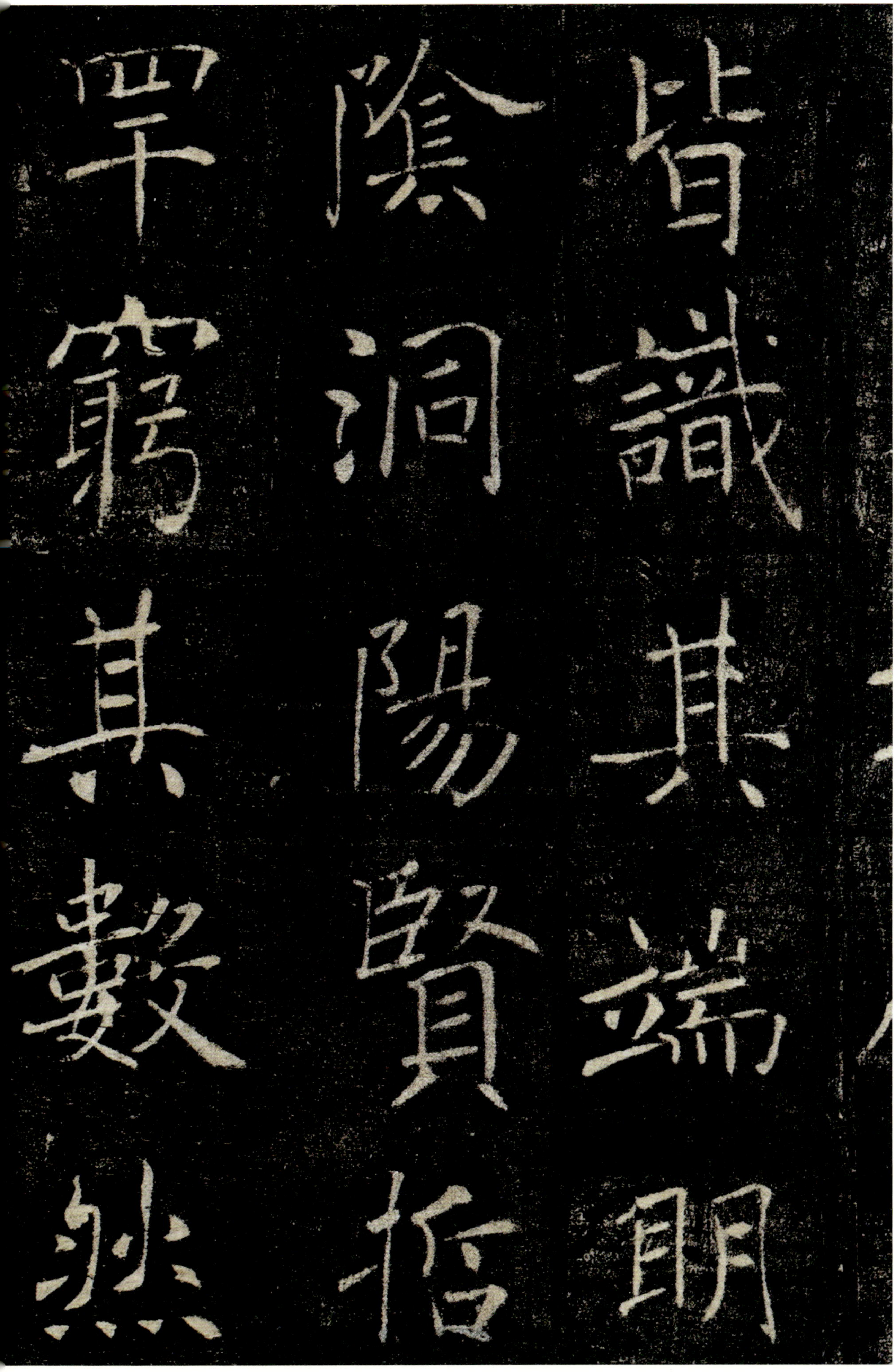
皆識其端明
隂洞陽賢哲
罕窮其數然

九、敬客：《王居士砖塔铭》

《王居士砖塔铭》，又名《大唐王居士砖塔之铭》（图 3-14），唐高宗显庆三年（658）十月十二日刻。王居士，讳公，字孝宽，太原晋阳人。其人笃信佛教，“观老庄如糟粕，视孔墨犹灰尘”，但并未出家，73 岁时亡故，遂从浮屠之法火化，收骸起灵塔于终南山楩梓谷。明万历年间出土于陕西西安终南山楩梓谷之百塔寺，塔铭为砖质。从出土拓本和清代金石家题记中可知，刚出土时该砖已裂为 3 块，后又裂成 5 块，最后作 7 块。清道光年间又佚 2 块，今仅存 5 块。该塔铭原拓本流散甚多，以明末清初时拓本殊为难得，尤以初拓三断本最为珍贵。但这些拓本多为残拓，故前人多不知此塔铭之行款、字数。清人王昶《金石萃编》对此有较为翔实的记载，亦称：“此铭原刻齐不知高广若干几行，行几字，以槌碎拓本较之，周有边框刻大花叶，约寸许，首行末（按：当在二行末）是‘颍迈’二字，以此推之当是每行十七字，字径八分，上下占二分，则是高约二尺也，前一行是标题及撰书人姓名，铭序二百十五字，铭词四十八字，扒之当为序十三行，铭三行，总计之得十七行，行十七字。其为砖盖方二尺也。”该铭书法典雅，一经出土就受到了广泛关注，据仲威先生研究，该铭后世被翻刻的乾嘉残石不少，刻制之精极难辨别，是碑帖鉴定版本中最为复杂的案例，这一点从侧面说明该铭书法的影响，正如钱泳曾说：“《王居士砖塔铭》近日所传者非断本即翻刻本，要如此之精拓而完善者鲜矣。余尝谓唐初书家各立面目，惟是刻能兼率更（欧阳询）、中令（褚遂

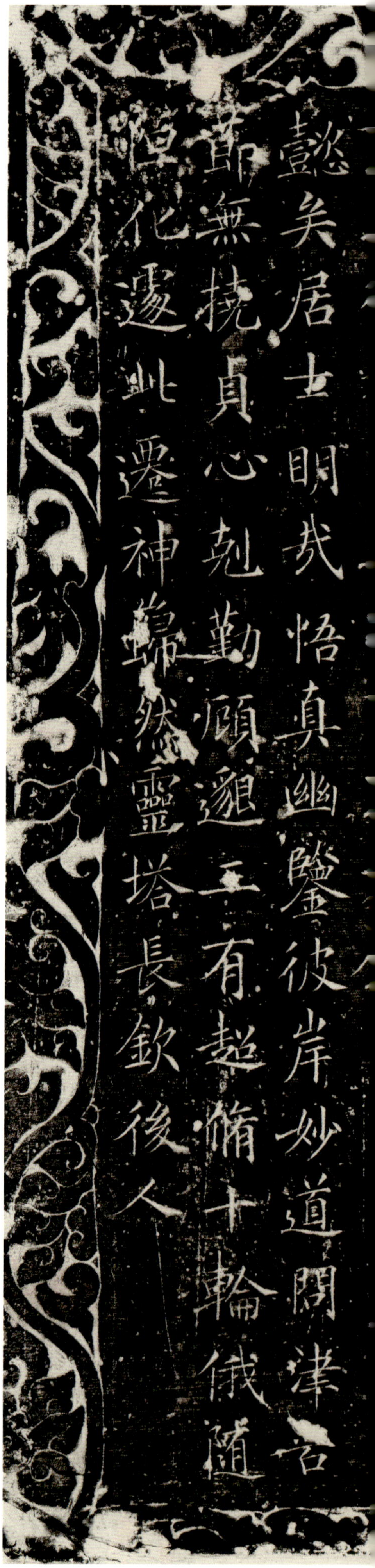

图 3-14 《王居士砖塔铭》（局部），敬客，唐，砖刻，正书，碑石已残，具体信息不详，原立于陕西终南山楩梓谷，现藏于西安碑林博物馆

大唐王居士塼塔之銘　上官靈芝製文　敬客書

居士諱公字孝寬太原晉陽人也英宗□頓邁

遠胄隆周茂緒遐昌鬱冠後魏樂府歌□韡

德天下挹其家聲具詳譜牒煩覼縷居士

早標先覺本遺名利遍躋無墳備窮義

寤寵老莊始糟粕視孔墨猶灰塵得給園之

說鑿求彼岸之路羅糾七覺似十地而□勤

旰食一麻□六年之顑頷方期拔除煩惱永

離蓋纏何悟積善始基慶悲生滅以顯慶元

年十一月廿九日寢疾終于京第春秋七十

三即以三年十月十二日收骸起靈塔于

終南山梗梓谷風吟寥邃潤寶鐸和鳴雲散危

良）之长而独出机杼，此其所以妙也。”[①]

该塔铭首题“大唐王居士砖塔之铭”，并刻有“上官灵芝制文，敬客书”字样，“撰文”作“制文”与同期刻于唐龙朔三年（663）《道因法师碑》“李俨制文”同例。有关撰文者上官灵芝，以及书丹者敬客的史料并无记载，《宝刻丛编》与《宝刻类编》皆无其名，王昶推测《唐书》上官仪有子庭芝，上官灵芝可能是其弟兄，而敬客则可能出自河东望族敬客氏。从书写时间来说，敬客所处的时代正值初唐诸家虞世南、欧阳询、褚遂良书法的全盛时期，因此该铭的书法风格不可避免地受到他们的影响。清王澍《虚舟题跋》云：“敬客名不显于时，然其书法特为瘦劲，大类褚公。则知唐世能书者人多，不免为巨公掩耳。”[②]翁方纲认为此刻书法乃唐楷之最精者。其妙处在于上通隶古，旁证欧、虞婉润秀整，虽已开后人法门，不失褚河南规矩，类似的评价比比皆是。

唐代能书人甚繁，该铭作者敬客书名不免被当时名家所掩。但细审该铭，楷法精妙，体势俊逸，风神挺秀，深得欧、褚之意而又能自出机杼，无疑为唐楷中之佼佼者。此塔铭书后即掩埋黄土之下达九百余载，直至明万历年间方始出土。此刻书法婉润秀整，深获世人喜爱。但因该碑铭为砖质，且出土时多有破损，传世佳拓极少，故历代辗转翻刻竞相仿效，精者亦几可乱真。特别是晚清以来，临习者日众，成为楷书学习的重要范本。《王居士砖塔铭》以秀雅见称于明清诸家书论，如赵之琛跋此铭时称敬客书直与欧、虞、褚、薛相抗衡，习楷者当奉为圭臬也。

唐代墓志书法进入高宗朝后，渐见妍逸，趋于畅朗，融有唐一代新风，《王居士砖塔铭》的意义正在于此。如果说欧、虞、褚诸家展示了卓越的书法才华，实现了南北书法的最终融合，开创了唐代书法尚法的基础，那么敬客则完成了集楷法之大成、前贤之优势，上追晋唐，以中和、清新为基，笔法上方圆结合，结体上严谨舒缓，不仅保持了初唐名家的方劲秀美，又能自出新意，承前启后，成为唐代书法发展的一个重要转折点，是初唐书风向中唐书风过渡的体现。具体表现为其书瘦劲秀丽近于褚遂良，却能减损褚书的婉媚，舍其隶意，增益欧体的劲利与虞书的端庄；能做到字形方正，用笔劲挺，结构停匀，章法上又能疏朗有致，实为唐代楷书的优秀代表。

---

① http://www.sohu.com/a/336350552_676789

② 崔尔平选编点校：《明清书论集（上）》，上海辞书出版社，2011年，第828页。

十、《集王羲之大唐三藏圣教序》

将历史上著名书家的书迹搜罗起来，根据需要在其中甄选单字成文，称为集字。这种刻碑方式不仅保留了书法家大量的字迹，而且还开创了新的刻帖方式，对碑帖学、法帖的流传影响深远。据传最早的集字作品是南朝梁武帝时期的《千字文》，由周兴嗣奉敕撰文，殷铁石集王羲之书迹成篇。初唐时期，李世民酷爱王羲之书法，不遗余力地收集王羲之作品，通过"摹拓"复制真迹，以送权臣，后来又通过集王羲之书法刻碑的手段来传播王羲之书法，几乎整个唐代，学习王羲之书法便成了当时皇室成员和权贵们的不二选择，并最终成为整个社会的文化时尚。

《集王羲之大唐三藏圣教序》集王羲之书法刊行入碑之先例，在书法史上具有里程碑式的意义，此后集王书迹者纷纷仿效，一直到清代接近20家。其中唐代还有卢藏用集《建福寺三门碑》、僧行敦集《怀素律师碑》、卫秀集郭翥撰《梁思楚碑》，此三碑只见于史书，无碑刻拓本传世。此后比较著名的还有大和六年（832）唐玄度集《六译金刚经》、大历六年（771）田名德集《清净智慧观身经铭》、萧森集《永仙观碑》，以及开元九年（721）僧大雅集《兴福寺碑》等。

《集王羲之大唐三藏圣教序》，全称《唐怀仁集晋王右军将军王羲之书大唐三藏圣教序》，简称《圣教序》（图3-15），是唐太宗李世民为表彰玄奘法师西域取经归来而作。内容由李世民所撰《大唐三藏圣教序》与敕答、太子李治的《述三藏圣记》和笺答，以及玄奘所译《般若波罗蜜多心经》三部分所组成。最早由唐初四大书法家之一的褚遂良所书，称为《雁塔圣教序》，尔后沙门怀仁等又从王羲之书法中集字，镌刻成碑。因碑首横刻有七尊佛像，又名《七佛圣教序》，遗憾的是七佛原样已模糊不清，早期拓片多关注文字内容，并未拓取该部分内容。

怀仁，生卒年不详，太宗时居长安弘福寺，积年学王羲之书，点画富有法度。由于其善书且精通王羲之书法，所以长安沙门共同推举他来主持完成这一使命。该碑集众人之功，从贞观二十二年（648）至唐咸亨三年（672）十二月八日，历时二十余年才完成。后署"文林郎诸葛神力勒石，武骑尉朱静藏镌字"。碑文为行书，30行，行85–88字不等，凡1903字。碑原立于陕西西安弘福寺，后移至西安碑林。此碑于宋以后中断，传世以宋拓本为佳，字迹稍肥，笔锋使转处游丝可见。

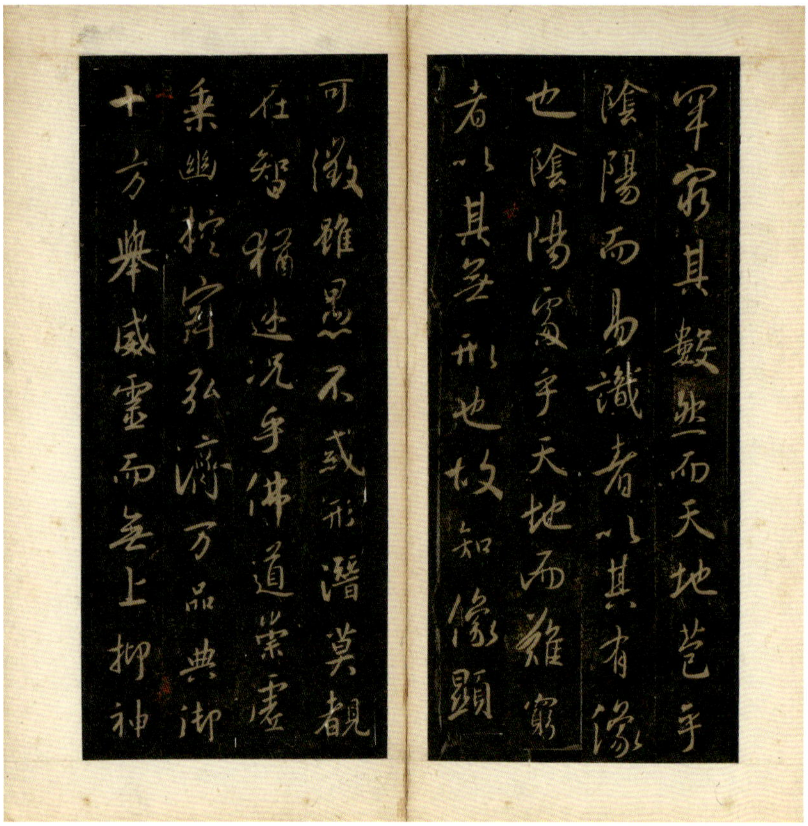

图 3-15 《集王羲之大唐三藏圣教序》(局部)，怀仁等集，唐，碑刻，行书，30 行，行 85-88 字不等，原立于陕西西安弘福寺，后移至西安碑林博物馆

玄奘，俗姓陈，洛州缑氏（今河南偃师）人。少时出家，后西行求取佛法，历时多年后于唐贞观十九年（645）回到长安，并带回佛经657部。唐太宗本人并不崇信佛教，但是他对玄奘历经千辛万苦取经的求法精神十分赞赏，故令玄奘在长安弘福寺进行译经并撰写《西域记》，并在其多次上表之后，李世民撰写了《大唐三藏圣教序》一文，该序侧重记述玄奘求法的经过，以及宣扬佛教精神，称赞其功绩巨大。贞观二十二年（648）皇太子李治又制《述三藏圣记》一文，亦重点叙述了佛教的教化作用。

两篇文章基本上反映出当时唐代的佛教政策，借玄奘传取经、译经之举，号召民众弃恶从善，七喜三禅，巡游十地超六尘之境，从而实现其长治久安的统治。此“二序”一出，极大地扩大了玄奘本人和佛教在当时的影响，弘福寺主持圆定与京城僧众“请镌‘二序’文于金石，藏之寺宇”，得到了太宗的同意，于是“寺僧怀仁等乃鸠集晋右将军王羲之书，勒于碑石焉”。[①]之所以集王羲之书法，很大程度上基于唐太宗对王书的极力推崇，“万几之余，不废模仿”。此碑立后，访碑、拓碑者络绎不绝，成为书法史上一大盛事。这通集佛教信仰、皇家支持与书法魅力于一体的《集王羲之大唐三藏圣教序》，首先具有明确的政治和宗教色彩，同时对于王羲之书法的经典性的传播意义非凡。

《集王羲之大唐三藏圣教序》除了李世民的《大唐三藏圣教序》与敕答、太子李治的《述三藏圣记》之外，还有李世民和李治对玄奘谢表的笺答，以及玄奘所译《般若波罗蜜多心经》，内容远远超过了褚遂良的《雁塔圣教序》。

完成《集王羲之大唐三藏圣教序》的得天独厚的条件是皇家的鼎力支持，可以说皇家的支持是怀仁和他的团队能如此高质量地完成这件工作的重要保障。据传怀仁他们在集字过程中，遇到内府收藏书迹中没有的一些字时，便奏请皇帝昭告天下，不惜花大价钱加以征集，能献一字者，赏一千金。即使在这样的条件下，怀仁等仍花了20多年的时间才得以完成，可谓煞费苦心。据统计《集王羲之大唐三藏圣教序》共30行，1903字，755个单字，这两个数字略高于现存王羲之12件摹本的数量，后者为734，单字354个，因此，这件集字作品此后便成了学习、研究王羲之书法的重要遗存，

王羲之书法，博学所习，兼取众长，自成一家，其行书尤为精到，儒雅蕴藉，遒美多姿。唐太宗李世民对其推崇备至，以至于亲自为《晋书》王羲之传撰写传论，称其“详察古今，研精篆素，尽善尽美，其惟王逸少乎！观其点曳

① 慧立、彦悰：《大慈恩寺三藏法师传》卷七，中华书局，2000年，第148页。

之工，裁成之妙，烟霏露结，状若断而还连，凤翥龙蟠，势如斜而反直，玩之不觉为倦，览之莫识其端，心摹手追，此人而已”[①]。与此同时，他广搜天下右军书迹，藏之于内府，视为珍宝。据《法书要录》记载，共搜罗到王羲之作品凡2290纸，装为13帙128卷。李世民对王羲之书法苦学不辍，深得其笔意，其所书《温泉铭》和《晋祠铭》开书法史上行书入碑之先河。

《集王羲之大唐三藏圣教序》所选字几乎均来自内府珍藏，不仅数量多，可信度高，而且刻工精良，较为真实地保留了王羲之笔墨原迹风貌。《集王羲之大唐三藏圣教序》的刊刻方法与传统的碑刻方法不同，它首先“以蜡黄纸摹得真迹上字，再以细线勾勒每一点画之背，轧附于石上，然后奏刀，逐线刻之”。《宣和书谱》对此给予了很高的评价：“怀仁书二，《圣教》居首，《圣教》有二本，一褚遂良，一则僧怀仁集王羲之诸行字所成也，二本皆为后学宗楷。学羲之书者，必自怀仁始。”

集字作品的难度并不是孤立地将某家某帖中的字按照需要直接集出来就可以的，特别是行草书，原有作品中的每一个字都有其特殊的不可替代的意义，其章法布局的整体协调性决定了该字的形态。因此，将某个字从原帖中单独集出来就破坏了这个字在一个整体中的局部的存在意义，集字是一个书法创作的再创作过程。也就是讲，集字作品不仅需要足够量的原迹作为条件，更重要的是考验着集字者本身的书法素养和审美情趣。在这个过程中怀仁和他的团队无疑是非常优秀的，甚至可以说他们创立了一个成功的典范，为此后王羲之书法的流传起了十分关键的作用。

《集王羲之大唐三藏圣教序》是选字、组合和镌刻等各方面艺术成就的高度结合，怀仁等人集字成碑，缺失之字采用偏旁部首拼接组合而成，章法上颇具匠心，在选字时注重变化和衔接，能各尽其势，整体上一气呵成，纤微毕肖，形神兼备地再现王羲之书法的艺术特征。正如明人王世贞评论说“备尽八法之妙”，成为王字的一个大宝库。《集王羲之大唐三藏圣教序》最为重要的意义在于对王羲之书法的传播，在碑帖技术尚未发达的当时，王羲之书迹虽存量极大，基本上都藏于内府，哪怕是朝廷重臣也难一睹其风采，更不消说一般士子们。因此，该碑自勒成之后，便成了被追崇的明星。也正是由于它的出现，唐代皇家的书法审美标准，即“尽善尽美”的王羲之书法才得以最大范围地在士人群体中流行，并且其意义不只是局限于当时，历代对此都非常重视，直至今天仍

① 房玄龄：《晋书》卷八十一《列传第五十一·王羲之传》，中华书局，1975年，第2108页。

是学习王羲之书法最为重要的范本。从这个意义上讲，《集王羲之大唐三藏圣教序》对王羲之书法传播的经典意义，居功至伟。

十一、薛稷：《信行禅师碑》

薛稷与欧阳询、虞世南、褚遂良并称初唐四大家，但无论是个人成就还是影响力远不及其他三家。历代书法评论家对他都颇有微词，清代的刘熙载甚至认为他只是一个凑数的角色，初唐四大家中的“薛”应改为“陆（陆柬之）”。[①]

薛稷（649—713），字嗣通，蒲州汾阴（今山西万荣）人。曾任黄门侍郎、参知机务、太子少保、礼部尚书，后被赐死狱中。薛稷多才艺、善绘画，特别擅长画鹤，堪称一绝，时有“言鹤必称薛”的美誉，当时文人著名如李白、宋之问等均有诗赞颂其画鹤。书法方面，薛稷有着历史上许多大家没有的学习条件。首先其外祖父名相魏徵，收藏有虞世南、褚遂良的大量书迹，自然地成为他的临习范本。其次，时人张易之借装裱秘府书画之机，利用精摹本调换出大量书法真品。张氏落败后，这批作品大多成为薛稷的收藏，长达 8 年之久。此外，唐睿宗第二次当政时，薛稷被封为晋国公，除太子少保，经常被召入宫中，得以接触大量珍贵的秘府书迹。然而，这么优渥的条件，薛稷并没有如所期盼的那样，在欧、虞、褚的基础上，再开创一个新的高度。从其传世书迹来看，那些秘府所藏的真迹似乎没在薛稷的作品中留下丝毫痕迹。他的书法一直在褚遂良、虞世南的阴影之下，其中以褚遂良的影响最为突出，似乎一生都不愿放弃褚遂良的腔调，希冀成为继承褚遂良书法的典范，正是这一点，他在世时得了一个“买褚得薛，不失其节”的声誉。

薛稷的性格可能是决定其书法成就无法突破的关键因素。薛稷诗文名重一时，但细审其现存于《全唐诗》中的 14 首诗，它们都很明显地沿袭齐梁文学重形式、轻内容的旧习，形式工稳、声律谨严，细读起来内容空洞，且了无新意。他的画如出一辙，以观察精细、形貌逼真著称。这样保守的文艺性格必然地造成其书法的局限性。[②]

薛稷在学习、继承褚遂良书法风格的基础上，创造性地形成了个人融隶入

---

① 刘熙载在《艺概・书概》称：“陆柬之之书浑劲，薛稷之书情深。陆出于虞，薛出于褚。世或称‘欧、虞、褚、薛’，或称‘欧、虞、褚、陆’，得非以宗尚之异，而漫为轩轾耶？”
② 卢辅圣主编：《中国书法史绎》卷五，上海书画出版社，2012 年，第 90—92 页。

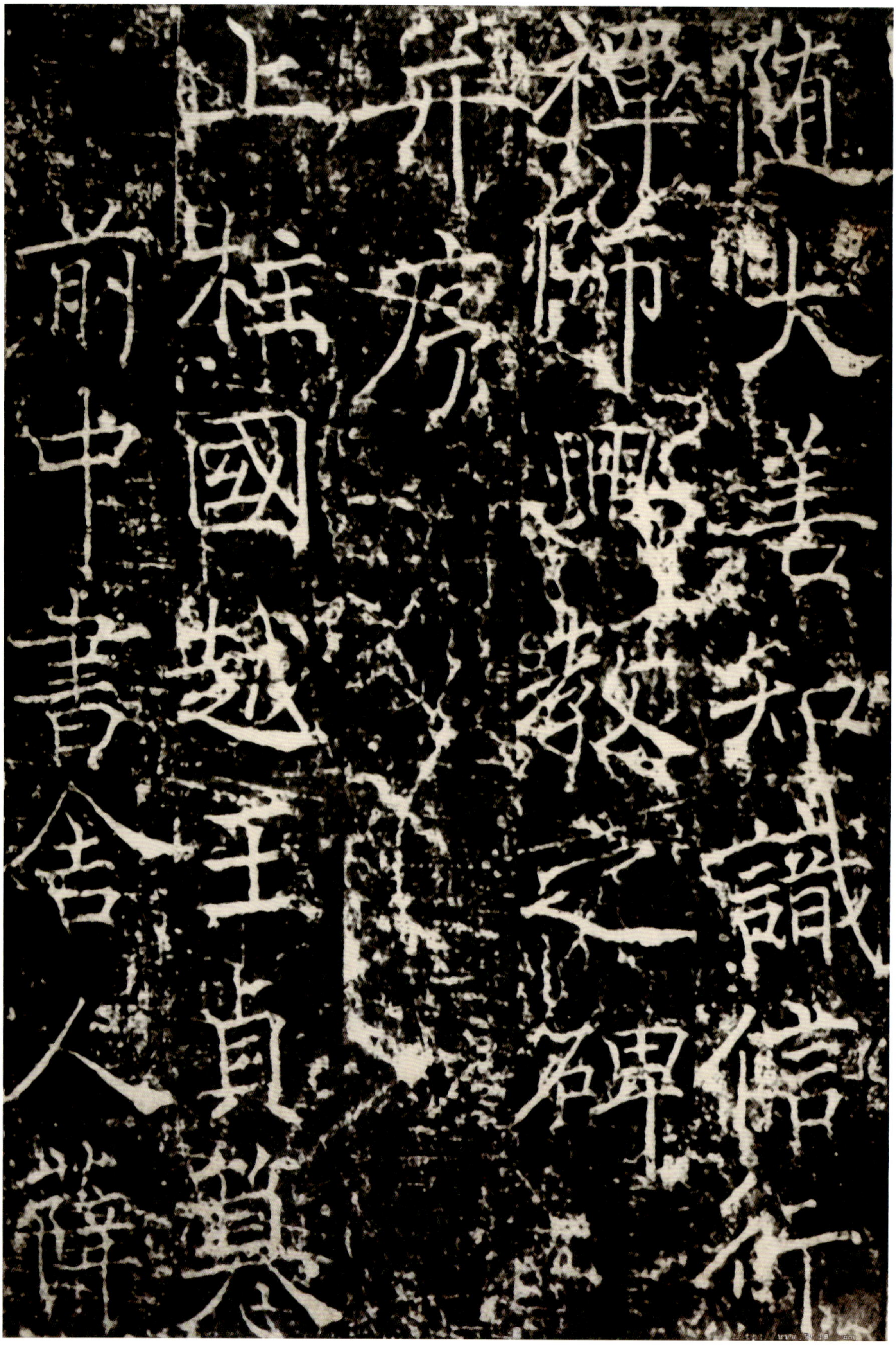

图 3-16 《信行禅师碑》(局部)，薛稷，唐，碑刻，正书，125 行，行 7 字，整拓纵 19.8 厘米，横 13.5 厘米，碑石佚失，拓本现藏于日本京都大谷大学

楷，媚丽而不失气势，劲瘦中兼顾圆润的书风，发展了初唐书法劲瘦媚丽而又圆腴挺拔的时代风格，在当时具有一定影响。张怀瓘云："书学褚公，尤尚绮丽媚好，肤肉得师之半，可谓河南公之高足，甚为时所珍尚。"吕总说："薛稷真、行书如风惊苑花，雪惹山柏。"董逌也说："薛稷于书得欧、虞、褚、陆遗墨至备，故于法可据。然其师承血脉，则于褚为近。至于用笔纤瘦、结字疏通，又自别为一家。"[①]唐代李嗣真在《九品书人论》中更将薛稷的真书、行书列为第一。但是，其书法总体来看在他人藩篱之下，故而颇受诟病，正如黄庭坚说："随人作计终后人。"薛稷书迹流传极少,《信行禅师碑》可视为其书法的代表作。

《信行禅师碑》，又名《隋大善知识信行禅师兴教之碑》(图 3-16)，唐神龙二年(706)八月立。原石久佚，世传宋拓装裱本只为前半，为剪裱本，册尾残损，后由清代何绍基所藏。该本正文共 25 开，另有跋一开半。正文 125 行，每半开 5 行，行 7 字。每半开纵 19.8 厘米，横 13.5 厘米。此本现为日本京都大谷大学所藏，内容记述隋代名僧信行禅师弘扬佛教的事迹。

信行(540—594)，又称三阶禅师，俗姓王，魏郡(今河南安阳)人，少蕴悲怀，慧悟奇拔。出家后博涉群经，洁身自爱，备受尊敬，后蒙隋文帝招请，住于长安。和先前大德解行不同，他以巡游远近塔影、周行礼拜为主，表达敬世礼俗、厌离世间的独特主张。后于相州(所治在今河南安阳)法藏寺舍小乘具足戒，专行菩萨乘，实践《法华经》中的"不轻菩萨"行。他发愿为众生亲服劳役，倡导 16 种"无尽藏"行，在下层贫困群众中产生广泛的影响。他根据时、处、机的不同将佛教划分为三阶，创立了三阶教。

因其教义简明，故当时信徒云集，然信行禅师卒后，三阶教多次受到打击，会昌法难之后逐渐湮灭无闻。

《信行禅师碑》书法有褚遂良《伊阙神龛碑》遗绪，清健娟秀，尤其是竖法的微曲轻勾，纯然是褚书的面目。虽未能摆脱褚书影响，笔的起落间多少流露出自己的风格特征，体现为用笔纤细，章法茂密，结体疏阔。这种以"瘦硬"著称的风格才是薛稷书法的意义所在，是继欧、虞、褚之后，对"唐法"进一步完善和丰富，它上承褚遂良，远追"二王"的笔法，下启柳公权、宋徽宗等人书法风格的形成。总体上较褚书更为瘦硬，向下又影响了唐末的柳公权和北宋徽宗瘦金体风格的形成。正如杜甫所言"书贵瘦硬方通神"，基于此也不失为唐代楷书的精品力作。

① 参考朱关田：《中国书法史·隋唐五代卷》，江苏教育出版社，2003 年，第 73 页。

十二、欧阳通：《道因法师碑》

《道因法师碑》，全称《大唐故翻经大德益州多宝寺道因法师碑文并序》。李俨撰，欧阳通书，常长寿、范素镌刻碑于陕西长安（今西安）彭门光化寺，金元时期移入西安碑林，保存至今。

《道因法师碑》（图 3-17），碑螭首龟趺，纵 317 厘米，横 103 厘米，正书。34 行，行 73 字。碑额正书“故大德因法师碑”7 字，额字小且横书，较为少见。该碑碑额及碑趺两侧所雕刻图案颇值一提，从形制到书写均体现了佛教的庄严与隆重。首先，碑额刻有释迦牟尼、观自在、火势至三尊佛像，两旁各雕有一龙及一飞天，与《集王羲之大唐三藏圣教序》碑额上所刻的七佛像，均可视为唐代浮雕极有特色的精品。该碑石两侧刻有精致的波状二方连续花纹图案。龟趺两旁刻有十多个卷发深目、异国装束的两组人物，线条流美、刻画生动，代表了当时线刻画的高超水平。

《道因法师碑》传世之宋拓本有数种，以台北故宫博物院藏王良常跋本、故宫博物院藏翁方纲跋本为最好，还有北京市文物局所藏王文治跋本、故宫博物院藏的米又庵残本。另外，还有一些通行本，如文物出版社珂罗版印宋拓本，故宫博物院珂罗版印宋拓本有正书局石印宋拓本、中华书局金属版印本等。

欧阳通，生年不详，卒于武则天天授二年（691）。字通师，初唐大书法家欧阳询第四子，人称“小欧阳”。祖籍潭州临湘（今湖南长沙），《新唐书》与《旧唐书》均有传。《旧唐书》列传第一百三十九载：“子通，少孤，母徐氏教其父书。每遗通钱，给云：‘质汝父书迹之直。’”一事，今人王家葵发现了此中疑窦，“初唐四大家”中欧阳询最长寿，享年八十有余，如果儿子“早孤”的话，得子的年龄太晚，综合各类文献考证认为欧阳通少孤之事实为《旧唐书》误将欧阳询幼孤一事移植到了儿子欧阳通身上，以致后世以讹传讹。[①] 据史料记载，欧阳通于仪凤年间升中书舍人，武周时封渤海县子。天授二年转为司礼卿判纳言事，辅佐政事，为宰相之一。是年，凤阁舍人张嘉福等请求武则天立武承嗣为皇太子，欧阳通和岑长倩坚决反对，得罪诸武，被酷吏来俊臣诬陷为反逆，而惨遭杀害，唐中宗神龙年间，才得以平反并恢复名誉。这件事可见其铮铮铁骨。

书法史上有不少父子齐名的佳话，“二王”后，有“大小欧阳”。欧阳通平

① 余智鸣：《书法史研究中的符号述真》，《中国书法·书学》2019 年第 9 期。

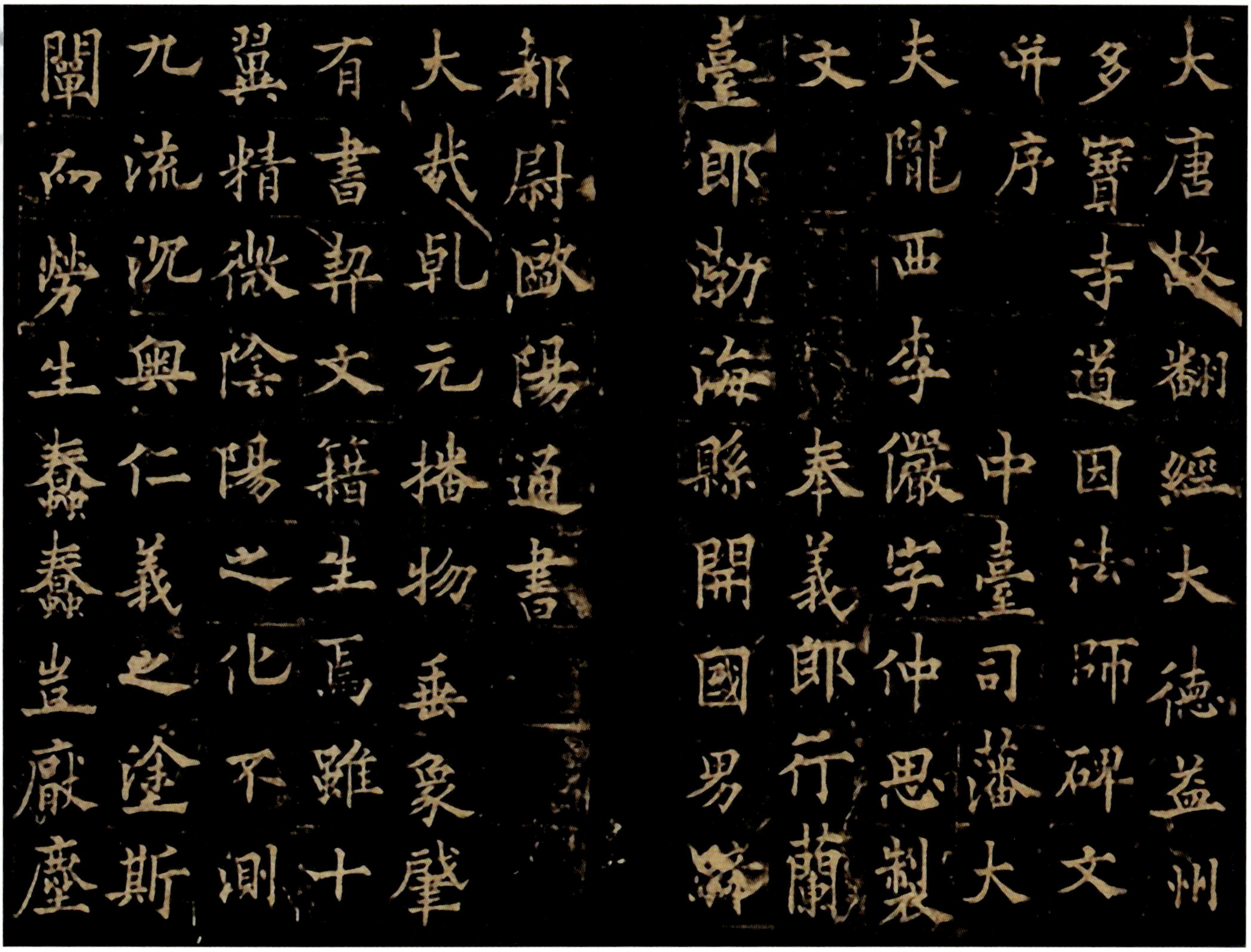

图 3–17 《道因法师碑》（局部），欧阳通，唐，碑刻，正书，34 行，行 73 字，整拓纵 317 厘米，横 103 厘米，原立于陕西西安光化寺，现藏于西安碑林博物馆

时也很看重自己的书法，不轻易为人写字，仅留下《道因法师碑》和《泉男生墓志铭》等少数几通碑志。

《道因法师碑》详尽地叙述了唐代译经大师道因法师刻苦好学、仁义为怀的一生。道因法师，俗姓侯，濮阳（今河南濮阳）人。《宋高僧传》卷二有其传。道因法师对于佛教的贡献在于译经，唐贞观年间，曾在长安（今西安）慈恩寺协助玄奘翻译佛经，故有“翻经大德”之誉。唐龙朔三年（663）十月，道因法师的弟子玄凝立此碑以纪念。该碑既对道因法师的译经功绩进行了总结，同时也弘扬了一代高僧深宏博大的文化精神。

道因法师碑作为一块为大德高僧所立的纪念碑，从形制、文辞到书写均体现佛教的庄重与严肃。从碑文书法上看，笔力遒劲，笔法险绝，严谨古奥，深得家法而且规矩森严，神态飘逸。通篇字体结构、笔画运用及风格酷似其父。但与其父又有明显的区别：运笔更为执拗，方笔更为明显，精神外露；结体更为谨严，险劲端方。笔力外显，隶意明显，锋颖外露，多有挑出之笔，劲挺爽快，不失痛快之感。同时，锋颖四出，不乏六朝醇古之气。

细观此碑，如果将此碑与欧阳询书碑放在一起，能明显地看出，小欧书法缺乏其父的清峻浑厚，似乎外露有余而含蓄不足。运笔上、笔画过硬，横、竖画直下起笔有过于尖露的特点，横画收笔及折处的重顿都有过分之处。尽管如此，欧阳通凭借书法依然表达出自己的个性，爽快袒露，干净利落，斩钉截铁。张怀瓘在《书断》称其（欧阳通）书“瘦怯于父”，自然和欧阳通用笔刻意相关，实质也是时代书风使然。何绍基有一段跋《道因法师碑》的精辟论述，他认为小欧书法如其父“意兼篆分”，饶有古意；用笔坚实、空简，凡字最后的横画，都呈“模之有棱”的隶法特征。[①] 总的来说，《道因法师碑》用笔坚劲、干脆；点画精到，横和捺画有明显隶意；结体多取横势，不似其父瘦长，且遒劲中不乏灵动，不愧为初唐时期楷书的典范之作。

十三、李北海：《麓山寺碑》

自唐初李世民《晋祠铭》《温泉铭》和《集王羲之大唐三藏圣教序》刊行之后，行书入碑，蔚然成风。李北海正是在这种文化背景下脱颖而出的最为杰出的代表。他的出现标志着行书入碑的最高成就，是大唐气象的代表，对后世产生了深远影响。很难想象，如果盛唐时期没有他和颜真卿，此后的书法将会如何发展。

李北海，字泰和，名邕。广陵江都（今江苏扬州市）人。唐仪凤三年（678）生，唐天宝六年（747）卒。他年少成名，后召为左拾遗，玄宗朝历任户部郎中、御史中丞、陈州刺史、北海太守等职，人称“李北海”，时人赞其“文章、书翰、公直、词辨、义烈、英迈为一时之杰”。李北海虽然是杰出的书法家，但其最受人赏识的还是其刚毅忠烈、疾恶如仇、骨鲠正直的豪迈性格，彪炳千秋的文章，以及几近传奇的人生经历。诚如李白诗曰：“君不见李北海，英雄豪气今安在？”也就是说，他的书法被后世广为赞叹，堪称唐代书坛上不折不扣的大手笔，但在当时多少有些“书以人重”的味道。五代时期，释亚栖、南唐后主李煜等人就将李邕与欧、虞、褚、薛、颜、柳、徐浩、张旭等并列，

① 楚默：《佛教书法史》，上海三联书店，2012年，第324—326页。

视为有唐一代大家。明代董其昌更将李北海与王羲之相提并论，称“右军如龙，北海如象”。

李北海资性超悟，才华横溢，生前虽不以书名世，但留下了大量的书法作品，《旧唐书·李邕传》中称他“早善才名，尤长碑颂……前后所制凡数百首”。其传世书迹有《麓山寺碑》《法华寺碑》《云麾将军李思训碑》《李秀碑》和《端州石室记》等48件。李北海经常被贬各地，“碑版照四裔”（杜甫诗），也在许多地方留下了佛教碑志。据统计，已发掘的关于佛教的碑刻达11通。这些碑文往往涉及寺庙沿革、高僧德行，以及与佛教相关的方方面面，其意义或比书法更重要，对于佛教文化与书法的传播、发展，起到了极其重要的推动作用。

李北海的书法个性明显，笔势左低右高，笔力遒劲、舒放，有险峭爽朗之感；也有承前启后的意义，即上承“二王”，下启五代和宋元。他提倡书法学习应创新，有“似我者俗，学我者死”的精辟论断。

《麓山寺碑》，又称《岳麓寺碑》（图3–18），李北海撰文并书，拓片纵270厘米，横135厘米，行书，28行，满行56字，共1413字，现存湖南长沙麓山寺内。碑为圆首，圆顶上饰有龙纹浮雕，额篆“麓山寺碑”4字。碑左、右下方皆有损缺。碑侧刻有宋代米芾正书阴刻题铭：元丰庚申元日同广惠道人来，襄阳米芾。此碑为唐开元十八年（730）李北海应潭州司马窦彦澄之邀而撰并书丹，时年53岁，笔法浑然老成，系前期代表之作。在书此碑之前，李北海还有一通关乎佛教的作品，即写于唐开元三年（715）的《少林寺戒坛铭》。仔细比勘这两件作品，能明显地看出其书法风格的演变。虽然《麓山寺碑》并非李北海的墨迹，但通过刀锋看笔锋，仍可判断其笔法特点。李北海用笔行、楷笔法交融相参，在点画起止、转折处多沉着，线条中段富有弹力和运动感，给人以节奏坚定、沉着、充满骨力与弹性之感。体态上敦厚宽博，富有几分天真拙朴之趣，加上笔势上向字的右上方仰侧，横向开张，共同构成其独特的风格特征。溯其源李北海取法“二王”，在用笔上全法“二王”，形体态势上掺和钟繇、北碑书法之长，故能在灵秀中充满峻拔之气，给人以痛快淋漓之感。

《麓山寺碑》的成功之处在于将草、行、楷三种书体糅合到一件作品之中，字字独立，却能做到笔断意连，通过字与字之间体态上大小、收放、奇正变化，建立对比而又相互依存、牵掣的联系，浑然一体，殊为难得。具体地可以从如下几点进行详细分析：其一，此碑以方笔居多，方圆兼用，运笔坚挺，行笔方角转折处，呈现翻笔之势，逆势斜出，方棱折锋外显。撇捺钩提顿挫回提，骨力尽显。特别是行笔至出钩处侧锋铺毫，捻管向外径直平出，出钩尖锐饱满，

图 3-18 《麓山寺碑》（局部），李北海撰并书，唐，碑刻，行书，28 行，行 56 字不等，拓片纵 270 厘米，横 135 厘米，湖南长沙麓山寺

地之德也川浮
而動岳鎮而安
故耆闍耶於安
定者已茲寺大

棱角分明。这种平钩笔法强化了结字的欹侧之势，故而雄强劲健；结构上能一改“二王”书法上紧下松、左收右放之规制，反其道而行之，使字的重心降低。这样，一字之中往往上部放浪逞豪，舒身高展；下部承力尽缩。其二，此碑大小参差，张弛捭阖，欹正相生。笔画虚实相生，实多虚少，笔笔送到。其行书在重心聚合的前提下，结体开张，笔画都呈现出向外扩张之势。其三，此碑横画常左抑右扬，然而看起来毫无侧翻之虞，稳固异常，别有拗峭之韵味。此外，笔画组合变化有度，力避平铺直叙之雷同，或宽绰敦厚，或峻拔凌厉，刚柔并蓄，笔力舒展，气格高深。其四，与“二王”字法偏重精巧，讲究细微处承接呼应相比，李北海书法在结体上更为宏观，不计较于点画细节，这样其书体势宏阔，气象巍峨，基调高亢古雅。字与字之间距离较大，不以游丝连扯，而取随势而生，章法布局有致，而又不失灵动，有如“华岳三峰，黄河一曲”。

李北海的书法成就体现了他在取法“二王”书法面基础上大胆而卓有见识的突破，对后世产生了深远影响。但也是这一点，让他在书史上也颇有微词，如宋代米芾评价其如乍富小民，举动强屈，理解生疏。这是米芾站在魏晋古法的立场上对他的苛责，而从书法历史发展角度来看，这正是李北海书法的意义所在。他打破了初唐以来学习“二王”书法所长期流行的典雅、秀丽的格局，完全符合当时对书法审美的要求。从这个意义上看，李北海对颜真卿更进一步地创立盛唐书法气象是有积极意义的。

十四、《兴福寺断碑》

唐代，继释怀仁完成《集王羲之大唐三藏圣教序》后，集王书法勒碑便成为一时之尚。唐开元九年（721）十月，僧人大雅开始集王羲之的行书，并在长安兴福寺（该寺已被毁）刻成《兴福寺碑》。北宋时期，该碑在修城的过程中被掩于土中，明万历年间才出土于西安城南的城壕中，因出土时仅存下半截，又称《半截碑》或《半截残碑》。此残碑拓片纵 80 厘米，横 104 厘米，存 35 行，残存每行 23、24、25 字不等，中空 3 行，仅余 700 多字，现存于西安碑林博物馆第二室。

《兴福寺断碑》（图 3-19）除书法精美之外，碑身精湛的浅浮雕艺术，也令人叹为观止。此碑身两侧图案结构以双波纹作干线，在波纹里外进行了独具匠心的安排。上部的百宝如意上伫立着欲振翅翱翔的凤和凰，中部各立着

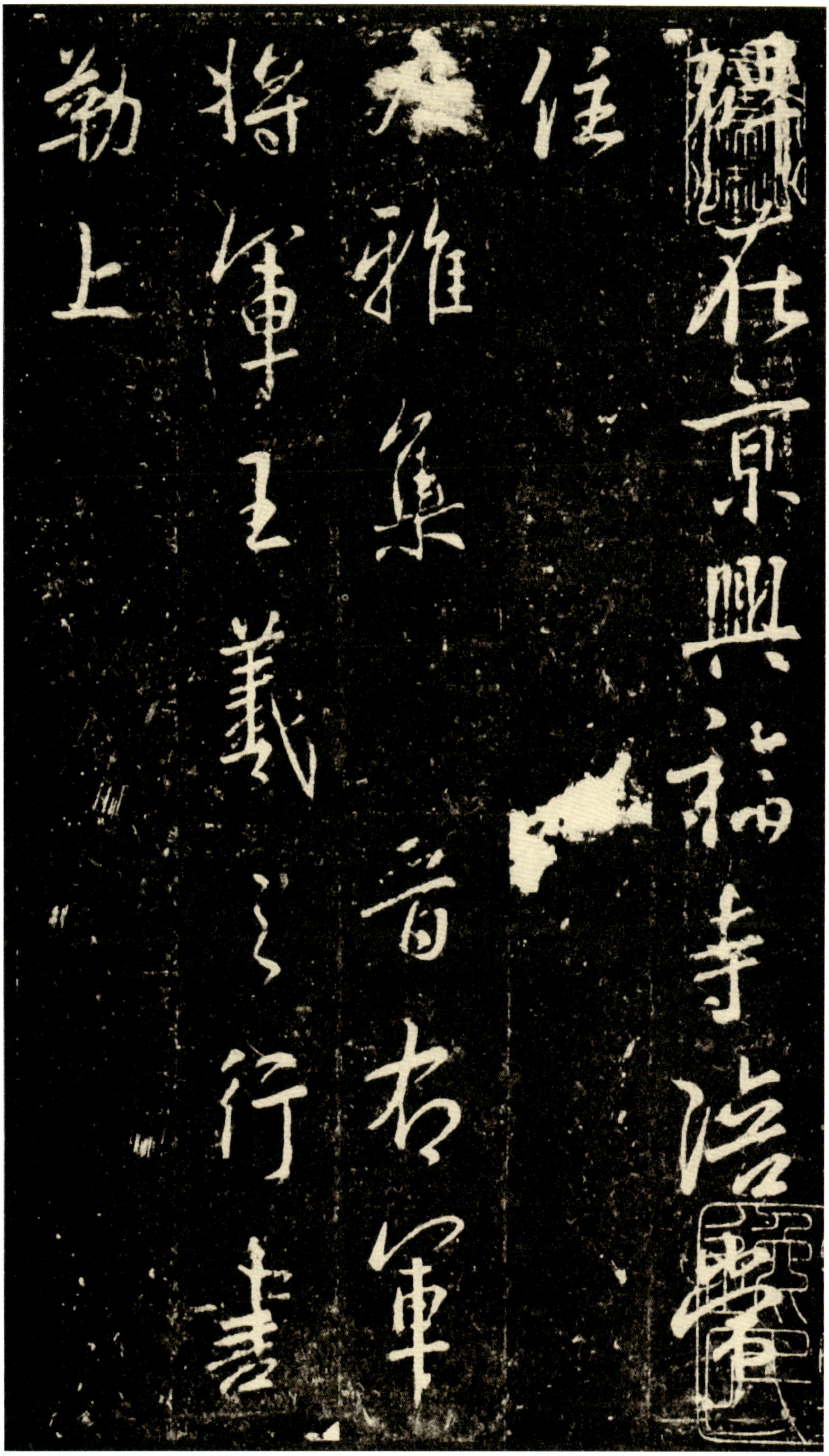

图 3-19 《兴福寺断碑》(局部)，僧大雅集，唐，碑刻，行书，残存 35 行，行字数不等，拓片纵 80 厘米，横 104 厘米，陕西西安城南城壕出土，现藏于西安碑林博物馆

两位甩着长袖翩翩起舞的美人，下部则有两位袖手卷腿、悠然自得的骑士，分别坐在狮子和老虎上。狮、虎的立足点正好是轻盈的莲花，狮子的后足直接落在波纹枝干的叶子上。这些技艺精湛的浮雕，极具想象力，有极高的审美价值。

《兴福寺断碑》，声名在集王羲之作品中仅次于《集王羲之大唐三藏圣教序》。此碑曾被误为《吴文碑》或《镇国大将军吴文碑》。清翁方纲对此曾做辩证，云："所云公讳文者，已失其姓。不知者因其上句'惟大将军矣'字上半行行书似'口'形，遂误为'吴文碑'顾宁人亦沿其误。"[①]清王澍《竹云题跋》中称："集右军书为碑者，自唐以来不可一二数……唯《吴文碑》风力遒劲，为不失右军手意，余者皆不足观。"[②]清杨宾谓："唐代集王书者有十八家，推《圣教》为第一，《兴福寺》仅次于《圣教》。此碑虽与《圣教》年代相差较远，但字行流畅，颇具古淡之趣"。[③]

《兴福寺断碑》虽只存半截，但弥足珍贵。笔法上与怀仁《集王羲之大唐三藏圣教序》较接近，笔画姿态一致，且更为圆劲流畅。点画利落、转折分明，极富变化。此碑书法在用笔风格上，兼有王羲之的内擫和王献之的外拓特征，精敛又华滋。结字方面以长方居多，似欹反正，略有左低右高之感。纵观通篇，笔笔呼应，字字连贯，无断续处，亦无呆滞之处，给人一种笔不离纸，腕不停运，通篇连贯之感，颇具秀美雄健之势，较为真实地反映了王羲之行草书特点。通过对《兴福寺断碑》和王羲之墨迹比较鉴别，能明显感受到大雅在集字过程中对王羲之书法的融会，为他所用，自成家法，呈现出圆转流畅，简约高古的风格。该碑体态宽博、端庄典雅，具有经典作品的重要特征。

《兴福寺断碑》自明清以来推崇者甚众，基本上都认可此碑为《集王羲之大唐三藏圣教序》以后集王字碑中第一。熊长云《唐兴福寺碑研究》一文，通过两碑满行字数、形制、尺寸等诸多方面均十分接近的情况，推断该碑形制上借鉴了《集王羲之大唐三藏圣教序》，反映出《集王羲之大唐三藏圣教序》在后世被不断经典化的过程，而这个过程不仅仅只是简单地效仿。

客观地讲，各种集王羲之书法作品的出现，如怀仁《集王羲之大唐三藏圣教序》和大雅《兴福寺断碑》，在集字刊刻过程中都经过了诸多处理，与较为可信的王羲之书法传本墨迹相比，仍存在一定距离。集王碑刻书法结体多唐人意

① 翁方纲：《复初斋文集》，光绪丁丑（1877）重校本，第 15 页。
② 崔尔平选编点校：《明清书论集（上）》，上海辞书出版社，2011 年，第 796 页。
③ 同上书，第 721 页。

趣，笔画有楷化、简化和规范化的特点。也就是讲，集字的缺点也是不言而喻的，当我们将这些集字作品和现存的唐摹王之尺牍比较时，整体协调感和气息都是不可同日而语的。因此，从内涵上讲，集字碑刻与真正意义上王羲之书法之间仍有十分明显的区别。这种区别带来两种潜在的可能：其一，可能提供一种学习“二王”书法的新思路；其二，可能使学习“二王”书法陷于僵化、肤浅的境地。如果说前者具有一定积极意义的话，后者则具有一些潜在的隐忧。这两方面的影响，盛唐及此后的碑志中，都找到明证。然而这种影响也并非全是负面的，某种意义上它又促进了王羲之行草书法的发展，向唐代及以后学习行书的人提供了新的思路和学习途径。

十五、宋儋：《道安禅师碑》

宋儋，字藏诸，生卒年不详，广平（今河北鸡泽）人，善属文，《全唐书》中有传，其中收录其文章数篇。唐开元十六年（728）因户部侍郎宇文融荐授秘书省校书郎。宋儋名位不高，而书名甚显，尤善楷隶行草，故在《法书要录》《书苑菁华》和《书史会要》等著作中均有记载，其书法对唐代开元末的科场书风产生过一定影响，举场中后辈多师之。窦臮在《述书赋》以宋儋、李璆并称，有“擅美中州”之誉，称其书“李师王而意浅，宋祖钟而体流”，并注云：“（宋氏）作钟体，而侧戾放纵，迹不副名。”[①] 吕总《续书评》称其楷、行，有“暮春花发，夏柳低枝”之喻。所见或非“侧戾放纵”者也。黄庭坚评价其书清劲姿媚，惜不多见。明陶宗仪《书史会要》称：“善楷隶行草，评其书者谓如寒鸦栖木，平沙走兔。小楷如断涧余花，花庭骤雨。垂心钟、卫，兼善欧阳。”[②] 后世有人甚至认为其书优于徐浩。宋儋在书史上多有记载，然传世作品非常罕见，传世书宋人辑录有三种，即《道安禅师碑》和《珪禅师碑》，以及被收入《淳化阁帖》中的《接拜帖》一纸，计 21 行。

道安禅师（584—708），俗姓李，荆州（今湖北荆州市）人，隋唐时期著名高僧，禅宗五祖弘忍大师弟子。道安品行高洁，经隋唐历八帝，入驻嵩山会善寺后讲经说法，研长寿之道数十载。女皇武则天巡幸嵩山时，惊奇于道安禅师 116 岁之寿，于是入会善寺拜为国师。

① 上海书画出版社编：《历代书法论文选》，上海书画出版社，1979 年，第 258 页。
② 陶宗仪：《书史会要》，上海书店出版社，1984 年，第 167 页。

图 3-20《道安禅师碑》(局部), 宋儋, 唐, 碑刻, 行书, 28 行, 行字数不等, 整拓纵 123 厘米, 横 108 厘米, 河南嵩山会善寺

《道安禅师碑》（图 3–20），全称《大唐嵩山会善寺故大德道安禅师碑》，宋儋撰文并书丹。行书，唐开元十五年（727）十月立，碑额篆书“唐嵩山故道安禅师碑”9字。拓片纵123厘米，横108厘米，凡28行，碑石现存嵩山会善寺。明万历年间不幸遭雷击，一分为二，下截文字已模糊不可辨识。中国国家图书馆现藏有该碑完整拓片。

唐代行书，多规摹王羲之，自怀仁《集王羲之大唐三藏圣教序》一出，天下景从。步其后尘，集王、学王者甚繁。而学王者，尤以李北海蔚为大宗，此外还有宋儋、段季展、林藻、郑云逵等，均是盛、中唐书坛不可缺少之人物。宋儋的《接拜帖》在宋代时被误辑入《淳化阁帖》，可见其书对魏晋书法的继承和发展。该帖取法钟繇，楷行相参，富于行书笔意，有些字有些笔画，如捺笔还残存隶意，不乏古拙之气，正如杨守敬《学书迩言》评“宋儋之《道安禅师碑》，体兼行楷，别出门庭，自是开元间体格，在各家后露头角，故自不凡。《淳化阁帖》收其一贴，杂于魏、晋人中，知王著之陋也”[①]，从另一个角度来看，也正说明宋儋书法水平在晚唐至宋期间还是被认可的。

《道安禅师碑》笔墨精劲，风神超逸，盖出同时行书诸家之上。就字体而言，此碑以行书写成，其用笔、结体均以“二王”为主线，用笔迅疾，点画劲健，从容自然。此碑有别于常见的学王行书，因其结字并非取势纵长，能明显地看出其受李北海行书的影响。此外，此碑常有欹侧险峻之结体，偏斜处悖于常人，奇宕流畅，其顿挫起伏奕奕动人，顾盼有姿，故唐代窦臮《述书赋》有“侧戾放纵”之叹。综合来看，宋儋在综合学王和李北海行书的基础上，试图独树一帜，找寻自己的行书审美范式，这种范式很显然在当时受到了极大推崇。但是，客观地讲，此碑虽不俗，然与时人李北海、徐浩等还是存在一定差距的。

十六、史惟则：《大智禅师碑》

史惟则，生卒年不详，广陵（今江苏扬州）人。名浩，字惟则，以字行。迄今为止，各种书史论著对其生卒年均未做论述，据陶宗仪《书史会要》称其主要活动于唐玄宗、肃宗两朝。根据其所写碑文中的官衔、职务，可知唐玄宗开元年间至唐代宗大历年间，他曾担任伊阙尉、集贤院待制兼校理、殿中侍御

① 崔尔平选编点校：《明清书论集（下）》，上海辞书出版社，2012年，第1253页。

史、集贤直学士等，人称“史侍御”。肃宗时曾奉使晋州推事，史惟则精研书法，擅长篆籀，特别在隶书方面十分著名，亦长于碑额篆题。其风格特点是发笔方广、字形峻美、进退有度、雁足印沙，从而成为开元年间的隶书名家，与韩择木、蔡有邻、李潮三人被宋人欧阳修并称为“唐隶四家”。

但是，历代书史论著对史惟则的书法评价褒贬不一，传世的书迹不多，有《大智禅师碑》《龙角山元元宫碑》《庆唐观金录斋颂》《李楷洛碑》和《大照禅师碑》等，其中以《大智禅师碑》最为著名，堪称代表作。宋赵明诚《金石录》评此碑：“老劲庄严，此书骨力参以和缓之致。”

《大智禅师碑》（图3–21），全称《大唐故大智禅师碑铭并序》，亦名《义福禅师碑》，是慈恩寺大智禅师义福所立之碑。大智禅师，即义福（638—736），俗姓姜，潞州铜鞮（今山西长治）人。《旧唐书》和《宋高僧传》中均有简略的记载：“初止蓝田化感寺，处方丈之室，凡二十余年，未尝出宇之外，后隶京城慈恩寺。开元十一年，从驾往东都，途经蒲、虢二州，刺史及官吏士女，皆赍幡花迎之，所在路途充塞。以二十年卒。有制赐号曰大智禅师，葬于伊阙之北，送葬者数万人。中书侍郎严挺之为制碑文。”[①] 严挺之碑文称他“持沙门清净律行始为邺卫之松柏矣”，“苦身励节，将投胜缘，则席不暇暖，愿依慈教”，固有“神秀禅门之杰”之名，著有《丛林清规》，传于世。

义福是中国佛教禅宗北宗的代表人物之一。禅学初肇于北朝，而禅宗作为一个独立的教派，最终形成于唐高宗、武则天之际，到肃宗、代宗时，便成为中国佛教中十分重要的教派，此后逐渐深入影响中国文化，成为传统文人生活中的重要思想内容之一。该碑唐开元二十四年（736）九月十八日刻，撰文者严挺之，是一位虔诚的佛教徒，系大智禅师义福与大照禅师普寂的俗世弟子，他以佛弟子的身份谦恭撰述。此碑系史惟则的隶书名作，并由其篆额，史子华施刻。碑为螭首龟趺，左右各雕有两条龙。碑身纵338厘米，横120厘米，厚37厘米。凡32行，行61字。碑额分三行书“大唐故大智禅师碑”。该碑碑阴刊刻时间比碑阳晚五年，即开元二十九年（741）刻“大智禅师碑阴记”，由阳成伯撰文，史惟则书，凡27行，行9字。碑末附宋淳化、宣和，金大定、贞祐，明弘治年

图3–21《大智禅师碑》（局部），史惟则，唐，碑刻，隶书，32行，行61字，碑纵338厘米，横120厘米，原立于陕西西安慈恩寺，现藏于西安碑林博物馆

① 刘昫：《旧唐书》卷一百九十一，中华书局，1975年，第25页。

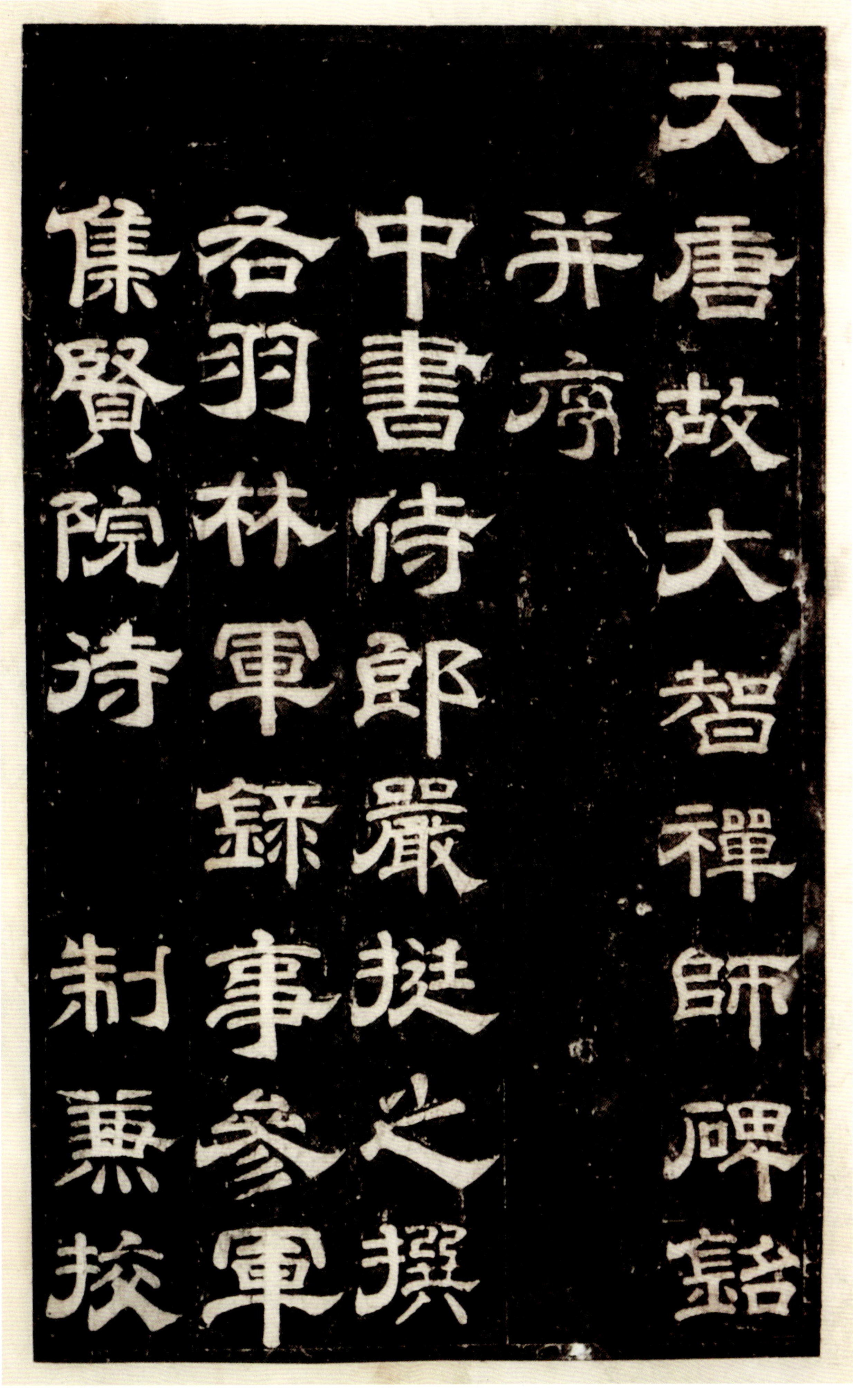

大唐故大智禪師碑銘
并序
中書侍郎嚴挺之撰
右羽林軍錄事參軍
集賢院待制兼挍

间题名。

明赵崡《石墨镌华》称："行笔绝似《太山铭》而缜密过之，知开元帝润泽所自耳。大智师，北宗之铮铮者，严挺之粗能其家言，俱可存也。史惟则分隶书，窦臮称其古今折中，大小应变，如因高而瞻远，俯川陆而必见。今观此碑，信是开元间分书第一手。"①

在唐代隶书碑志中，如果说梁升卿的《御史台精舍碑》还具有汉隶遗韵的话，史惟则这通《大智禅师碑》则属于典型的唐隶风格，不但如此，它还具有明显的盛唐隶书风貌，与唐玄宗的《石台孝经》一样，笔道粗肥、圆厚，体态雍容、华贵，同时又不失苍劲庄严，骨力遒劲，故清人孙承泽等推之为开元第一。唐人书法"尚法"的思想，在《大智禅师碑》中尤其明显，从用笔与结体上看，与唐玄宗的《纪泰山铭》和《石台孝经》等极其相似，是典型的唐代开元时期隶书风貌。隶书发展到唐代，程式化倾向特别明显，严谨有余而变化不足，与汉代隶书给人的浑厚、质朴、博大、雄壮的感受大相径庭。此时的隶书明显受到唐代楷书笔法和结体规范化的影响。正如万经《分隶偶存》所言："汉多拙朴，唐则日趋光润；汉多错落，唐则专取整齐；汉多简便如真书，唐则偏增笔画为变化。神情气韵之间，迥不相同耳。"②

但是，《大智禅师碑》仍有可圈可点的地方。该碑笔画圆润丰腴，虽时有顿挫，但进退有度，从容不迫，落落大方，表现出史惟则书法苍劲庄严、骨力雄强之势，笔法结构均有可供后世隶书借鉴之处。

十七、苏灵芝：《无垢净光宝塔颂》

苏灵芝（713—755年前后），陕西武功人。唐玄宗天宝中（约750年）任易州（今河北易县）录事参军。天宝末年（756），史思明降唐后，被招置其幕下，为幽州经略军胄曹参军，尔后归隐。民国《易县志稿·宦绩》载："苏灵芝，武功人，以文学举，玄宗时授登仕郎行易州录事，善书法。"其书法融"二王"、虞（世南）及诸家于一体，圆转流美，与徐浩齐名，一生写碑颇多，有行书圣手、唐代写碑手之称。苏灵芝书法笔力遒劲端庄，后人将其与李北海、颜

---

① 王昶：《金石萃编》卷八十一，扫叶山房本，转引楚默：《佛教书法史》，上海三联书店，2012年，第417页。
② 崔尔平选编点校：《明清书论集》，上海辞书出版社，2011年，第478页。

真卿并称，评其“视北海（李邕）则加庄，视太师（颜真卿）又多隽”。后世著录记载苏灵芝佛教书迹有三件：《实谛寺碑》（《金石录》著录）、《达磨碑》（《宣和书谱》著录）、《无垢净光宝塔颂》（《金石萃编》著录）。

《无垢净光宝塔颂》（图 3–22），全称为《御史大夫史思明奉为大唐光天大圣文武孝感皇帝敬无垢净光宝塔颂》，张不矜撰，苏灵芝书，刻于唐至德二年（757）十一月十五日，碑纵 120 厘米，横 73 厘米，凡 22 行，行 37—42 字不等。原嵌在悯忠寺（今北京法源寺）塔的东墙壁上，现移置台内。据顾炎武《金石文字记》：“燕京城东壁有大寺一区，名曰悯忠。唐太宗征高丽回，念忠诚义士没于王事者，建此寺为之荐福。东、西有两砖塔，高可十丈，是安禄山、史思明所建。”[①] 而东、西两塔中，东塔为安禄山所建，西塔为史思明所建，两塔塔铭均为苏灵芝所书，有完整拓片藏于北京石刻博物馆。据王巽文、徐自强、冀亚平《法源寺贞石志》可知，历代书籍如《帝京景物略》《墨林快事》《春明梦余录》和《曝书亭金石文字跋尾》等均录有此碑。

中国古代多数时候以右为尊，石碑书写惯例都是从右至左，而此碑则从左至右，比较少见。佛门寺塔碑铭的放置，乃至碑文的书写也都体现出这种关系。如《雁塔圣教序》中，东龛内为唐太宗所撰的《大唐三藏圣教序》，书写行次从右排向左；西龛内为唐高宗任太子时所制与敕答的《述三藏圣记》，书写行次从左排向右，形成对称，尊卑十分明了。《无垢净光宝塔颂》应该也是这种关系的体现，今人楚默认为史思明的地位，比安禄山自然要低，故有安禄山所建之塔在东，史思明建塔在西，进而推测安禄山的碑记应是从右往左书写。

《无垢净光宝塔颂》字距较小，每行字数不一、密度不等、大小不一，而字势绵密，毫无拥挤之感，书写流畅，节奏明显，一派自然生机。此外，整个碑文以行书为主，杂以行楷书，甚至草书镌刻精良，锋颖毕露，显露出圆润劲健的点画特点。整体上看，此碑圆稳、劲健的风格与精致娴熟的笔法特征，与写经生书迹有几分相似。宋人欧阳修也曾评价其书为写经生之书。康有为评论唐代书法说：“唐世书风凡三变。唐初欧、虞、褚、薛、王、陆并辔叠轨，皆尚爽健。开元御宇，天下平乐，明皇极丰肥，故李北海，颜平原，苏灵芝辈，并趋时主之好，皆宗肥厚。元和后，沈传师，柳公权出，矫肥厚之病，专尚清劲，然骨存肉削，天下病矣。”[②] 苏灵芝书风无疑受到了时代书风的影响，《无垢净光宝塔颂》可为佐证，此碑直观地反映出安史之乱这一使盛世唐朝转衰的历史事

① 卢辅圣主编：《中国书画全书》第 14 册，上海书画出版社，1994 年，第 377 页。
② 康有为：《广艺舟双楫注》，崔尔平校注，上海书画出版社，2006 年，第 56 页。

图 3-22《无垢净光宝塔颂》，苏灵芝，唐，碑刻，正书，22行，行字数不等，碑纵120厘米，横73厘米，北京法源寺，北京石刻博物馆存完整拓片

件对书法艺术审美产生的潜在影响。苏灵芝书法不似颜鲁公肥厚，也不同于柳公权瘦劲，力出新意，将动静、方圆、粗细、形神对比兼容协调，具有别具一格的寓行于楷的风格意义，为宋元以后书家提供了积极的借鉴意义。北宋时期，朱长文、黄庭坚等均给予了高度评价，北宋宫廷所藏书法作品目录《宣和书谱》对其书法也有记载，可见一斑。

《无垢净光宝塔颂》整体上体现出盛唐遗韵，字体渐趋瘦劲，结构内擫外拓，行笔果断干练，这是苏灵芝署年最晚的存世作品，此后他归隐山林，不知所终。唐代以前均以篆书、隶书、楷书入碑，自唐太宗以行书勒碑始，李北海、苏灵芝等人有开行楷书入碑先河，在书法史上具有非常积极的意义。

十八：李阳冰：《般若台铭》

李阳冰，字少温，关于其身世，《新唐书》与《旧唐书》均无传，其他史料也无准确记载，诸多论述均出自书法理论著作，亦语焉不详，自相矛盾处颇多。朱关田认为其祖籍赵郡（今河北赵县），徙居云阳（今陕西泾阳），遂为京兆（今陕西西安）人。约生于唐开元九年至十年（721—722）间，卒于贞元初年。历任国子监丞、集贤院学士、将作少监等，世称“李少监”。早年以词学登科，是古文运动初倡者萧颖士的弟子，文章简洁雅健，有“一代大作手”之称。上元二年（761）秋冬之际，李白自金陵来拜谒正在当涂任上的李阳冰，以叔事之，且临终呈稿，请求编次、作序，遂有《草堂集序》。李阳冰善辞章，工书法，尤精小篆。

自魏晋至初唐，书家所写字体，以正、行、草为大宗，隶书很少，篆学几成绝唱，偶有碑额、志盖，罕有可观者。李阳冰曾感叹称：“天之未丧斯文也，故小子得篆籀之宗旨。”贞观年间，《石经》《说文》和《字林》渐入书科学习范畴，善篆者亦不乏其人，但真正将唐代篆书推向高峰的是李阳冰。他曾刊定东汉许慎所著《说文解字》为20卷，对原书的篆法及解说都大加改动。此后，许慎原本渐渐消失，李氏刊本则逐渐盛行。直至宋代初年，徐铉奉诏校订《说文解字》，对原书内容进行了整理，才大致恢复许著原貌。

李阳冰在唐代以篆学名世，精于小篆，圆淳瘦劲，为秦篆一大变革。他的篆书，最初以李斯《峄山碑》为基，“运笔如蚕吐丝，骨力如绵裹铁”。继承“玉筯篆”的笔法，然在体势上则有所改变。线条上变平整为婉曲流动，显

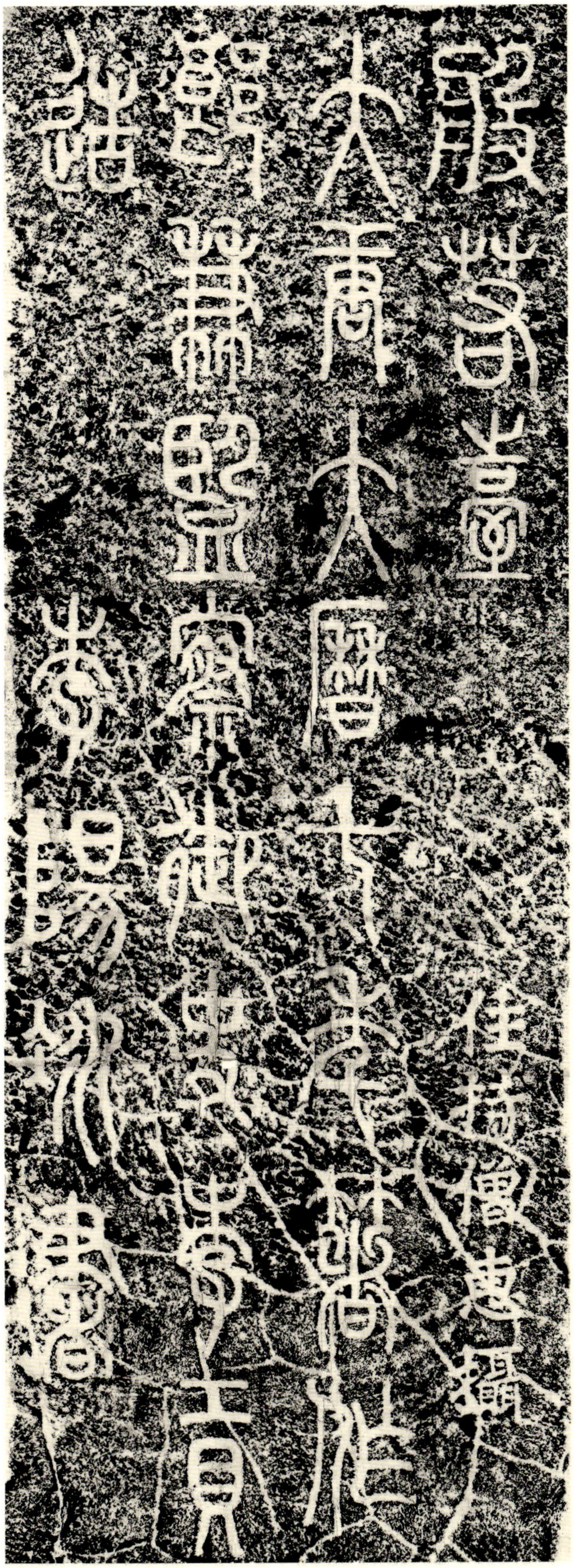

得婀娜多姿，被誉为“唐三百年，以篆称者，唯公独步”。也就是说，自秦汉而后，李阳冰为篆书第一手，正如其自诩：“斯翁之后，直至小生，曹喜、蔡邕不足也。”

李阳冰所书的碑志很多，宋代欧阳修《集古录》、赵明诚《金石录》等诸书对此均有辑录。元明以后，多亡佚，虽有重立，但几经传刻，已失去本来面目，且盛名之下，颇多伪托，鱼龙相杂，真伪难辨。存世碑板中，著名的有位于浙江缙云县的《城隍庙记》、存于西安碑林博物馆的《三坟记》、存于芜湖第十二中学的《谦卦碑》和福建会城乌石山的《般若台铭》，等等。

《般若台铭》（图 3–23），是李阳冰留下的摩崖刻石，在福建会城（今福州市）乌石山，篆书，每字纵 40 厘米，横近 20 厘米，4 行，共 24 字，即“般若台大唐大历七年著作郎兼监察御史李贡造李阳冰书”。“般若台”3 个字之下，刻有“住持僧惠摄”5 个楷书小字。般若台为一巨大岩石，据传古有沙门持般若经于此，日不释手，因是得名。李贡就此造台，并把李阳冰的题篆镌刻在岩上。可惜的是，该题铭 20 世纪 70 年代被毁坏。现乌石山清冷台仅能见到据拓片刻写的复制品。

图 3–23 《般若台铭》（剪裱本，局部），李阳冰，唐，摩崖，篆书，4 行，共 24 字，整拓纵 305 厘米，横 99 厘米，福建福州乌石山

李阳冰篆书，被称为“铁线描”。清代王澍也是这一类篆书高手，他这样评价：“阳冰篆法直接斯、喜，以其圆且劲也。笔不折不圆，神不清不劲。能圆能劲，而出之虚和，不使脉兴血作，然后能离方遁圆，各尽变化。一用智巧，以我意消息之，即安排有迹而字如算子矣。”[①] 这段话可视为对李阳冰篆书风格特征的注脚。概括起来就是，李阳冰篆书纯用中锋，线条圆而细，骨力内敛，有如绵里裹针；结体上一改秦篆上紧下松的结构特征，雍容有度，呈整体停匀之态；章法上错落有致、疏朗得当，极尽变化。客观地说，李阳冰篆书在秦汉篆书风格基础上进行了革新，更趋于均衡圆滑。其结构更趋于平正对称，线条细劲流畅，圆弧增大，从而强化了流动感。对此唐代舒元舆在《玉箸篆志》中给予了很高评价：“其格峻，其力猛、其功备，光大于秦斯有辈矣。”

《般若台铭》为摩崖大字，如李阳冰《三坟记》和《栖先茔记》等其他篆书作品一样，以玉筋笔法出之，笔画从头至尾粗细一致，线条遒劲平整，婉曲翩然。结体上较秦篆重心明显下移，笔画在排布上趋于合理化，给人一种稳定感，呈苍劲、雄浑之态。章法上较秦篆多了几分鲜活的气息，安排更为疏朗，线条向上下两个方向舒展，同时兼顾左右，故通篇雍容茂密且字与字之间姿态各异、顾盼生情，有如流云舒卷自如，充满生机与活力。

统观李阳冰篆书，非独见其线条的遒劲翩然，字里行间亦洋溢着一股纯真清雅的气息，似山间明月、江上清风。这不仅是笔墨功力深厚的体现，也是其人品气质高雅和学养深厚的体现，无怪乎时人如颜真卿等亦多请他篆额，以庄其容，壮其势。篆书自汉以降逐渐衰落，水平急剧下滑，基本法理难以保持，李阳冰在篆书日趋式微之际突涌而出，从“未有点画”的前人遗迹中摸索出篆籀古法，创造出有异于秦篆的唐代篆书模式，挑起唐代篆书的承继、发展的大旗，承上启下，意义深远。

十九、颜真卿：《多宝塔碑》与《八关斋会报德记》

颜真卿是继王羲之后中国古代最为重要的书法家，这个结论在学术界不容置疑，他既是唐尚法的代表人物，同时又能不拘成法，高标开创了唐代书法的新境界，是盛唐书法气象的代表人物之一。宋代文坛领袖苏轼曾将颜真卿的书

① 崔尔平选编点校：《明清书论集》，上海辞书出版社，2011年，第765页。

法和杜甫的诗、韩愈的文、吴道子的画并称，尊为卓然独立的集大成者。他的书法博采众家之长，一改初唐以来书法总是在王羲之阴影之下，仅对王书的某些侧面加以发挥，风格上瘦硬、秀整、峭拔，创立了用笔粗重厚朴、结体平正宽博，丰满而不失雄浑，端庄却又不呆板的“颜体”。

颜真卿（709—785），字清臣，祖籍琅琊临沂（今山东临沂），历玄宗、肃宗、代宗、德宗四朝。曾为平原太守，人称“颜平原”。平定安史之乱有功，历任吏部尚书、太子太师，封鲁郡开国公，故又世称颜鲁公。颜真卿出身历代儒雅传家、擅长书法、精通文字训诂的名门望族，其先祖颜腾之、颜协皆以书名，至五祖颜之推视书法为杂艺，著有《颜氏家训》，其中对书法一项有专门要求：书艺不需过精，慎勿以书自命。颜真卿自述其曾祖颜勤礼擅长篆籀，祖父昭甫精篆籀、草隶，其父亦书名。

颜真卿的书法具有篆籀气，常常掺有篆书结体，且善写大字，题署碑板，这些与其家学渊源不无关系。除此之外，“颜体”与写经书法有着相当密切的联系。早期的《多宝塔碑》，有明显的初唐楷书模式，与自南北朝以来民间流行甚广的写经体书法非常接近，有学者甚至认为汶上水牛山的《文殊般若经》为颜体中刚健雄浑的书风来源。

颜真卿生活在佞佛、崇佛时期，和许多同时期的文人书家一样，他写下了大量与佛教有关的作品。除《多宝塔碑》（图 3–24）外，还有《天下放生池碑》《东林寺题名》《西林寺题名》《兴唐寺玄侃法师碑》《抚州宝应寺律藏院戒坛记》《慈恩寺常住庄地碑》《开元寺僧碑》《八关斋会报德记》《文殊师利菩萨碑》《杼山妙喜寺碑》《题永兴寺额》和《谒金天王祠题记》等。

《多宝塔碑》，全称《大唐西京千福寺多宝佛塔感应碑文》，唐天宝十一年（752）四月廿日立。楷书，纵 285 厘米，横 102 厘米，凡 34 行，行 66 字。原碑在唐长安安定坊千福寺（今西安市西关）内，宋时移入西安碑林，现藏于西安碑林博物馆第二室。该碑由岑勋撰文，徐浩隶书题额，颜真卿书碑，史华刊石。碑额分两行题“大唐多宝塔感应碑”，共 8 字。碑原有界格，后磨灭不存。此碑记述了与佛教相关的感应故事：一是楚金禅师母亲夜梦诸佛，觉而有娠；二是楚金禅师出家后在龙兴寺“静夜持诵，至多宝塔品，身心泊然，如入禅定，忽见宝塔，宛在目前”；三是“时千福有怀忍禅师，忽于中夜，见有一水发源龙兴，流注千福，清澄泛滟，中有方舟；又见宝塔自空而下，久之乃灭，即今建塔处也”。

《多宝塔碑》是唐代玄宗朝时期佛教文化兴盛的一个生动例子，文中所叙之

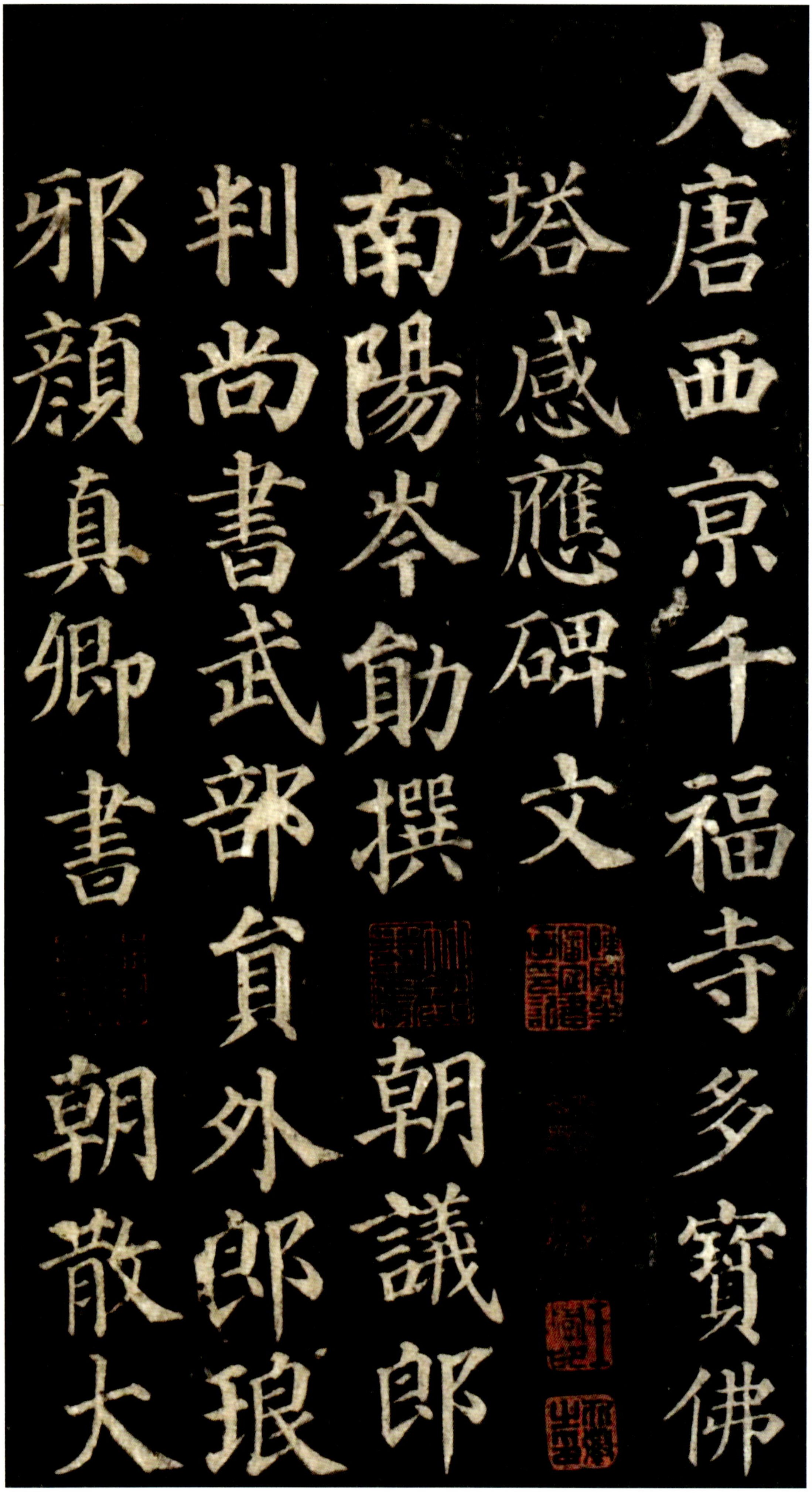

图 3–24《多宝塔碑》(局部)，颜真卿，唐，碑刻，正书，4行，行66字，整拓纵285厘米，横102厘米，原立于陕西西安千福寺，现藏于西安碑林博物馆

事都与楚金禅师有关。此碑刊刻完后不久楚金禅师便去世了，不但得到玄宗的题额、肃宗赐幡，而且敕谥“大圆禅师”。

此碑为颜真卿44岁时所书，书写时恭谨诚恳，直接“二王”、欧、虞、褚余绪，同时与唐人写经有明显的相似之处，代表其早期书法的特点。颜真卿在向前辈书法家学习的同时，也非常注重从民间书法中汲取营养。《多宝塔碑》虽是颜真卿早期作品，但仍显示出“颜体”范式。首先，用笔沉稳、饱满、骨力雄强，已具有“颜筋”的基本特征，通过点画而沉重有力，刚劲厚重。通常表现为横画细劲刚硬，竖画重拙雄健，用笔方折腴润、筋骨内含。其次，结体开张饱满，布势停匀，四周撑满，张力尽显，端庄而不呆板，方整而不细瘦，具有磅礴的气势。此外，严整中见润泽，圆笔精湛，点画筋健肉丰，折钗股、屋漏痕兼而有之。看似通俗，实则灵活，别具姿态。

总体来看，《多宝塔碑》与其晚年所书的《颜家庙碑》《麻姑仙坛记》《大唐中兴颂》和《八关斋会报德记》等风格上存在极大的差异。该碑虽没有他晚年书法的篆籀古拙气概，但作为“颜体”的形式语言已基本形成，整篇结构严密，点画圆整，端庄秀丽，一撇一捺显得静中有动，似有飘然欲仙之感。

《多宝塔碑》的碑阴镌刻着《楚金禅师碑》，该碑内容由释飞锡撰，吴通微书丹，宋液施刻，镌刻时间为贞元二十一年（805）七月二十五日，此碑以行书入碑，字距宽疏，大小错落，点画能顾盼生姿，亦别有一番清趣。今人楚默在《佛教书法史》中对该碑有详细论述。此外，另有一通镌刻于开元二十九年（741）四月十八日的《多宝塔铭》，亦藏于西安碑林，近似颜体，惜无书丹人姓名。

《八关斋会报德记》（图3-25），又称《八关斋功德记》，全称《有唐宋州官吏八关斋会报德记》。唐大历七年（772）刻在八棱石幢上。唐武宗时灭佛，毁其五面。唐会昌年间，武宗李炎下诏清除佛寺，由于石幢巨大，便将碑文錾凿数处，就地埋于土中。唐大中五年（851），宋州刺史崔倬找到残碑，并根据前刺史唐氏之家模石本，将缺字补齐，重新立起。明嘉靖年间加盖碑亭。全国抗战时期日军试图盗取此碑，在当地军民的努力下将其保住。可惜“文化大革命”时亭碑俱毁，石幢被砸为三段，上段主体部分现存于商丘博物馆，其余去向不明。此碑屡遭劫难，拓本也有不同版本。清代拓本已弥足珍贵，早期的更是少见。现在能见到的多为修复后本所拓，与原迹有所不同。

“八关斋”，即佛教信徒在家一昼夜中所受的八种斋戒法，起源于南北朝孝武帝孝建时期。指的是斋日奉行八戒，即五戒加三。据《资治通鉴·齐武帝永

图 3-25 《八关斋会报德记》(局部)，颜真卿，唐，碑刻，正书，整拓纵 300 厘米，横 51 厘米，行字数不等，共 983 字，河南商丘开元寺出土，现藏于商丘博物馆

明元年》载："会上于华林园设八关斋。"胡三省注曰："释氏之戒，一不杀生；二不偷盗；三不邪淫；四不妄语；五不饮酒食肉；六不着花鬘璎珞、香油涂身、歌舞倡伎，故往观听；七不得坐高广大床；八不得过斋后吃食。以上八戒，故为八关。""杂录名亦云八戒者，俗众所受一日一夜戒也，谓八戒一斋通为八关斋。"[1]

唐大历七年（772）四月，曾在安史之乱中两次解宋州（今河南商丘）之围的田神功"忽婴热疾，沈顿累旬"，一个多月才得以痊愈。免受战争之苦的人民便向官府建议举行八关斋会，为田神功祈福以报其恩德。此举得到了刺史徐向的认可，随即出俸钱三十万，于农历五月初八设八关斋会，邀请1000名僧人前往诵经念佛。随后，又分州县的文官、武官、地方士绅分别设会。一时间，佛饭香供摆满郊野，经声佛事昼夜不息，善男信女八方云集。为了铭记这场盛大的活动，时年64岁的颜真卿应邀而来，满怀激情地写下《有唐宋州官吏八关斋会报德记》，歌颂了田神功的种种功绩，同时也描述了这次八关斋会的盛况。全文共计983字，后来刊刻在纵300厘米，横51厘米的八棱石幢上，立于睢阳城（今河南商丘市）开元寺内。此碑字大如拳，是颜真卿晚年所书，笔法老辣气象森严乃得意时笔也。

颜真卿成熟时期的楷书一反初唐书风，用笔饶有古意，这种古意即篆籀气。化瘦硬为丰腴雄浑，结体宽博而气势恢宏，骨力遒劲而气概凛然。具体体现在书写作品时撑满字格，布势停匀饱满。但清代梁巘《承晋斋积闻录》评

① 顾炎武：《金石文字记》卷四，《文渊阁四库全书》卷三三八，台湾商务印书馆，1986年，第777页。

颜书“结体喜展促，务齐整，有失古意，终非正格”[①]，北宋米芾更是斥其为“丑怪恶札之祖”。

历来文人对《八关斋会报德记》的评价很高。明代王世贞评此碑格调不在《东方朔画赞碑》和《颜家庙碑》之下，与王同时代的盛时泰《苍润轩碑跋》则说：“此书颜碑者最为奇伟，盖以其气象森然而不能不窘束故尔。”《八关斋会报德记》皇皇巨制，为颜真卿64岁时所书，这段时期其楷书风格臻于成熟，已有《麻姑仙坛记》和《大唐中兴颂》等名作传世。《八关斋会报德记》与其他颜书大异，董其昌在临习此碑时对其中的篆籀之气亦感受深刻。相对而言，此碑比《麻姑仙坛记》更为自在，没有颜书后期的规律化特点，笔法上似散实凝，消散苍茫中多精到森严，颇有古风又不失雍容之气度，点画凝重、朴拙、遒劲；结体于宽博庄重中不失灵活生动之姿，是为颜真卿晚年最为精彩的作品之一。

颜真卿晚年的书法直起直落，峻劲纯朴，代表了盛唐时期蓬勃壮观的气度与华美，充满浩气。他改变了书法独尊“二王”的格局，开创了一个新的时代。

二十、徐浩：《不空和尚碑》

《不空和尚碑》（图3–26），又称《广智三藏和尚碑》，全称《唐大兴善寺故大德大辩正广智三藏和尚碑铭并序》，严郢撰文，徐浩书。该碑规制为螭首龟趺，碑纵305厘米，横99厘米，碑身上厚28厘米，下厚33厘米。24行，行48字。唐建中二年（781）十月十五日立于长安密宗祖庭——大兴善寺内（今西安城南）。宋元祐五年（1090）移入西安碑林，现存西安碑林博物馆第二室。明嘉靖三十四年（1555）关中地震，碑身中断，右上又斜裂一角，传世墨本以“闍”字未损者为明拓。碑文记载印度高僧不空三藏法师来唐王朝宣讲密教、翻译佛经的业绩，故一直被世人所重视。

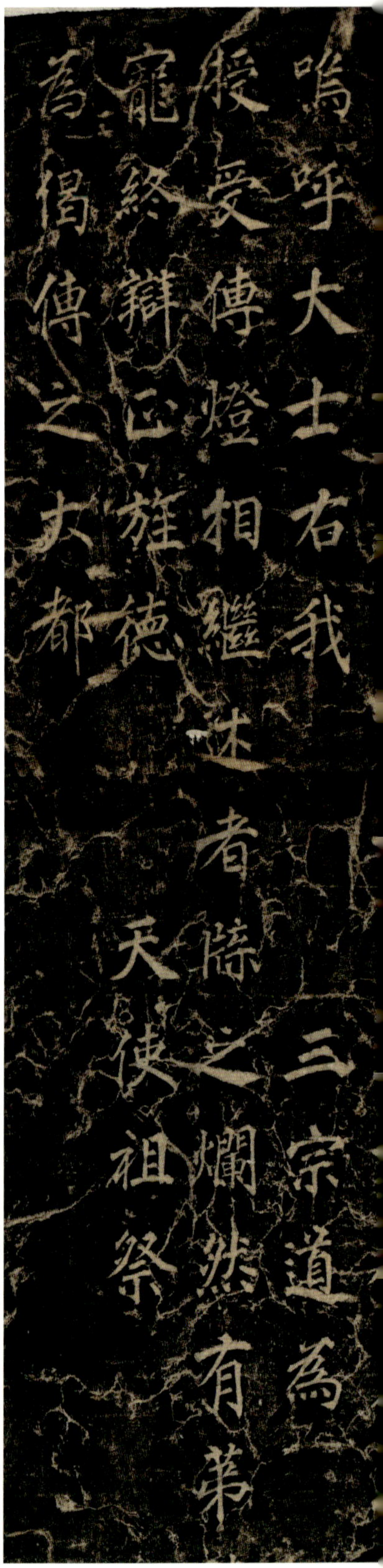

① 崔尔平选编点校：《明清书论集》，上海辞书出版社，2011年，第904页。

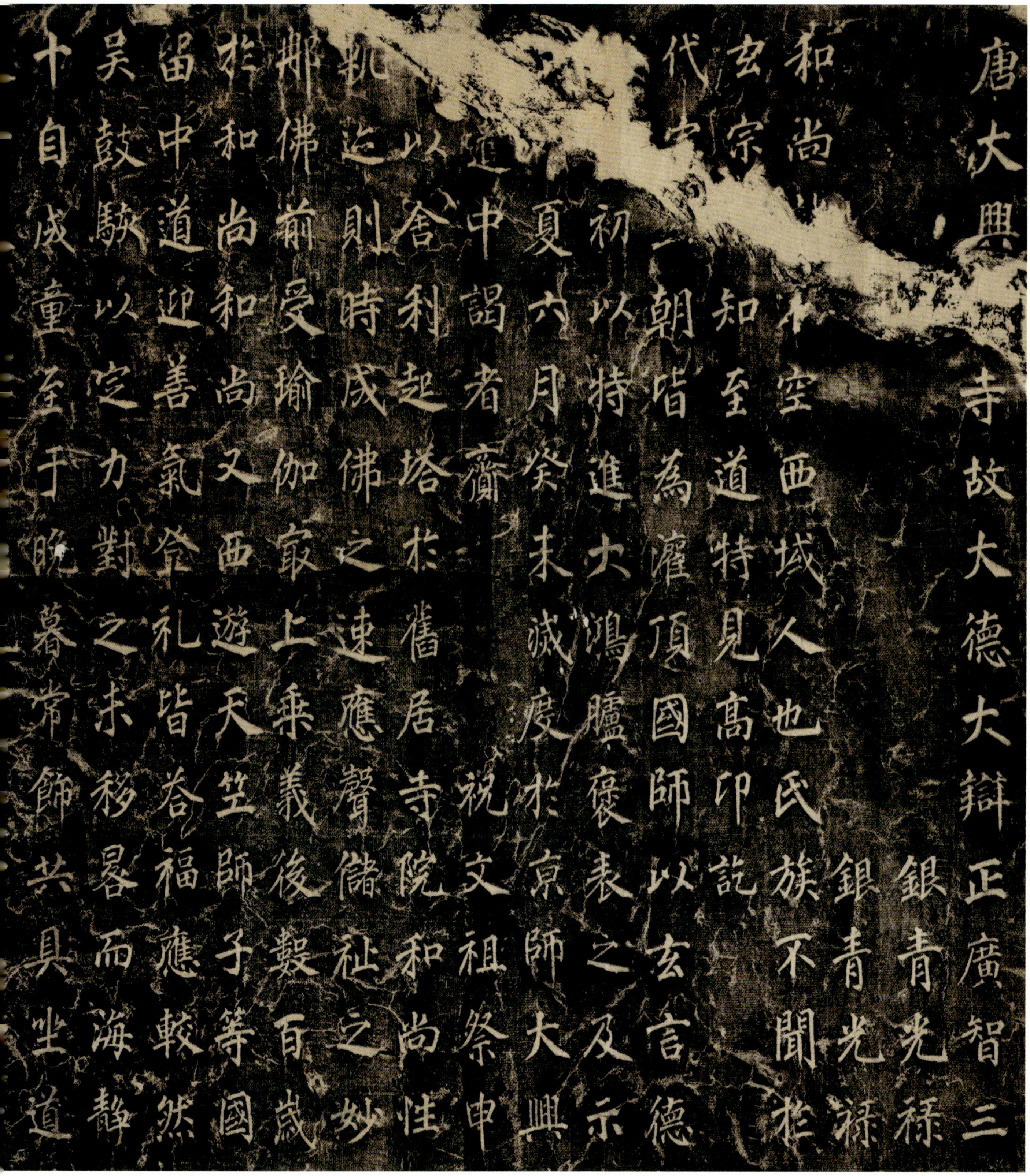

图 3-26 《不空和尚碑》（局部），徐浩，唐，碑刻，行书，24 行，行字数不等，整拓纵 305 厘米，横 99 厘米，原立于陕西西安兴善寺，现藏于西安碑林博物馆

徐浩（703—782），字季海，越州（今浙江绍兴市）人。据《旧唐书》载：少举明经，工草隶，以文学为张说所器重，肃宗时，拜为中书舍人。四方诏令，多由徐浩所书。[①]后进国子祭酒，历任工部侍郎、吏部侍郎、集贤殿学士，封会稽郡公。徐浩擅长八分、行、草书，尤精于楷书。可以说，徐浩是中唐时期最为重要的馆阁书家。他的书法得到父亲徐峤的传授，风格圆劲肥厚，自成一家。中唐时期正处在崇佛、佞佛的高峰时期，佛教文化不仅仅是帝王文化政策的重要组成部分，也是文人广泛参与的内容。此时的书家几乎都留下了数量可观的佛教题材书法作品。据朱关田先生《徐浩书迹考略》一文，徐浩著录书迹约 49 件，其中约三成关乎佛教，除《不空和尚碑》外，还有《嵩阳观记颂德感应颂》和《朱巨川告身》等。

徐浩的书法，历代褒贬不一。《新唐书·徐浩传》云："始浩父峤之善书，以法授浩，益工。尝书四十二幅屏，八体皆备，草隶尤工。世状其法曰：'怒猊抉石，渴骥奔泉。'"[②]清周星莲《星池编》认为："唐之工书者多，求其三叶嗣名者，惟徐氏云。"但对他的字表示不满的也大有人在，其主要原因是后世认为徐浩的书法过于精熟，缺乏意趣。张宗祥《书学源流论》称："季海学王而己意太多，其佳处在能放胆落笔，其失在胸襟狭陋，赵子固箴之曰'俗'，此为确论。"[③]宋代米芾甚至给出了"《董孝子》和《不空》皆晚年恶札"的评价。

不空（705—774），又称不空金刚，是中唐时期重要的密宗大师，与善无畏、金刚智并称"开元三大士"。开元十二年（724）在洛阳广福寺受比丘戒，此后学习汉、梵经论，并随金刚智译经，荣任玄宗、肃宗、代宗三朝国师。天宝五载（746）归长安，住净影寺译经，共 55 部 120 余卷，为佛经翻译做出了重要的贡献，对于研究佛教密宗传播，中日、中印文化交流史都具有重要的价值。

《不空和尚碑》，书于徐浩去世前一年，时年他已 79 岁，可谓其晚年的得意之作。此碑用笔沉劲圆熟，雄健爽利，点画沉着、厚重，结字稳健，骨力洞达，略有拙味。历代对这件碑刻评价很高，但也有人有不同的看法，如明赵崡《石墨镌华》说："今观《不空和尚碑》，虽结法老劲，而微少清逸。"李后主说："徐浩得右军之肉而失于俗。"清梁巘《评书帖》："徐浩书，收转处倔强拗折，故昔人有'抉石奔泉之目'。"[④]其次，结体平实，圆熟端庄，少清逸之气。清杨

① 刘昫：《旧唐书》，中华书局，1975 年，第 3759 页。
② 欧阳修、宋祁：《新唐书》，中华书局，1975 年，第 4965 页。
③ 崔尔平选编点校：《明清书论集（下）》，上海辞书出版社，2011 年，第 1655 页。
④ 崔尔平选编点校：《明清书论集（上）》，上海辞书出版社，2011 年，第 899 页。

守敬评："徐季海当时之书名不在北海之下，顾所作《不空和尚碑》和《大证禅师碑》体近平实，无矫健不群之致。"[①]

徐浩处在唐王朝由极盛转衰落之际，其书法厚重圆肥，呈现出一派温柔敦厚之气，已不像初唐诸家那样法度森严，棱角分明，笔画上横细而竖粗，形体宽、结构稳，表现出稳定均衡的自然之态。徐浩比颜真卿大6岁，早逝3年，与颜交善，书风也极为相似，可视为是自欧阳询、虞世南、褚遂良等向颜真卿、柳公权过渡的一位楷书名家，为颜、柳后来的书法革新奠定了一定的基础。虽然他的创造性不及颜、柳，但仍不掩其书法的价值。

此外，《北京图书馆藏中国历代石刻拓本汇编》有辑入一通开元二十五年（737）的《不空法师塔记》，该拓本纵55厘米，横83厘米。据拓本由裴度撰文，清人钱大昕认为是伪迹，今人郭洪义、毛远明进一步论证其作伪时间是南宋后期。但王水照著《传世藏书·集库·全唐文》，有收入塔铭全文。

二十一、僧无可：《寂照和尚碑》

《寂照和尚碑》（图3–27），全称《唐故安国寺寂照和上碑》。段成式撰文，僧无可书，顾玄篆额，李郢镌字。碑纵196厘米，横74厘米。首题"大唐安国寺故内外临坛大德寂照和上碑铭并序"。唐开成六年（841）刻。螭首龟趺，额题"唐故安国寺照和上碑"9字，篆书。碑文楷书，28行，行52字。碑原立于陕西咸阳魏店村，现藏于咸阳博物馆。

撰文者段成式（803—863），晚唐著名诗人、学者，著有《酉阳杂俎》。据《旧唐书·段成式传》："成式字柯古，以荫入官，为秘书省校书郎。研精苦学，秘阁书籍，批阅皆遍，累迁尚书郎。咸通初出为江州刺史。解印，寓居襄阳，以闲放自适。家多书史，用以自娱，尤深于佛学。"[②] 又，《墨林快事》："唐季惟裴休、成式以通释典称，裴事庄严流行，犹为外事，则悟佛心印者段一人而已。"段成式诗名与温庭筠、李商隐齐名，清人辑有《段成式诗》。同时，他是唐代少有的精通佛典之人，有着极深佛学修养，故所撰写之碑文也自有特色，可谓"闻洵博然，精微奥义，何谓数数然也"[③]。

---

① 崔尔平选编点校：《明清书论集（下）》，上海辞书出版社，2011年，第1254页。
② 刘昫：《旧唐书》，中华书局，1975年，第4369页。
③ 王昶：《金石萃编》卷一百八，扫叶山房本，转引楚默：《佛教书法史》，上海三联书店，2012年，第429页。

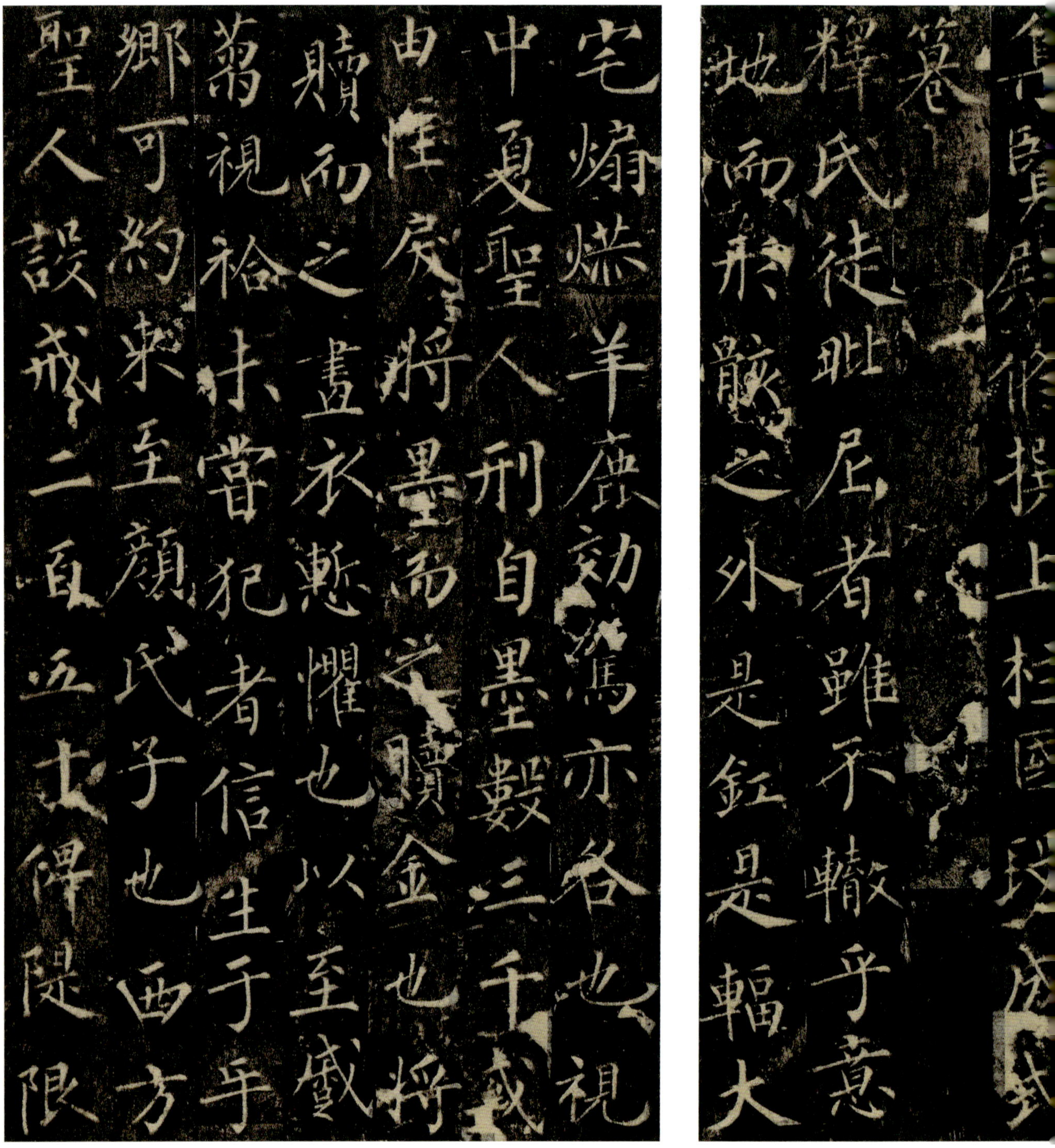

图 3-27 《寂照和尚碑》（局部），僧无可，唐，碑刻，正书，28 行，行 52 字，碑纵 196 厘米，横 74 厘米，陕西咸阳魏店村出土，现藏于咸阳博物馆

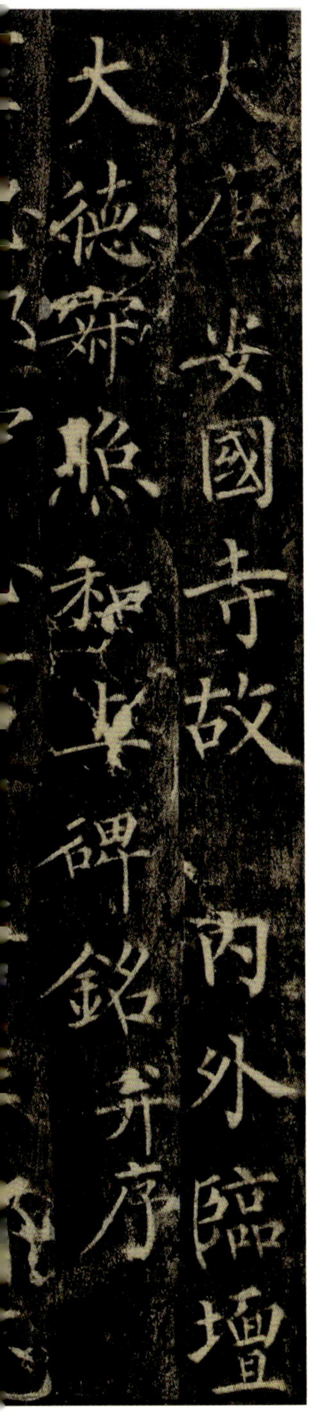

此碑记述了唐安国寺大德寂照和尚的生平。寂照和尚，俗姓庞氏，字法广，京兆兴平人。年少出家，讲经说道，享誉京师诸寺。唐元和三年（808），入住安国寺。穆、敬、文三位皇帝亲临此寺，均由其陪同。唐大和七年（833）卒，年76岁。据史载，万善寺于唐会昌六年（846）改为延唐寺。而据此碑记载，唐大和二年（828）寂照和尚便已来延唐寺，可校史载之误。

书丹者僧无可，是唐代著名诗人贾岛的从弟，素有诗名，在当时尽人皆知。据《唐才子传》称：“无可，长安人，高僧也。工诗，多为五言。初贾岛弃俗时，同居青龙寺，呼岛为从兄。与马戴、姚合、厉玄多有酬唱。律调谨严，属兴清越。比物以意，谓之‘象外句’。如曰：‘听雨寒更尽，开门落叶深。’又曰：‘微阳下乔木，远烧入秋山。’凡此等新奇，当时翕然称尚，妙在言用而不失其名耳。今集一卷相传。”又据《全唐诗》卷十二：“无可，范阳人，姓贾氏，岛从弟，居天仙寺，诗名亦与岛齐，集一卷，今编为二卷。”《唐才子传》是第一部综述唐代诗人生平和艺术创作的专著，为元人辛文房撰。《全唐诗》900卷，清康熙年间历时3年，由曹寅主持，和10位在籍翰林共同修订。此二者对僧无可的家世、籍贯记载孰是孰非，尚待考证。但僧无可是唐代颇有影响的诗人，是毫无疑问的，惜其书名被诗名所掩，不为所重。关于僧无可所书《寂照和尚碑》的艺术成就，前人论述也并不多。清代孙星衍、邢澍《寰宇访碑录》卷四记僧无可所书碑文有二：一为陕西长安《百塔寺尊胜经幢》，僧叡川撰序，僧无可书，大和六年（832）四月。二为陕西咸阳《唐故安国寺寂照和上碑》，段成式撰，僧无可书，大和七年十二月。

明人赵崡《石墨镌华》对此碑记载颇详，称：“此碑在咸阳西马跑泉地中，武功康子秀先生过而识之，以语士人竖于道旁。其后王献移之至咸阳城中。寺以碑有安国寺字，遂改名其寺安国寺。按碑段成式撰，僧无可书。成式文笔自奇，此文为佛言尤奇。无可，贾岛从弟，有诗集传世。”并称：“其书法出柳诚悬而优孟者。”① 赵氏此论不知何据。柳公权778年生，865年卒；贾岛779年生，843年卒；裴休791年生，864年卒。僧无可为贾岛从弟，与柳公权是同辈人。裴休正书、柳公权篆额的《圭峰定慧禅师碑》所在的草堂寺也曾是贾岛兄弟足迹所到之处。贾岛“圭

① 参考楚默：《佛教书法史》，上海三联书店，2012年，第430页。

峰霁色新，送此草堂人"，即为明证。僧无可是否直接授业于柳公权，至今未见明确的史料。但柳公权的笔法风格特征，如斩截爽利、方笔棱峥、硬瘦挺拔；结字上中宫紧缩；笔势舒展大度、仪态端庄等在《寂照和尚碑》中皆能见到。

明代安世凤《墨林快事》评云："无可之书固一时习尚，石经多此法可知也。然此碑则导源二欧，掩有河东清遒圆利，洵可擅一时之技，出诸书僧之上。"《寂照和尚碑》与柳公权书于唐长庆四年（824）的《金刚般若经》、书于唐开成二年（837）的《冯宿碑》风格上极其近似。此碑书于开成六年（841），即会昌元年（841），与柳公权的《玄秘塔碑》实为同一年。所不同的是一为大楷，一为中楷，然而书风很接近。无可未必拜入柳公权门下学习，但足见柳公权对当时书法的影响。但安世凤接着又道出了僧无可书法的个性特征："导源二欧，掩有河东清遒圆利，洵可擅一时之技，出诸书僧之上。"[①] 仔细分析此碑可以看出，僧无可将欧体的隶书笔法、笔意，结字的"险"处有选择地、自然地运用到自己的书写创作中，赢得"技，出诸书僧之上"的赞叹。

楚默称此碑书法因段文之美而失色不少，但僧无可的书法风格仍十分突出，昭然其上，其在用笔上与柳体近似，筋骨外露、清遒脱俗；结体上又不似柳体谨严，饶有古趣，显示其深化的书法基础和创造力。

唐代僧人中，好书者众，精美者亦不乏其人。僧无可的好友姚合《古碑》曾称："荒田一片石，文字满青苔。不是逢闲客，何人肯读来。"僧无可所书的《寂照和尚碑》，如不是有识之士识于田野之中，又得王献移至咸阳，恐怕真是无人关注了。

二十二、僧令真：《志文碑》

1981年，陕西扶风县法门寺倒塌。1987年4月，当地政府决定重修法门寺宝塔，考古人员在清理塔基时发现法门寺唐代地宫，出土了包括感应舍利和佛祖释迦牟尼真身佛舍利在内的2500余件珍贵文物，许多都与书法相关，其中最引人关注的当属两通碑石，即《志文碑》（全称《大唐咸通启送岐阳真身志文》）和《物帐碑》（全称《监送真身使随负供养道具及恩赐金银器衣物帐碑》）。《志文碑》记载了法门寺的历史，以及唐皇室先后6次迎奉佛骨舍利的盛况等。《物

① 钟明善：《僧无可书〈寂照和上碑〉的书法艺术》，《文博》2001年第1期。

帐碑》则是迄今为止首次发现的唐代衣物帐碑，碑文详细记录了唐懿宗和唐僖宗供奉舍利的物品的品名、数量、规格、质地及供奉者姓名。正是依据《物帐碑》的记载，包括秘色瓷在内的地宫中出土文物的名称才得以确立。此二碑，对于研究唐代，特别是晚唐的政治、经济、衣物宝器名称及制作工艺、内库制度、迎佛骨组织、衡制、纺织服饰等方面具有很高的史料价值，对于宗教、科技、中外交流、文化等方面的研究，也具有极其重要的学术价值。这两通碑文，字迹清晰，为研究中晚唐僧人书法的重要资料，同时对研究唐尚法的风格特征也有一定的价值。

《志文碑》（图 3–28），由高僧澈撰，令真书丹于咸通十五年（874），碑纵 55 厘米，横 113.5 厘米，楷书。凡 47 行，行 12 字。现藏于陕西法门寺。法门寺在初唐时期便是皇家道场，唐中宗李显全家下发于法门寺寺塔，此后历代帝王多次在此举行盛大的佛事活动。唐元和十四年（819），唐宪宗迎佛骨于法门寺，引起了韩愈等群臣的激烈反对。唐咸通十二年（871）得舍利于旧隧道。于是，两年后的春天，再次举行奉迎佛骨的活动。唐人苏鹗所著《杜阳杂编》、康骈所著《剧谈录》等，对于这次活动都有详细的记录。碑文的出现，正好印证了这些史料的真实性。

僧彻，《宋高僧传》称僧彻，说：“彻，初居法乾内寺，师资角立，声彩风行，凡百官寮无不奉仰率由。彻内外兼学，辞笔特高，唱予和汝，同气相求。寻充左右街应制，每属诞辰，升麟德殿法座讲谈，敕赐紫袈裟……而又恢张佛理，旁慑黄冠，可谓折冲异论者，当时号为‘法将’。”[1] 僧澈一生著述丰硕，碑颂歌诗。唐咸通十一年（870）唐懿宗赐其“净光大师”封号。咸通十四年（873）他以“内殿首座、左右街净光大师、赐紫”的身份奉敕迎送法门寺佛骨真身舍利。据该志文内容对唐懿宗、僖宗迎送法门寺佛骨真身舍利过程的描述，可见晚唐佞佛之盛，近乎荒诞。

此碑的书丹者令真，“内讲赐紫沙门”，史书无传。唐代善书的高僧比比皆是，书史少有留名者，令真应非一般的僧人，如此重大的佛事活动，定非普通僧人所书丹。通审此碑，可见令真书写时虔诚之至，显示出庄严肃穆的书写状态，风格上具体表现为点画谨严，结体稳健，既有欧阳询的气骨，又用笔干净利落，骨力遒劲；结体偏于瘦劲，字字紧密，其中也流露出颜、柳的笔意。颇有意思的是，此碑出现了许多简化字和俗字，如“后”“万”和“盖”等均为简

---

① 释赞宁：《宋高僧传》，中华书局，1987 年，第 133 页。

大唐咸通啓送岐陽真身志文
內殿首座左右街淨光大師賜紫沙門臣僧澈撰 □講論賜紫沙門臣□□書
釋迦大師示滅一百一十九年天竺有國王號無憂王分遣
役鬼工造八万四千塔閻浮之聚落有逾一億舍即
置于塔 岐陽重真寺乃其一也元魏二年岐守拓跋育
初啓塔基肇申供養隋文時郡牧李敏 唐太宗朝刺史
張德亮並鐫修靈趾式爲香火□ 高宗□□於洛邑
天后薦□□□ 中宗□□□□為聖朝無憂王寺塔曰大
聖□□□□□□□度請□□□□□□ 德宗歸依延于
闕下□□□□奉香□□□□武皇帝蕩滅真教坑
焚具多□□□□□□□上以塞 君命盖君子從
權之道也□□□□□斯來方有九隴山禪僧師益貢
章聞□□□□□□塔下果獲金骨潛符
聖心以咸通□□年八月十九日得舍利于舊隧道之西
北角按舊記□□□□上齊下折高下不等三面俱

化字。另外如“刺”和“往”等保持一贯的俗写。从这两点可以窥见中晚唐文字发展的一些规律。如简化字的书写导致点画之间的关系发生变化，重新组合，从而对书法风格产生潜在的影响。其次，此碑书写时，在保持楷书基本形态的同时还夹杂隶书或者章草笔意，增加了碑的古意和生动感。客观地说，碑文镌刻得并不精致，很多字还出现走形，但正是这一刻工的再创造成分，为整个碑文增加了几分稚拙的趣味。也从另一个角度证实，佛教书法的世俗性、琐碎性。也就是说，很多时候书法的实用要优于审美。

客观地讲，将《志文碑》与《物账碑》置于名碑林立的唐代楷书中并不十分突出，以法门寺在当时作为皇家寺院的地位和影响，却没有请朝臣名家来书写，其背后原因颇值得思考。

二十三、柳公权：《金刚经》与《玄秘塔碑》

纵观整个书法史，楷书艺术滥觞于秦汉，成熟于魏晋，盛极于唐。唐代是楷书发展最为完备、鼎盛的时期，先后出现了虞世南、欧阳询、褚遂良、薛稷、颜真卿、柳公权等大家，后人故有“唐尚法”之称。唐代诸家中，柳公权，集各家之长，在颜真卿的基础上，将楷书艺术推向极致。但是，客观地讲，唐人一方面将技法与结构推向极致，另一方面也将楷书推向了边缘，盛极而衰。故宋代米芾在《海岳名言》评：“字之八面唯尚真楷见之，大小各自有分。智永有八面，已少钟法，丁道护、欧、虞笔始匀，古法亡矣。柳公权师欧不及远甚，而为丑怪恶札之祖，自柳世始有俗书。”①

柳公权楷书无论在用笔还是结体上，都是对魏晋古法的一次大的改变，风格上不再是圆笔温润、结体秀丽，而是清峻爽健，干净利落，姿态上清健安详、舒放有致。这种形式上的审美趋向在风格上体现为法度森严，用笔干净利落，结体谨严规矩，并最

图 3-28《志文碑》(局部)，令真，唐，碑刻，正书，47 行，行 12 字，碑纵 55 厘米，横 113.5 厘米，陕西法门寺地宫出土

① 上海书画出版社编：《历代书法论文选》，上海书画出版社，1979 年，第 361 页。

终将之推向极致，而柳公权是代表人物。这种极致隐含着由于法度森严而致使其无飘逸散淡之气，用笔干净利落而无笔墨情趣，谨严规矩的结体又缺少从容洒脱。关于这一点宋人姜夔在《续书谱》中就明确指出："唐人下笔，应规入矩，无复魏晋飘逸之气。"① 但是，我们不能简单地将柳公权楷书的谨严、规矩理解为僵硬或呆板，它是对唐代楷书审美趣味的进一步完善和丰富，代表唐代楷书最为辉煌的成就。作为楷书的典范之一，柳公权的书法是一座永远的丰碑，在中国书法史上具有十分重要的意义，影响深远。

柳公权（778—865），字诚悬，京兆华原（今陕西铜川市耀州区）人。幼年嗜学，12 岁便能为辞赋，尤其精于《左传》《国语》《尚书》《毛诗》和《庄子》等。柳公权在书法史上堪称职业书法家，他以书入仕，累拜侍书学士，官至太子太师，封河东郡公，受穆宗、敬宗、文宗三朝天子敬重，担任宫廷最高级的书法教师 20 年，唐文宗给予其"钟、王复生，无以复加"的美誉，声名显赫。当时公卿大臣家庙碑志，不是柳公权所书，就会认为是不肖子孙。连外国使节来唐朝朝贡，都会专门准备一笔钱款，以求购柳书。柳公权博学经术，意在政治，亦以天下为己任，为人刚正不阿、敢于直谏，曾有"柳学士笔谏"的佳话。正因为柳公权匡益时政，正直敢言，深得朝野敬重。"心正则笔正"是柳公权书法和人生的恰当概括，也是"字如其人"的最好诠释。

柳公权在唐代是三朝侍书，名高一代。他能 20 余年官居此位，自然和其书法所具有的特征密切相关。柳公权的书作很多是因侍书身份奉敕所为，其中一个最重要的工作是书写碑志，这样除了文字规范之外，还必然地要求书法庄重、典雅，不可率性而为。正因为如此，为之摹勒上石的刻手，多为内府名师或者中书省的刻字官员，技术精湛，传真程度极高，加上在柳公权盛名之下，不敢疏忽，循规蹈矩，导致柳书更加严谨而少情致，多走程式化，有落入吏楷之嫌。其传世作品很多，传世碑刻有《金刚经碑》《玄秘塔碑》《神策军碑》和《冯宿碑》等。这些书迹中，与佛教相关的题额占据了很大比例，其中有著录记载且流传有序的佛教书法作品有 10 余件。

唐代佛教传播兴盛，文人士大夫都不同程度地受到佛教文化的影响，诵经、抄经更是成为一时之尚，许多书法家都留下了抄经作品，而《金刚经》是其中最为常见的主题之一。对此，柳公权也概莫能外，与很多人一样，他的思想深受佛教文化的影响，故对于他抄写《金刚经》自然是情理之中的事。敦煌

① 上海书画出版社编：《历代书法论文选》，上海书画出版社，1979 年，第 385 页。

藏经洞所发现的《金刚经》(图 3–29)拓本，署题“长庆四年四月六日翰林侍书学士、朝议郎、行右补阙、上轻车都尉、赐绯鱼袋柳公权，为右街僧录准公书。强演、邵建和刻”。该拓本于1908年在敦煌莫高窟被发现，其真伪争议由来已久，至今尚无定论。罗振玉、朱关田等人认为系唐拓，吴鸿清《中国书法全集·柳公权卷》中将之定为伪拓。柳公权书《金刚经碑》最早见于《旧唐书》卷一六五：“上都西明寺《金刚经碑》备有钟、王、欧、虞、褚、陆之体，尤为得意。”[①] 非常明显，柳公权确实写过《金刚经碑》，且是其得意之作。

据历代著录记载，柳公权所书《金刚经碑》碑刻不止一件，如宋代赵明诚《金石录校正》中有两种柳书《金刚经》的记载，一为“《唐金刚经》，柳公权正书，会昌四年四月”，一为“《唐西明寺金刚经》，柳公权正书，大中十三年六月”。[②] 敦煌本《金刚经》似与这两件在时间上均有冲突。据宋代董逌《广川书跋》卷八中记载有“此经本书于西明寺，后亦屡改矣……”，这一著述对《金刚经》的流传提供了有力的证据，同时可知宋时柳书《金刚经》已出现多本，可能原刻损坏，后人相继据摹本复刻。此外，米芾《学书帖》叙述其学书经历时，称：“初学颜，七八岁也。字大至一幅，写简不成。见柳而慕紧结，乃学柳《金刚经》。久之，知出于欧，乃学欧。”

笔者暂认可此碑系柳公权早年重要的书作之一，对于研究柳公权书法的形成过程具有重要的参考价值。这件作品以颜真卿结体、用笔为主要取法对象，略参虞世南、褚遂良的散淡从容，欧阳询的严谨利落，这一判断完全符合两唐书中的描述。试将之与其代表作《神策军碑》相较，依稀能见到初步具备了清健利落、法度森严的风格特征。此时的柳体在结体上与颜真卿如出一辙，只是用笔上有较为明显的差异，柳体多笔画瘦劲、粗细变化略小，线条干净利落，呈现出“柳骨”之风。

《金刚经》是大乘佛教流传最为广泛的经典之一。相传，六祖慧能听《金刚经》中“应无所住而生其心”时觉悟。心无所住就是“空”,“无住”就是“定”，是“清净心”。随时随地心无挂碍。试想，有一颗清净的自然状态的“心”，就不会为笔所左右，笔走龙蛇。这与柳公权“心正则笔正”的论断似乎存在某种暗合，或者直接干脆地认为柳公权“心正笔正”之说源自于《金刚经》的启发。

《玄秘塔碑》(图 3–30)，全称《唐故左街僧录内供奉三教谈论引驾大德安国寺上座赐紫大达法师玄秘塔碑铭并序》。唐会昌元年(841)十二月，系唐武

---

① 刘昫:《旧唐书》第13册，中华书局，1975年，第4312页。
② 赵明诚:《金石录校正》，金文明校正，上海书画出版社，1985年，第197、200页。

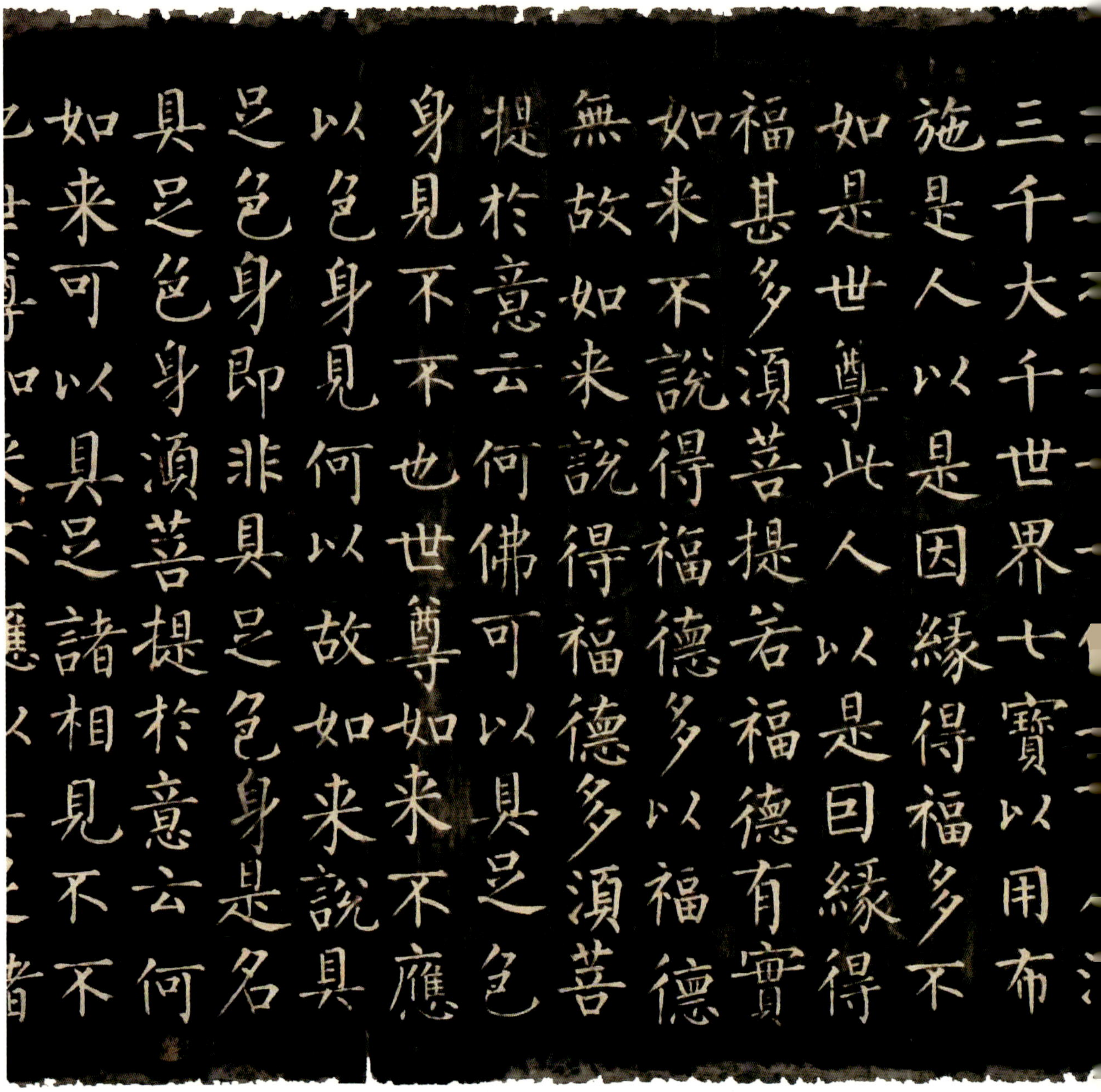

图 3-29 《金刚经碑》(局部)，柳公权，唐，碑刻，正书，分 12 块，行 11 字，其他信息不详，原立于陕西西安西明寺，石毁于宋代，此拓本为唐孤本(敦煌本)，现藏于法国国家图书馆

宗灭佛之前，该碑由裴休撰文，柳公权书并篆额，邵建初、邵建和兄弟镌刻。碑为螭首方座，纵 386 厘米，横 120 厘米。楷书，共 28 行，行 54 字，共 1200 余字。碑额分两行阳文篆题“唐故左街僧录大达法师碑铭”12 字，碑阴刻“纪纲崇地”4 字。又大中六年(852)比丘正吉题字。碑原在陕西万年县(今陕西咸宁县)安国寺，1949 年前移入西安碑林博物馆。

《玄秘塔碑》碑主释端甫(770—836)，俗姓赵，甘肃天水人。据《宋高僧

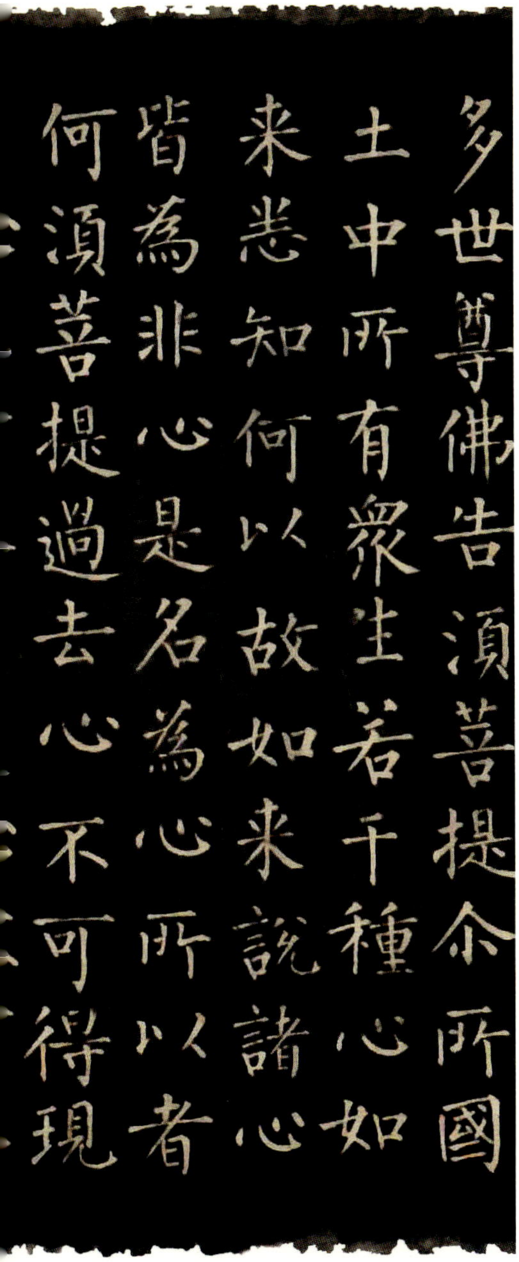

传》载，端甫在世时，极具威望，受到德宗、顺宗、宪宗三朝皇帝恩宠，能保持“以阐扬为务”的佛教立场。但其也常遭人诟病，有人推测可能与应诏迎佛骨于灵山有关。端甫对弘扬佛教文化，培养佛门弟子，做出了很大贡献。“门弟子僧尼约千余辈，或讲论玄言，或纪纲大寺，修禅秉律，分作人师，五十其徒，皆为达者。”死后，谥大达，塔曰玄秘。[1]柳公权书此碑时，已官至集贤殿学士，又综合该碑规制，在当时亦属等级很高的大碑，可谓哀荣尽享。

《玄秘塔碑》，是柳公权 64 岁时所书，“诚悬极矜练之作”，是柳体成熟时期的作品，也是柳公权影响最为深远的作品之一，代表了“柳体”的最高水准。此碑是柳书中最露筋骨者，用笔劲健，筋骨舒展。横画多方笔起笔，按笔较重，棱角分明，行笔迅捷，线条爽利；竖画粗短有力；而横折、书弯钩尽用圆笔，转锋十分出色，收笔回锋，神气完足。此外，方圆并用的用笔技巧，体现出筋、骨均健的特点，柳体之“骨”正是寓圆转于清刚，端严中不失俊秀。此外，《玄秘塔碑》结字特点主要是内敛外拓，这种结字容易紧密，挺劲，虽然欧体也显示出类似的特征，但是二者在形态上区别明显。《玄秘塔碑》最大的特点是“气骨刚劲，锋芒外露”，既不同于欧体的“险劲”，又不同于颜体的“宽博”，而是肥瘦适中，外方内圆，用笔挺拔，筋骨刚健，将内蕴变外棱，方中寓圆，巧中寓拙，将唐代楷书推向了新的境界。

此外，柳公权的一通《复东林寺碑》，书于大中十一年（857）。该碑与常见的柳体风格有明显的区别，用笔清劲、温润。较《玄秘塔碑》和《神策军碑》行笔上更为舒缓有致，笔势简淡超逸。字与字

① 释赞宁：《宋高僧传》，中华书局，1987 年，第 123—124 页。

唐故左街僧錄
內供奉三教談
論引　駕大德
安國寺上座賜

之间疏朗开阔，整幅作品透出潇散、简远的气息，多了几分佛禅之境。

二十四、裴休：《圭峰定慧禅师碑》

裴休（791—864），字公美，河东闻喜（今山西运城闻喜，可能为祖籍）人，《唐书·裴休传》称其乃孟州济源（今河南济源市，可能为出生地）人。曾官至监察御史、吏部尚书、宰相等。裴休是晚唐著名政治家，善文辞，工书法，尤长于行楷书。其书法多以欧、柳为宗，亦是晚唐著名书家。裴休还精通佛教释理，是晚唐声名显赫的佛家在家修行者。据《旧唐书》卷一七七载，裴休“长于书翰，自成笔法。家世奉佛，休尤深于释典”[①]。寺刹多请其题额。明代董其昌《容台别集》卷三亦云：“唐世学书甚盛，皆不为释典所用。梁肃、房融其书不称。惟裴休深于内典，兼临池只能。”其“书楷遒媚，有体法”，率意天成，却又法度严谨。史载其“镇太原时，泰山建化成寺，寺僧粉额陈笔砚以俟休。休神色自若，以衣袖揾墨书之，极遒健”[②]。然其所书碑碣，存世仅见《圭峰定慧禅师碑》。此碑初看起来，近似柳体，然而风格较柳更为遒媚劲健。宋代米芾曾评价：“裴休率意写碑，乃有真趣。”

《圭峰定慧禅师碑》（图 3–31），全名《唐故圭峰定慧禅师传法碑并序》，又名《圭峰禅师碑》。楷书，唐大中九年（855）十月立，裴休撰文并书，柳公权篆额，邵建初镌刻。碑纵 208 厘米、横 93 厘米，额纵 44 厘米、横 33 厘米，碑文凡 36 行，行 65 字。碑额阴文分三行题“唐故圭峰定慧禅师碑”9 字。现存陕西西安鄠邑区圭峰草堂寺前院。该碑目前为止，未见有宋拓本流传。故宫博物院收藏此碑明拓本，第二行“同中书”之“同”字尚未损，也是较少见的旧拓，所拓字口清晰，且全碑基本完好，其点画用笔特点、笔锋棱角俱在，但此藏本未拓柳公权所书碑额。

定慧禅师，俗姓何，号密宗，果州西充（今四川南充）人，唐会昌元年（841）卒。唐宣宗追谥为“定慧禅师”。因其生前与裴休交往较深，故裴休为其撰文立碑。该碑书法风格上与同时期的柳公权楷书风格极为

图 3–30 《玄秘塔碑》（局部），柳公权，唐，碑刻，正书，28 行，行 54 字，碑纵 386 厘米，横 120 厘米，原立于陕西万年县安国寺，现藏于西安碑林博物馆

① 刘昫：《旧唐书》，中华书局，1975 年，第 4593 页。
② 马宗霍：《书林藻鉴·书林纪事》，文物出版社，2015 年，第 305 页。

大學士裴休撰并
書
金紫光祿大夫守
工部尚書上柱國
河東郡開國公食
邑二千戸柳公權

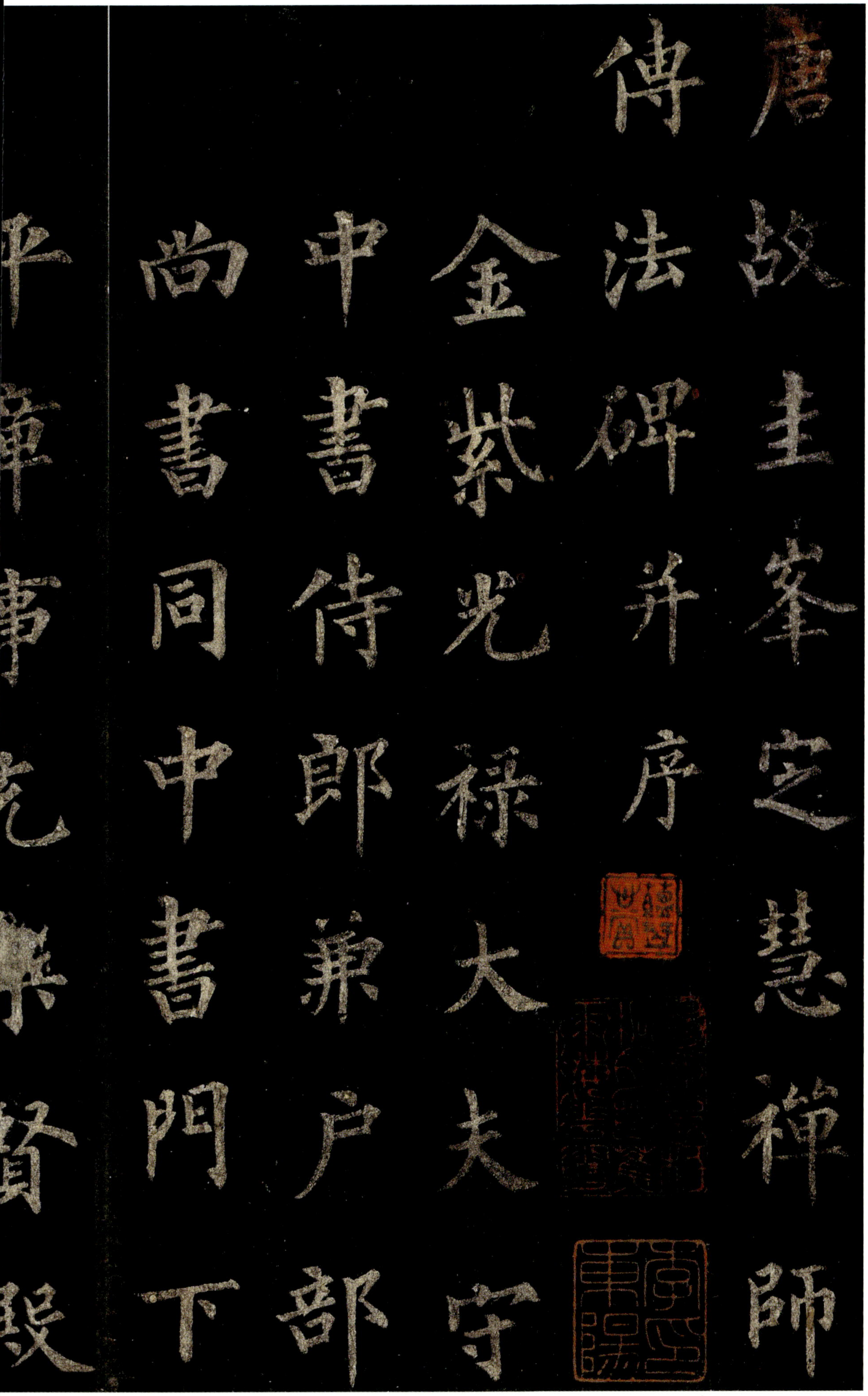

图3-31《圭峰定慧禅师碑》（局部），裴休，唐，碑刻，正书，36行，行65字，碑纵208厘米，横93厘米，陕西西安鄠邑区圭峰草堂寺

接近，能明显看出其受柳公权楷书风格的影响。此碑笔法谨严，方圆兼用，清劲潇洒，结体尤为精密，既有欧体的峻峭、柳体的劲健，同时又能融合颜体的顿挫，形成了遒媚劲健的个性特征，疏淡整峻，别具一格。欧阳修《集古录》跋尾评此碑："其文辞事迹无足采，而其字法世所重。"金人赵秉文《游草堂诗五首》也称："下马来寻题壁字，拂尘先读草堂碑。平生最爱圭峰老，惟有裴公无愧辞。"可见此碑的书法价值还是很高的，当属晚唐碑刻中的优秀作品。

二十五、《佛遗教经》

《佛遗教经》，简称《遗教经》，全称《佛垂般涅槃略说教诫经》，姚秦鸠摩罗什译。该经是释迦牟尼将入涅槃前对众弟子语重心长的谆谆教诲，是关于持戒、四谛等教理和修行的教诫，可谓其一生弘法言教内容的概括总结，也是其留给后代所有想离苦得乐者的得度因缘，在佛教界具有广泛深刻影响。

此经传入汉地后，历来备受僧俗二众乃至帝王的推崇，唐太宗颁布《佛遗教经》敕，以护持佛法、弘阐圣教；宋真宗作《佛遗教经序》，促进雕版流通、宣扬法奥。为之作注的汉地的古代大德，代不乏人，最有价值的堪称明代智旭大师（1599—1655）的《佛遗教经解》。有关《佛遗教经》的书迹，以唐代孙过庭、南宋张即之等所书闻名遐迩，影响深远。

相传书圣王羲之有《佛遗教经》（图 3–32）一卷，25 页，每页 6 行，每行约 18 字，末页 4 行，共 129 行，2300 余字。首题"佛遗教经"，末题"永和十二年六月旦日山阴王羲之书"（亦有题永和十三年者），左旁盖有篆书"右将军会稽内史印"，尾页书"文定公家藏"，有南朝梁时鉴书人"怀充"和"僧权"署签。

关于此件的书者众说纷纭，据"永和十二年六月旦日山阴王羲之书"一行款，故传为王羲之所书，但这一说法在宋代即遭到欧阳修、苏轼、黄庭坚的否定。《佛遗教经》通行的版本为后秦时期鸠摩罗什所译，为一卷，王羲之在世时尚无汉译本。正如黄庭坚《书姚诚老所书遗教经后》中称："世因谓之王右军书，盖不知弘治四年译出此经，右军没已数年矣。"因此，王羲之并不可能书写《佛遗教经》。此外，从梁武帝开始大规模征集王羲之书，所得真迹数量众多，并未提及《佛遗教经》。唐代，又经过了两次大规模的"王书"征集。一次是唐太宗诏令"收辍天下王书"，一次是唐玄宗开元五年（717）的"收集王书"，两次大

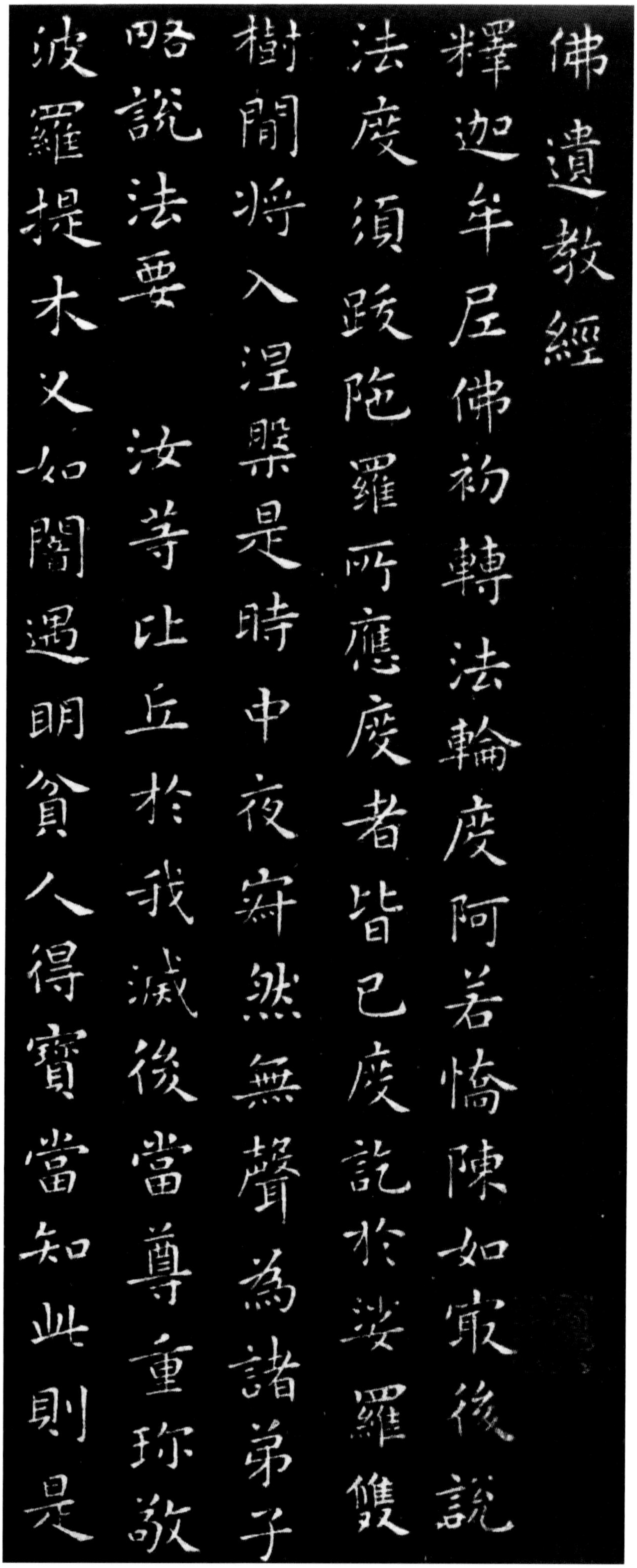
佛遺教經
釋迦牟尼佛初轉法輪度阿若憍陳如最後說
法度須跋陀羅所應度者皆已度訖於娑羅雙
樹間將入涅槃是時中夜寂然無聲為諸弟子
略說法要 汝等比丘於我滅後當尊重珍敬
波羅提木叉如闇遇明貧人得寶當知此則是

图 3–32 《佛遗教经》（局部），佚名，唐，碑刻，正书，129 行，行约 18 字，原拓片规格信息不详

规模搜求中收集的“王书”分别载于褚遂良撰《晋右军王羲之书目》和《开元书录》等著录中，均不见对“王书”《佛遗教经》的记录，此均可作为旁证。

又说为唐德宗时僧人道秀书，欧阳修疑为唐写经生作，或是僧人道常书。此帖通篇秀雅婉丽，规整隽洁，墨色浓郁古厚，刻工传拓均佳，为宋末佳拓。此拓本，经明代浙江宁波袁忠彻、范大澈及清内府递藏，1965 年从香港购入，后归藏国家图书馆。

尽管《佛遗教经》并非王羲之书写，但历代鉴藏家均对《佛遗教经》的书法成就给予较高评价，鉴赏家大都认为此书风格很接近“王书”。欧阳修《集古录》“遗教经”条：“右《遗教经》，相传云羲之书，伪也，盖唐世写经手所书……然其字亦可爱，故录之，盖今士大夫笔画能仿佛乎此者鲜矣。”[①] 尽管欧阳修认为《遗教经》并非王羲之所书，但也认为此本在书法上很突出，一般士大夫很少能够达到这种水准。相比欧阳修，苏东坡对《佛遗教经》的肯定程度更高。《苏东坡文集》卷三十二题该经时称：“仆尝见欧阳文忠公云《遗教经》非逸少笔，以其言观之，信若不妄。然自逸少在时，小儿乱真，自不解辨，况数百年后传刻之余，而欲必其真伪，难矣。顾笔画精稳，自可为师。”又说：“王羲之《兰亭》《乐毅》《东方先生》三帖皆绝妙，虽摹写屡传犹有昔人用笔意思，比之《遗教经》，则有间矣。”[②] 董逌、黄庭坚等人均充分肯定其书法成就，都认可此与王羲之书法风格基本上近似。

可见，历来鉴赏家对于《佛遗教经》接近或代表王羲之的书风则是有着一致看法的。从书法风格上来看，《佛遗教经》笔画精稳，取势绝妙，典雅凝重，法度谨严。全卷中锋行笔，无论横画、竖画，侧锋方切之后，旋即转为中锋，凡出锋之尖，收笔之点，皆能力送笔端，利而不尖，细而能厚，无论侧点、垂点、撇点、挑点，如同高峰坠石，质感强烈。凡出钩处，略作顿后，即以侧锋踢出，形似铁钉，筋力内含，力屈万夫。点画之间，犹重笔势，或上下，或左右，均能顾盼照应，气息贯通，骨肉停匀，生动感人。结体基本上承继了三国时钟繇楷书的横扁体势，又减损钟书中“长而逾制”的部分，略得纵向之势，横平竖直，左低右高，端严而不刻板，匀称而不失变化，方圆适中，从容古淡，能营造出宽博深稳的意态，气势华贵雍容。行气上每一行收尾二字往往略紧，形成一个字组，显示出典型的“王字”体势特征。

---

① 《石刻史料新编》第一辑第 24 册，台湾新文丰出版公司，1977 年。
② 李福顺：《苏轼与书画文献集》，荣宝斋出版社，2008 年，第 3、5 页。

二十六、苏轼：《宸奎阁碑》

苏轼（1037—1101），字子瞻，号东坡居士。眉州眉山（今四川眉州市）人。北宋著名文学家、书画家。在文学上与其父苏洵、弟苏辙合称“三苏”，又与欧阳修并称欧苏，为唐宋八大家之一。苏轼堪称全才，于诗词、音律、书画等方面显示出非凡的能力，是中国古代传统文化理想的代表人物之一，为后世文人在出世、入世的选择之间树立了典范，他的一生集士大夫学问、道德与文人审美于一体，融合儒、释、道三家哲学内涵，极受文人敬仰又亲近生活。苏轼在艺术创作上总是标新立异，显示出可贵的探索精神，对宋代及其以后产生过巨大的影响。具体到书法方面，苏轼早年学“二王”，中年以后学颜真卿、杨凝式，晚年又学李北海，广泛涉猎晋唐诸家，擅长行书、楷书，能自创新意，用笔丰腴跌宕，深厚朴茂，有天真烂漫之趣，与黄庭坚、米芾、蔡襄并称宋四家；画学文同，喜作枯木怪石，论画主张神似。

自晚唐以后，佛教逐渐融汇儒、道二家思想，深刻地影响中国文化的发展，成为古代文人最为重要的思想渊源，苏轼便是古代文人中最具代表性的人物之一。从宋景祐四年（1037）出生到宋嘉祐元年（1056）进京赶考的19年间，苏轼生活在四川，这里佛教文化氛围十分浓厚。隋唐五代时期中原战乱频仍，巴蜀稳定的社会环境和繁荣的经济为佛教文化的传播提供了温床，许多高僧入蜀避乱弘扬佛法。苏轼在元祐二年（1087）所书《齐州长清真相院舍利塔铭》中描述其父母“皆性仁行廉，崇信三宝”，也就是说他在一个信仰佛教的居士家庭长大。也许是受到父母的影响，苏轼的一生与许多高僧都有过交集，最早的是蜀地高僧惟度、惟简，后来又先后结识大觉怀琏、继连、梵臻、契篙、慧辨、辩才、慧勤、慧果、宗本等。古代文人与高僧交往唱和，与看重福报的佛教行为有较大的区别，他们着力于佛教思想义理探讨和佛教美学境界的体悟，常常“以文字做佛事”抄经，在抄经的过程中研读佛法，他在《子由生日，以檀香观音像及新合印香银篆盘为寿》一诗中写到“君少与我师皇坟，旁资老聃释迦文”，叙述自己与弟弟苏辙随父亲读书，除儒家经典外，涉猎佛、道书籍。苏轼的抄经活动可谓贯穿一生，先后抄写了如《金刚经》《心经》《楞严经》《圆觉经》《八师经》和《摩利支经》等多种经文，有研究认为，苏轼书法风格的形成与其早年抄写《金刚经》并将之作为书法临习范本不无关系。在《黄州安国寺记》中他自云“归诚佛僧”，可见某种意义上他成了一名学佛居士。同时他还撰写了许多佛教碑志，如上文中提到的《齐州长清真相院舍利塔铭》和《宸奎阁碑》，等等。

《宸奎阁碑》，全称《明州阿育王山广利寺宸奎阁碑》，明州（今浙江宁波）阿育王山广利寺即阿育王寺，因北宋大中祥符元年（1008）御赐“广利”额，故阿育王寺一度被称为广利寺。此碑初刻于宋元祐六年（1091），由苏轼撰文并书写，正书，22行，行35字，碑额楷书3行，14字。苏轼撰书此碑时，年57岁，正值出守杭州期间，受请于怀琏，遂撰写了《宸奎阁碑》。碑文讲述了大觉怀琏禅师人品高尚、佛法超言绝象，并说到禅师入京得皇帝所赐御书及颂寺诗17首，以及乞归山林后众人兴建宸奎阁的经过，并穿插一些奇闻趣事。苏轼在碑文中言及怀琏归山二十三年，即元祐四年（1089），而大觉禅师迁化于元祐五年（1090）。碑文还记述了怀琏与苏轼的往来大略，与己游最旧。①

怀琏（1009—1090），福建漳州人，俗姓陈。擅诗文，其诗取材狭窄，多以禅入诗。皇祐时，诏住静因禅院，赐号“大觉禅师”。因其后来在明州阿育王寺隐居，故又称为明州育王山怀琏大觉禅师。苏轼与怀琏的交往源于他的父亲，早年怀琏与其父亲苏洵有深交，常有诗歌唱和。

怀琏是五祖戒禅师的隔代弟子，苏轼视之如同师长，在京师期间还经常去听他讲经说法。后来，怀琏离京后，他们之间主要以书信方式往来。宋熙宁六年（1073），苏轼曾写信给怀琏要将其父苏洵生前甚为珍视的《禅月罗汉像》相赠，翌年，怀琏则以罗汉木回赠，后来苏轼将之转赠予慈化大师。元祐四年（1089），苏轼第二次来杭州时，还有书简与怀琏。而且在元祐五年（1090）怀琏为小人之言所困时，苏轼还致书明守及友人请为关照，也就在这一年怀琏大师去世了。苏轼还与大觉禅师的弟子、北宋著名诗僧道潜法师交往频繁，友情甚笃，在佛僧友人中并不多见。此碑立后数年，由于党禁，碑石遭到损坏，仅留下现藏于日本宫内厅书陵部的宋拓传世孤本。该拓本是日本京都东福寺（临济宗东福寺派大本山京都五山之一）的开山祖师圆尔弁圆于南宋淳祐二年（1242）带回的诸多书迹、碑刻之中的一件。

明代万历年间郡守蔡贵易想重立此碑，但找寻不得，又无参照。后来，他与天一阁主人范钦谈及，得知天一阁藏有此碑拓片，于是依据天一阁所藏拓片，于万历十三年（1585）十一月重刻此碑。今阿育王寺舍利殿前所存《宸奎阁碑》（图3-33）即是蔡氏重刻，碑左下侧有蔡贵易小字几行，详细记载了此事。乾隆年间，钱大昕见范氏天一阁旧藏元和刻本，仅为原拓本前八面，后半张缺失，

① 《苏轼文集》（第二册），中华书局，2016年，第501页。

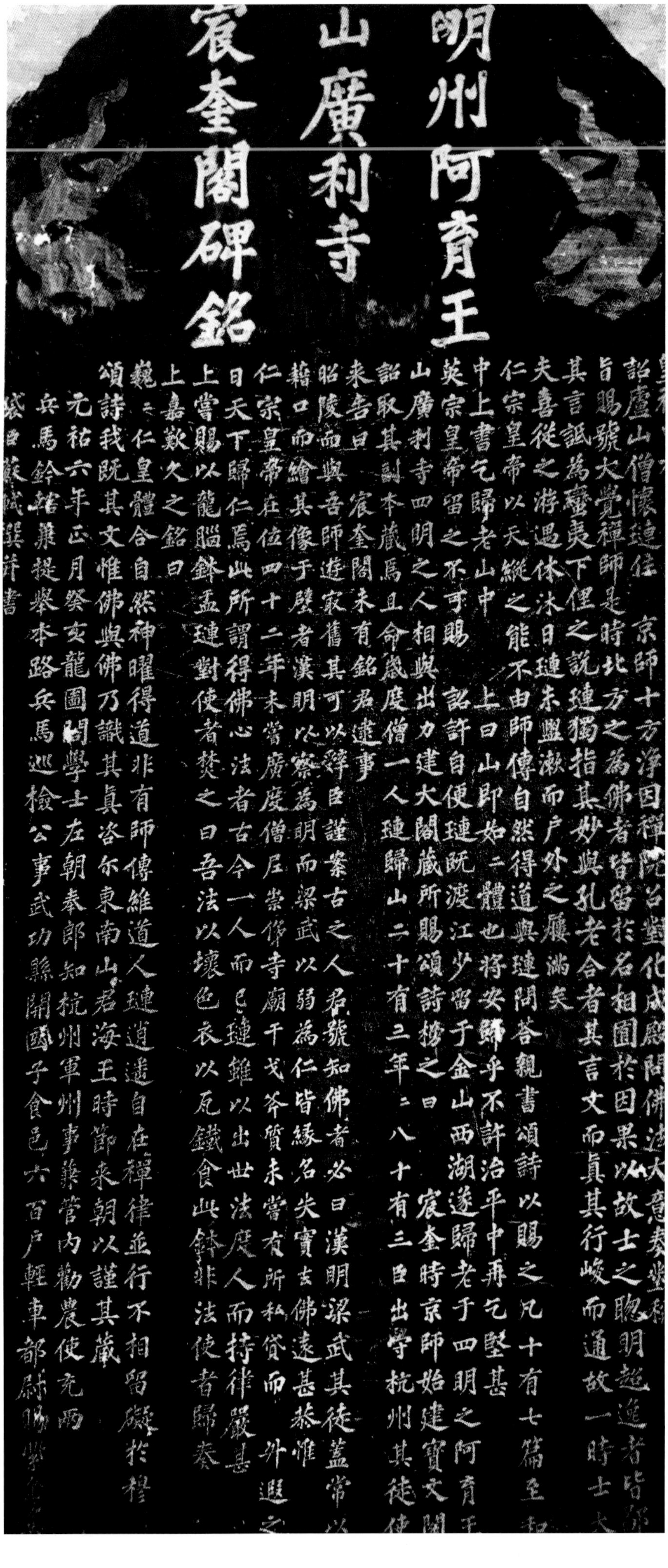

图3-33《宸奎阁碑》，苏轼，宋，碑刻，正书，22行，行35字，拓片规格信息不详，原立于浙江宁波阿育王寺，碑石早毁，孤拓现存日本宫内厅书陵部

其首页有“明州阿育王山广利寺宸奎阁碑”，且可见三方徐树钧用印，分别为朱文起首印“长沙徐氏”、白文“徐树钧印”及朱文“叔鸿金石”印。

据宋朝龚颐正《东坡宸奎碑铭》所述，苏轼写此碑文的内容出自佛典《八师经》。后来，姚宽又具体找出了该碑与《八师经》相对应的一些内容。由此可见，苏轼书写此碑与佛教的密切关系。《宸奎阁碑》作为苏轼楷书精品，被誉为苏轼五大楷书名碑之一，也是苏轼楷书作品中最可信赖的吉光片羽。张丑认为他见过诸多苏轼书迹中，唯《宸奎阁碑》帖乃无上神品。此碑书法炉火纯青，与颜真卿《东方朔画赞》有神似之处。蔡贵易跋此碑时称：“独此笔法遒劲，有欧、颜风。”

事实上，苏轼的楷书创作很大程度上都依托于《东方朔画赞》。细检苏轼所书《丰乐亭记》《醉翁亭记》和《罗池庙碑》等基本上都和此碑一样，在风格上除了字形稍扁之外，都与颜真卿的《东方朔画赞》有神似之处。苏轼一生汲汲于《东方朔画赞》，并在一段文字中透露其钟情于此的原因。他曾说：“颜鲁公平生写碑，惟《东方朔画赞》最为清雄，字间栉比，而不失清远。”黄庭坚也曾评说：“东坡尝自评作大字不若小字，以余观之诚然，然大字多得颜鲁公《东方先生画赞》笔意，虽时有遣笔不工处，要是无秋毫流俗。”

苏轼还有一通《齐州长清真相院舍利塔铭》比较出名，该碑书于宋元祐二年（1087），由齐州（今山东济南）长清真相院住持法泰法师发起并主持镌刻。青石质，纵横皆66厘米，22行，行25字，字径1.5厘米。该碑文见于《苏东坡全集》，个别字略有改动。刻成后置于该院舍利塔地宫内舍利石函上，1965年出土于山东济南长清区真相院遗址，现藏长清区博物馆。

苏轼书法，用笔多取侧势，结体扁平稍肥，这与他握笔的姿势也不无关系。苏轼执笔为“侧卧笔”，即毛笔侧卧于虎口，类似于现在握硬笔的姿势，故其字右斜，扁肥。此碑用笔上虽仍是三分笔，但温厚中出险辣，得气得势。其中一些字，“戈”法不取钩，而是一泻而下，末尾处均以铦利之锋芒挟裹而出。结字上也率性而作，能随手妙变。正如近人侯镜昶所评价：“（苏书）用笔险劲，此刻更具法度，但兼有气势，与唐碑各家调然相异。东坡善于发展变化，融势入碑，开宋书特有之风。苏碑又以帖的布白，融入碑中……自东坡倡导，宋代碑刻形成了独特的风格。”可能是小字的原因，该碑刻书法则和《宸奎阁碑》风格区别明显，与《赤壁赋》等一脉相承，用笔丰腴跌宕，结体天真烂漫。陈中浙在《苏轼书画艺术与佛教》中，较为详尽地论述了苏轼书画品评观中“此中有彼”“彼中有此”的这样一种“包容无碍”的关系是深受佛教影响的结果，与佛教修行中强调对事物的认识不要有所偏舍，主张以“不落两边”的方法，“此中有彼”“彼中有此”的“圆融”观来把握“实相”一脉相承。苏轼还曾用佛教中表示“圆融”的专业术语“沙界已周”来形容书法的最高境界，可见佛教思想对苏轼书画艺术审美的影响。这样的观念必然影响他的创作，综述《宸奎阁碑》与佛教的关系来看，其体现出来的书法之美，恰恰是这种“圆融”观。对此，他的学生黄庭坚看得很透彻，曾反复用“圆润”“温润”“圆劲”“和”等具有“圆满”“圆融”特征的词语来形容苏轼的书画。①

二十七、米芾：《方圆庵记》

米芾（1051—1107），初名黻，后改芾，字元章，号火正后人、鬻熊后人、鹿门居士、襄阳漫士、海岳外史等，祖籍山西太原，后迁居襄阳，长期居住润州（今江苏镇江）。以恩补浛洸尉，历长沙掾、杭州观察推官、润州州学教授。宋元祐七年（1092），为雍丘令，多有德政。宋崇宁五年（1106）为书画博士，迁礼部员外郎，称“米南宫”。著有《书史》《画史》和《宝章待访录》等。能诗文，擅书画，精鉴别，书画自成一家，创立了“米点山水”。米芾集书画家、鉴定家、收藏家于一身。在宋代乃至整个书法史上，米芾是屈指可数的怪异之才，但他举止癫狂，个性怪异，遇石称“兄”，膜拜不已，人称“米颠”。时人黄庭坚却对他的行为颇为理解，称其“不偶于俗”，即不为世俗所认可和接纳。

米芾的履历显示其作为“职业化”书家的特点，这一点和与他并称的苏轼、黄庭坚明显不一样，后两者在艺术上执意以强烈的个性创新形式而立身，带有浓厚的“文人艺术”特征。米芾则相反，早年一头扎进传统，以至于被人称为“集古字”。对此米芾毫不避讳，其所著《海岳名言》说：“壮岁未能立家，人谓吾书‘集古字’，盖取诸长处，总而成之。既老始自成家，人见之，不知为何祖也。”关于这段话，后世学书者都很熟悉，米芾用看似简单的话语自述其学书由“集古字”到“始自成家”过程，也就是讲，其书法成就与“集古字”的学习方式是密不可分的。正是因为“集古字”的学习态度，米芾在宋四家中，传统渊源最深，法度意识最强，是书法史上难得的“技法大师”，诚如清代王文治评价

① 陈中浙：《苏轼书画艺术与佛教》，商务印书馆，2006年，第138—149页。

说："米公于右军得骨得髓，而面目无毫厘相似，欲脱尽右军习气，乃为善学右军。"[①]

米芾书法诸体皆擅，长于临摹古人书法，达到乱真程度。主要作品有《多景楼诗》《虹县诗》《研山铭》和《拜中岳命帖》等。最能代表米芾书法成就的是其行、草书，数量也最多，这两类占其现存书迹的九成左右。

历来以"尚意"二字评价宋代文人的艺术观，无论是欧阳修的"自适""为乐""消日"，还是苏轼的"无意于佳""自出新意"等都是倡导书法创作的主体精神。米芾一生对书法的感情近乎到宗教的意味，远超于其他各家，在创作上也有类似的观点，他说："意足我自足，放笔一戏空。"

自宋代以来，米芾的书法影响可谓是举足轻重。事实上，宋室南渡之后，皇家四处访求其书，广为收罗，藏之内府，始贵重于天下，并命人镌刻《绍兴米贴》，于是天下翕然学米。张孝祥、吴琚、范成大、张即之、赵孟坚等先后取法米书，颇有成就。直至当下，研习米书仍是蔚然成风。

有人根据史料及对其作品分析，将米芾"集古字"以 31 岁为界分为两个阶段。31 岁之前，主要学习唐人和时人书法，其自称所学也都是唐楷，以欧、颜、柳为主；之后，学习褚遂良、沈传师、段季展、李北海等人的行书，其中以"摹褚而学最久"。宋元丰五年（1082），时年 31 岁的米芾长沙任满之后，特意去黄州拜谒了已谪守三年的苏轼，"承其余论，始专学晋人，其书大进"。此后，他便开始留心寻访魏晋名迹，先后得到王献之的《中秋帖》、王羲之的《快雪时晴帖》和《王略帖》、谢安的《八月五日帖》等，并得益于王献之最多。但他生性不羁，并不满足于王献之的字，早在绍圣年间就喊出了"老厌奴书不换鹅""一洗二王恶札"。在对这些书迹进行全面研究和学习后，米芾书法产生了质的变化，书风开始趋向平淡清古，逐渐多了些晋人雅调意韵。

米芾年轻时并没有明确的宗教信仰，随着阅历的加深，他越来越倾向于禅宗思想。直至晚年，他沉湎于禅宗，参禅打坐成为生活中不可或缺的内容，并常常以此来解脱自我，如宋崇宁二年（1103）在给友人的尺牍中这样写道："私居杜门，以禅悦为乐……小儿五日间忽然不见者，幻法亦如是，不以禅悦，何以为遣。"[②] 米芾一生以孤傲不羁，违世异俗著称，行为举止异于常人，但他谈禅论道，对佛教尤其是禅宗思想表现出极深的修养，他熟稔《金刚经》《法华经》《维摩诘经》《华严经》和《圆觉经》等经典，他的重要的书画创作、审美观都

---

① 崔尔平选编点校：《明清书论集（下）》，上海辞书出版社，2011 年，第 1003 页。
② 曹宝麟：《中国书法全集·米芾卷二》，刘正成主编，荣宝斋出版社，1992 年，第 351—352 页。

与此密切相关。

《方圆庵记》(图 3-34)，全名《杭州龙井山方圆庵记》，据王昶《金石萃编》记载，原碑高五尺六寸五分，广三尺五寸七分，凡十七行，每行四十八九字。该记写于宋元丰六年(1083)。据陈根远考证，这段时间时年 33 岁的米芾正在杭州担任观察推官，直至两年后因丁母忧离去。[①]《方圆庵记》是米芾早期书法开始转入学习晋人书法的转折时期的遗存，是其“集古字”时期佳作，书法腴润秀逸，潇洒俊发，不失晋人风度。宋元丰六年四月九日，杭州南山僧官守一法师到龙井寿圣院辩才住所方圆庵拜会辩才，二人讲经说法，谈古论今，十分投机。为此，守一写了《龙井山方圆庵记》一文，以示纪念。方圆庵因其外形为方趾圆盖而得名，其寓意与中国传统的所谓“天圆地方”的宇宙观念，以及《淮南子》中“智欲圆而行欲方”的处世哲学相契合。该记是两宋时期儒、佛、道三家思想融合，并深刻影响人们日常生活的生动例子，其中对辩才法师关于人生“方圆”哲学的思想进行了细致的描述，有助于后人更好地理解当时的文人文化生活。

米芾以“刷字”自谓，虽为谦辞，却切实点明了其书法用笔迅疾且劲健的独特之处，恰似“风樯阵马，沉着痛快”。在其书法创作的成熟阶段，无论是尺幅较大的诗帖，还是精巧细微的尺牍、题跋，皆展现出痛快淋漓、纵横捭阖、雄健清新的艺术特色。然而，米芾的书法创作绝非部分人所臆想的那般不假思索、一蹴而就。明范明泰《米襄阳外纪》记载米芾曾言：“余写《海岱诗》，三四次写，间有一两字好，信书亦一难事。”[②]一首诗反复书写三四次之多，却仅能有一两字令自己满意，此中滋味，若非书法行家里手，实难体会。这充分凸显了米芾严谨的创作态度，而他长达数十年的“集古字”之举，亦是这种严谨态度的生动诠释。

米芾“集古字”集得最多的书者当是王献之，黄庭坚说他“专治中令书”，比米芾小一辈的蔡絛说他“时窃小王风味”。但《方圆庵记》则是其深入钻研王羲之书法的结果，是米芾书作中最接近王羲之的一件，是其“集古字”的一个具体标本，亦颇多玩味之处。从这通碑志书法能具体地看出来，许多字与前述《集王羲之大唐三藏圣教序》近似，但用笔以侧锋见多，笔势跌宕，“纵宕中备极含蓄之韵”(王文治语)。具体地，该碑用笔上方圆兼备、藏露多变，能于正侧、偃仰、向背、转折处见骏马奔腾之势。结体全法《集王羲之大唐三藏圣教

① 陈根远：《米芾〈方圆庵记〉及其传世拓本考》，《社会科学战线》2008 年第 1 期。
② 曹宝麟：《中国书法全集·米芾卷一》，刘正成主编，荣宝斋出版社，2004 年，第 219 页。

图 3–34 《方圓庵记》(局部)，米芾，宋，碑刻，行书，约 79 行，行字数不等，原立于浙江龙井山方圓庵

序》，而又用王献之外拓法为之，多攲侧，不失云烟卷舒之态。字体上虽以行书为主，处处皆见楷书的谨严，同时不时夹杂着行草的映带、呼应，已然能初见“刷字我用”沉着痛快的气势与神韵。

目前所记载的《方圆庵记》传世拓本极为罕见，由于文献乏征，历来对此碑研究甚少。如荣宝斋出版社出版的《中国书法全集·米芾卷》中，有关此记考释甚为简单；中华书局出版的《善本碑帖录》对此也是寥寥数语。《方圆庵记》传世拓本的版本大约有三种：其一是明代吴之鲸《武林梵志》中所载的文字错漏本，该版本在清代丁敬的《武林石刻记》、王昶的《金石萃编》和阮元的《两浙金石志》等著述中均有记载；其二是二十四行残拓本，见载于清代张廷济的《清仪阁金石题识》、蒋光旭的《东湖丛记》等著述；其三是上海书画出版社影印本，也是目前流传最广泛的拓本，现藏于上海博物馆。该拓本原系孙伯渊家藏，也是清代中后期的金石书画收藏大家李宗瀚的旧藏。据上海书店出版社出版的《海上收藏家》一书介绍应为仅见的宋拓、原装孤本。另据清代阮元编撰的《两浙金石志》记载，《方圆庵记》原刻不知亡佚于何时，明代万历年间仁和（治所在今浙江杭州）县令胡澄重刻了此记。

二十八、赵构：《佛顶光明塔碑》

南宋前期书法的代表人物都经历过南北宋的交替，他们饱经战乱、颠沛流离。南渡之后，南宋王朝忍耻苟安，成就了150年的偏安局面。很长一段时间内，书法家们不仅失去了家园和学习条件，更可悲的是也失去了书法进取的精神动力。这样，整个南宋书法都呈现出保守的态势，笼罩着一股“复古”气息。在宋退守南方的转折过程中，赵构无疑成为最重要的节点人物，他家世显赫，地位至尊，书艺卓绝，取法正统等，影响着整个书坛的走向。正如杨万里所言：“高宗初作黄字，天下翕然学黄字；后作米字，天下翕然学米字；最后作孙过庭字，故孝宗太上，皆作孙字。”[①]后来，他又长期沉湎于魏晋法度，对“二王”的推崇无以复加，对魏晋六朝笔法无不临摹。

赵构（1107—1187），即宋高宗，徽宗第九子。宣和三年（1121）封康王。徽、钦二帝被俘后，靖康二年（1127）在南京（今河南商丘）应天府即位，后

① 杨万里：《诚斋诗话》，转引《中国书法史绎》卷五，上海书画出版社，2014年，第257页。

迁临安（今浙江杭州市），史称南宋。绍兴三十二年（1162）禅位于皇太子赵昚，被尊为太上皇帝。淳熙十四年（1187）卒，他是中国历史上少有的长寿皇帝，庙号高宗，同时，他是一位忠奸不分、不思恢复的昏君，在位时迫于形势起用岳飞、韩世忠等人抗金，但大部分时间重用主和派黄潜善、汪伯彦、王伦、秦桧等人，后来甚至杀岳飞，罢李纲、张浚、韩世忠等人。然而，就是这样的一位皇帝，在苟且中仍钟情于书法，“凡五十年间，非大利害相妨，未始一日舍笔墨”。[1]

如今能见到的赵构书迹有《佛顶光明塔碑》《付岳飞手敕》《洛神赋》和《真草千字文》等20余件，书体多真、行、草，风格多样。这些作品也印证了其在不同阶段研习书法的历程发展与变化。赵构学书法的经历大致是最早学其父徽宗，他自述称：“昔余学太上皇帝字，倏忽数岁。瞻望銮舆尚留沙漠，泫然久之。”后来，又学黄庭坚，就书写的品质来看，他学黄能达到近乎乱真的地步，以至于后来不得已“恐缓急与御题相乱，遂改学米芾字”。[2]自习米之后，他渐渐趋归于魏晋“二王”，特别是南北议和之后，重金收购钟、王法帖，长期追摹、推崇备至。虽然赵构学习书法投入了大量的精力，但也只能是追随苏、黄、米等的尚意风范，延续他们的体势、笔法。甚至，他的创造力还不及其父，取舍上明显倾向于保守、复古，这种思想在他的书论著作《翰墨志》中表露无遗。

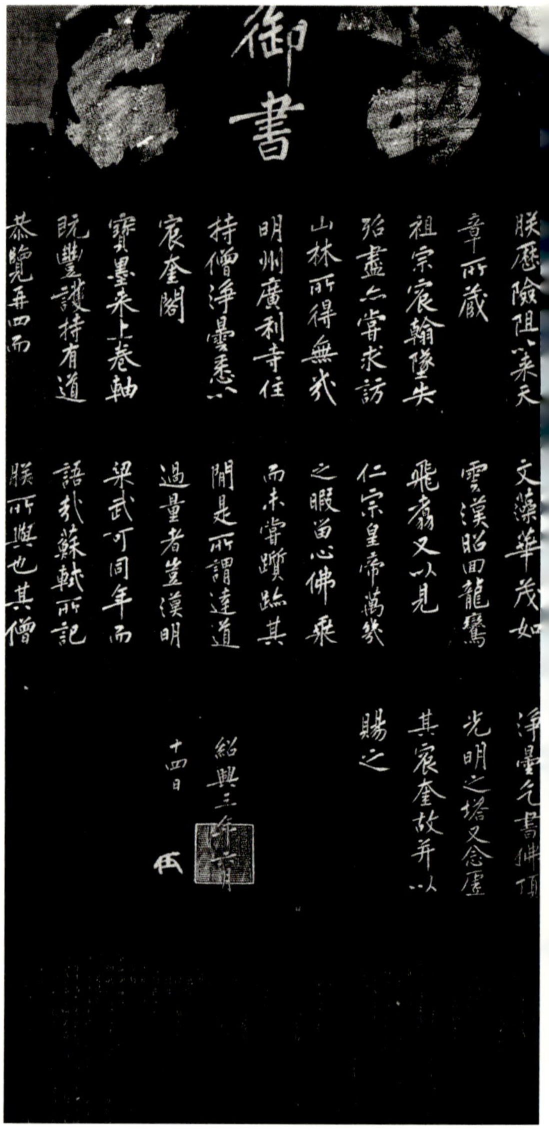

图3-35 《佛顶光明塔碑》，赵构，宋，碑刻，行书，具体信息不详，孤拓现存日本宫内厅书陵部

《佛顶光明塔碑》（图3-35），是赵构早年学黄书法的典型例子，书于南宋绍兴三年（1133）。该碑与一般碑板不一样的地方是无碑额，准确地说，上悬

① 赵构：《翰墨志》，载《历代书法论文选》，上海书画出版社，1979年，第366页。
② 曹宝麟：《中国书法史·宋辽金卷》，江苏教育出版社，2009年，第262页。

“御书”二字代替了碑额。该碑文字内容不长。宋高宗传世墨迹较多，有意思的是，他竟然还留下了一个御碑，可见他对书碑非常有兴趣。

在前文中已述及北宋大中祥符元年（1008）仁宗曾书颂寺诗17首，赐予当时宁波阿育王广利寺的怀琏禅师，后由苏轼将之书丹入碑，即《宸奎阁碑》。靖康之后，各代御书沦丧殆尽，高宗下诏征求，住持将之献予朝廷。后来，高宗赐书此碑，题“佛顶光明”榜书大字，并赐田一千二百亩。此碑拓本和苏轼《宸奎阁碑》一样，于南宋淳祐二年（1242）由日本京都东福寺的开山祖师圆尔弁圆带回日本，是带回的诸多书迹、碑刻之中的一件，现藏于日本宫内厅书陵部。

赵构书《佛顶光明塔碑》时，年二十七，正值学黄阶段。初看起来，此碑与黄庭坚晚年《松风阁诗》肖似。细审此碑，此时的赵构和黄庭坚之间还是存在着明显的区别。黄庭坚行书深受《瘗鹤铭》影响，结体中宫密集、四周开张，呈辐射式结构特征，横向开张、左右牵掣，加上笔画波曲、注重书写动作的提按，能在笔画书写中创造出超凡力感。其特点可概括为：字势欹侧、笔画波曲、体态开展、气势磅礴。与成熟时期的黄书相比较，赵构此碑书写过程中笔画的波动较小，结体上中宫没那么紧凑，横向开张也不太够，故整体的气势较弱。正如曹宝麟先生所言，远未达到黄庭坚书法的浑劲，但也正是这一点显示出其独特的艺术价值。赵构论述标举“趣味”二字，主张书法当有个性，他认为北宋苏、黄、米、薛（绍彭）各人皆有自家面目，是为有“真趣”也。但是这种“真趣”是建立在其保守的艺术视阈之内的，试观其《翰墨志》所折射出来的是对魏晋“二王”的虔诚追摹，不越雷池，规范周全。这种观念下的书法实践实际上将书法艺术创作的主体精神加以钳制，缺乏生机和活力演绎，其根本的原因是作者本身艺术创造力的局限。赵构的书法实践和理念深刻地影响了整个南宋书法的发展，使得整个书法发展演变为大规模的师古和模仿时贤，带来的结果是整个南宋书法都缺少像苏、黄、米那样的大家，书法的意趣情调由高昂激越日趋平静，由追求气度与意态的统一逐渐偏向于意态一面。

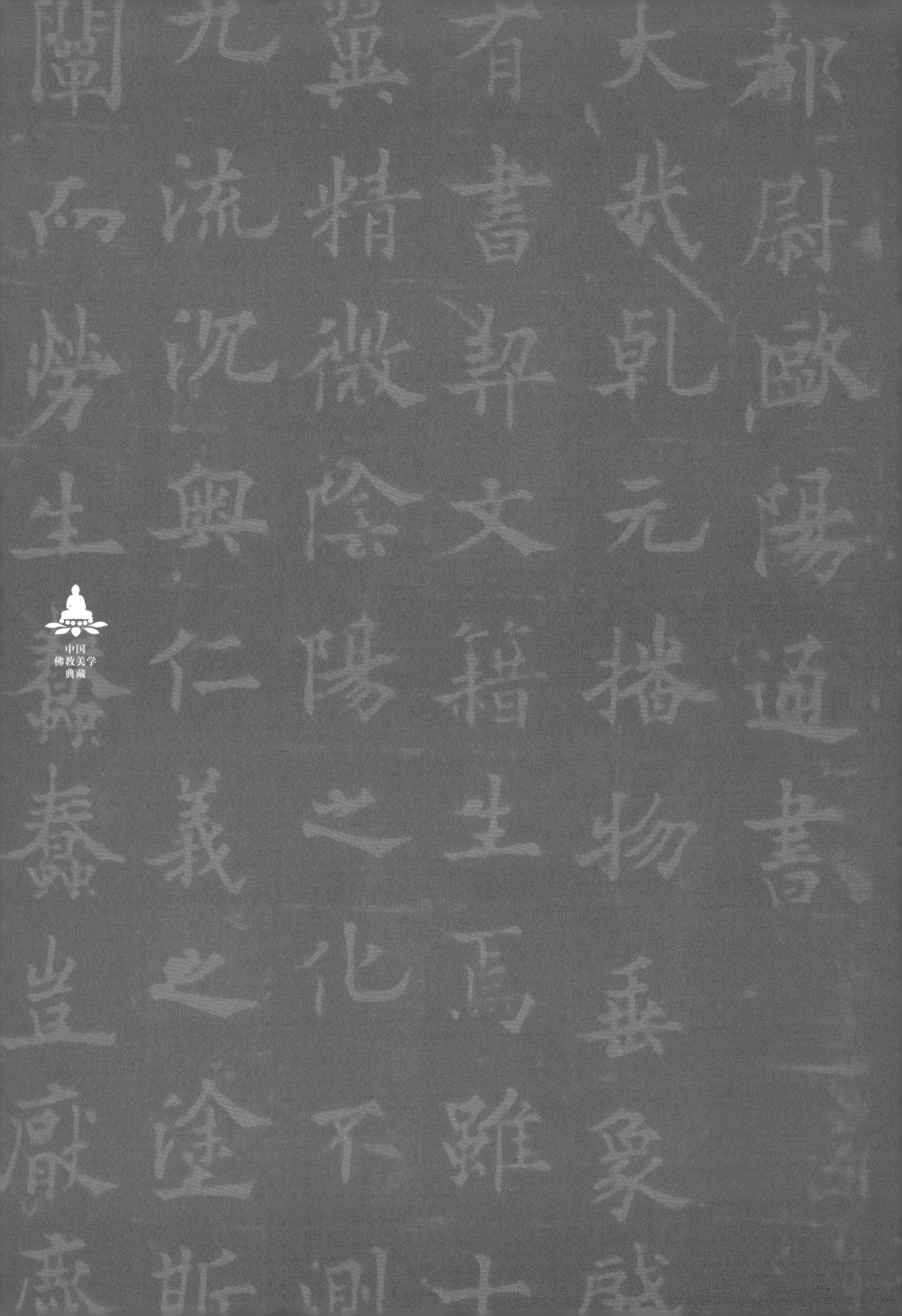
中国
佛教美学
典藏

结语

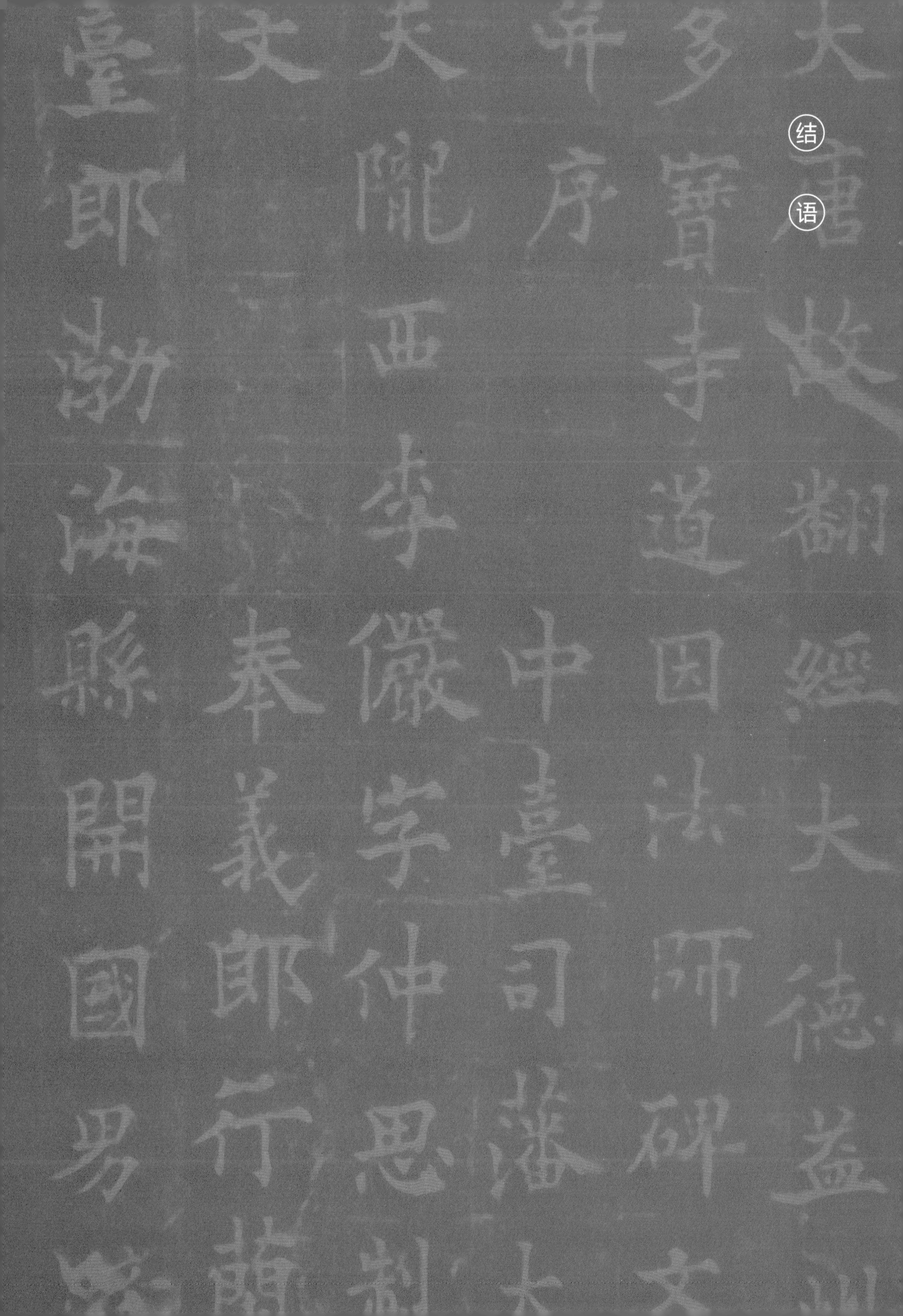

在中国，佛教碑刻蔚为大观，其主要包括两部分：其一是利用石碑形制来保存和传播佛教经典，以及刊刻造像；其二是由佛教人士制作或者涉及佛教方面内容的历代碑刻。[①] 这些碑刻对于佛教史的研究极其重要，与历代僧传、灯录、寺志互为补充，奠定佛教研究的史料基础。此外，它们对于了解古代政治制度、经济、文化、佛教传播等方面都具有不可替代的作用。

佛教与书法的关系可以从两个方面进行论述：其一是文字内容，指与佛教经典或教义等直接相关的墨迹或碑刻；其二是受佛教思想，特别中唐以来禅宗对文艺影响下产生的书法创作，但很少有人将这类作品直接纳入到“佛教书法”的范畴，实际上这类作品充分受到佛教思想的渗透和影响。因此，一般讨论的“佛教书法”包括两大类：抄经和佛教碑刻。

佛教碑刻大部分都具有上乘的书法艺术价值，本书旨在对此进行较为一般意义的探讨，对其中碑刻所涉猎造像、形制等也做了简明扼要的介绍，但对于碑刻文字内容等诸多方面的价值并未深入探讨。探讨佛教碑刻的书法价值关注点聚焦在佛教本身对于书法的态度。一般认为，佛教否定包括书法在内的一切抒发情感的世俗艺术，但又不反对用世人喜闻乐见的艺术形式来宣扬佛教义理，满足僧徒精神的需要，弘扬佛、法、僧“三宝”。[②] 因此，佛教所允许的艺术存在前提：宗教功利标准高于审美标准。书法亦概莫能外。佛教创立伊始，诵读佛经便成为供养“法”宝的重要形式，书写传播佛教经典只是弘扬佛法的一种主要手段。

后来，随着佛教在中国具体的文化、教育环境中不断发展，书法也成了佛门重视的必然选项，正如陈垣所言：“诗文杂学之外，释门所尚者，厥为书法。”[③] 历代高僧中，善书者代不乏人。碑刻由于其特殊意义，古人对它的装饰和书法都十分重视，很多时候佛教碑刻都由当时一流的书法家进行书丹，其艺术价值不容置疑。即使如一些造像题记书法，虽多由底层民众所为，仍不乏特殊的书法艺术价值，特别是清代碑学以来，受到广泛关注。

本书将佛教碑刻分为佛经碑刻、造像题记、寺塔碑碣进行论述。

---

① 赵超：《中国古代石刻概论》，中华书局，2019 年，第 173 页。
② 楚默：《佛教书法史》，上海三联书店，2012 年，第 1 页。
③ 陈垣：《明季滇南佛教考》，中华书局，1989 年，第 110 页。

第一章佛经碑刻，按摩崖、石窟、碑板与经幢4种形式，对佛教刻经进行论述。大规模的佛教刻经开始于北朝末年，主要动机是佛教面临法难、遭遇废佛运动，是弘法、护教的产物。这种类型的刻经与中国古代传统的山石崇拜不无关系，都希冀“托以高山，永留不绝”。北齐、北周时期刻经主要有摩崖刻经和石窟刻经两种类型，这两类刻经都具有十分重要的书法价值，特别是山东地区的摩崖刻经书法最引人关注。摩崖刻经书法的产生可视为佛教对书法的渗透与融合达到一个圆融无碍的审美境界。隋唐及以后，最为著名的刻经有四川安岳卧佛院石窟刻经和北京房山云居寺碑板刻经，这两处刻经都规模宏大，特别是房山碑板刻经时间跨度大，书法具有各个时期的特征，但整体不如北朝刻经。唐初时期开始出现经幢刻经，大多以刻写佛顶尊圣陀罗尼经为主，其书法鲜有特别突出者。

第二章造像题记，主要探讨龙门石窟与云冈石窟、巩县石窟及其他地区的造像书法价值。造像题记在古代虽大量存在，论书法价值以龙门北魏造像题记书法最为著名，罕有与之能相提并论者。龙门造像题记书法风格的出现是一个系统的、多种文化因子复合影响的产物，是北魏汉化过程中文字书写、书法审美的体现，同时与该时期字体、书体的发展与应用有着密切的关系。龙门造像题记书法以其新奇的美学样式、深邃的美学意蕴给后人以启发。造像题记书法在当代整体上被纳入“民间书法”的范畴，大多体现底层民众书法素养，包含着多元的艺术价值，弥补、丰富长期以来形成的“精英文化”视阈下的缺失，给书法艺术创作提供了更为丰富的启迪。

第三章寺塔碑碣，主要介绍30余通早期至宋代在历史上具有代表意义的碑碣，这些碑碣书法风格多样，代表各个时期书法的主要风貌。其中，不乏如欧阳询、褚遂良、李北海、颜真卿、柳公权、苏轼、米芾等书法大家的手笔，这些作品很多可以看作是他们的代表作，历代书史对此有详尽的介绍。本书从佛教美学角度加以阐释时有如履薄冰之感，正如前文所述，绝大部分碑刻均包含有虔诚、庄重的特征，但无法将书法家书写佛教碑刻与其书写世俗碑刻时的区别，做一个明确的界定。因此对寺塔碑碣的书法意义进行探讨时，我们暂且保持了一种相对谨慎的态度，需要进一步深入挖掘。

佛教碑刻具有多元的文化价值意义，碑的内容主要通过铭文来表达，而铭文则通常是文学与书法的佳作。佛教碑刻书法具有专门的意义，佛教对书法的渗透是伴随其在中国社会的不断传播和对中国文化的渗透与融合中逐步实现。通过碑刻，佛教终于被本土化，并紧密地融汇于中古中国艺术、历史和文化中，本书试图在此认知上探讨佛教碑刻书法的美学价值。和传世书迹一样，这段时期大量的造像题记、摩崖刻经等碑刻均以实用为目的，没有专门的书法创作意识，由于书、刻者的素养、个性，以及材质的不同，故风格各异；加之没有功利的原因，故能萧散、质实、拙朴、绚烂至极，于不经意间臻于大美之境。这些碑刻作品大都不传姓名，如汉乐府"汉魏儿童之童谣"，影响深远。

佛教碑刻书法在某种意义上具有独立的类型学意义，尤其是刻经与造像题记，是综合经生书法、北朝文字复古、刻工、石质，以及自然等多种综合因素的共同结果，具有某种偶然性。从这一点看，其实质类似甲骨文、金文、简牍等。这类书法最大的特点就是艺术性让位于实用性，与一般意义上讨论的书法存在明显的区别。这种无意于佳与苏轼所讲的"无意于佳"截然不同，后者具有强烈的艺术自觉和艺术表现欲望。在这里无论是刻经者，还是造像者都有其宗教诉求，都寄托了他们虔诚的佛教信仰。比如摩崖刻经书法，刻经者希冀赋予石刻经文以某种特殊的氛围，但此时他们进行的一些图像化处理，离书法的实质又相差甚远了。某种意义上我们可以将名家书丹之外的佛教碑刻，置于民间书法的范畴加以讨论，长期以来书法论著对民间碑刻书法置若罔闻，罕有著述。

清代碑学肇始，这类书法逐渐被人关注，并对书法的经典性问题进行思考，进行新的论述，但直至今天人们对书法的认知仍然建立在传统的经典体系之下。这种审美观与书法的"法"密切相关，长期以来都是建立在一定的规则与程式的范畴之中，这与隋唐以来建立的书法教育理念也密切相关。隋唐以来，书法论著对点画、结构、章法的论述逐步规定化，由语言描述的细化，发展到图像的规定，由此建立大部分人对书法的认知。这种规定对于书法教育有一定积极意义，因为有了一套可供借鉴的操作模式，但是其弊端也是明显的。它忽视了书法作为艺术最为核心内容，即每件书法作品，甚至构成的书法作品的不同元素的独特性。而对于一点，唐代人是十分清楚的，孙过庭的《书谱》中对王羲之的数件书法作品的审美感受进行不同的描述，并提出"初学分布，但求平正；既知平正，务追险绝；既能险绝，复归平正"的著名论断。也就是说，我们要客观地看待书法在唐代时的人文语境，它与后来，尤其是现当代的语境是不一样的，故而对于唐人尚“法”应保留一定的审慎。

试观魏晋书法自觉以来，以“四贤”为代表的书法作品，于险绝中求平正，而唐尚法以后多于平正中求险绝，两者理念上截然不同，最终的结果也可想而知。唐代以后的书法求局部的完整，而魏晋时期的书法求整体的和谐统一，这一点类似于文学，尤其是诗词创作，故前人有隋唐以前有好诗，隋唐以后则只有好句的论断。刘勰《文心雕龙·附会》中说：“锐精细巧、必疏体统。”很显然，唐人在文学、书法上的尚“法”很容易与此背离，尤其是在缺失文化语境的前提之下。

清代碑学的重要意义在于试图将人们的书法审美重新置于整体思维之下，看到以碑刻书法为代表的民间书法的整体思维观和局部鲜活的气质，也就是说重新回到“师造化”的宏观艺术视阈中去。我们对佛教碑刻的讨论同样如此，既要看到其独立的类型学意义，同样也要看到其与精英文化思维下的书法的区别。譬如对山东摩崖刻经书法的评价，要回到南北朝时期，特别是北朝书法的整体发展状态下加以审视，对僧安道壹为代表的经生书法与山东摩崖刻经书法，要厘清其联系与区别。正是由于上文这些客观因素的掺入，增加了经生书法精熟特征之外的一些变量，而正是这些变量才构成其耳目一新、鲜活的艺术气息，造像题记等其他佛教碑刻也大致如此。这种独立的艺术特征是佛教赋予它们的，是佛教信仰行为的衍生品，或者这就是佛教碑刻的美学价值。

参考文献

［晋］陈寿：《三国志》，中华书局，1959年。

［唐］道宣：《续高僧传》，中华书局，2014年。

程章灿：《石刻刻工研究》，上海古籍出版社，2008年。

楚默：《佛教书法史》，上海三联书店，2012年。

封野：《汉魏晋南北朝佛寺辑考》，凤凰出版社，2013年。

黄惇：《秦汉魏晋南北朝书法史》，四川美术出版社，2008年。

侯旭东：《五、六世纪北方民众佛教信仰——以造像记为中心的考察》，中国社会科学出版社，1998年。

金维诺：《中华佛教史·佛教美术卷》，山西教育出版社，2013年。

赖非：《山东北朝佛教摩崖刻经调查与研究》，科学出版社，2007年。

［唐］李延寿：《北史》，中华书局，1974年。

刘涛：《中国书法史·魏晋南北朝卷》，江苏教育出版社，2009年。

［后晋］刘昫：《旧唐书》，中华书局，1975年。

吕思勉：《两晋南北朝史》，华中科技大学出版社，2016年。

毛远明：《碑刻文献学通论》，中华书局，2009年。

毛远明：《汉魏六朝碑刻校注》，线装书局，2008年。

［北宋］欧阳修、宋祁：《新唐书》，中华书局，1975年。

［北宋］欧阳修：《集古录》，中国书店，1998年。

祁志祥：《中国佛教美学史》，北京大学出版社，2010年。

启功：《启功丛稿》，中华书局，1999年。

秦臻、张雪芬、雷玉华：《安岳卧佛院考古调查与研究》，科学出版社，2014年。

［梁］沈约：《宋书》，中华书局，1974年。

宿白：《中国佛教石窟寺遗迹——3至8世纪中国佛教考古学》，文物出版社，2010年。

汤用彤：《汉魏南北朝佛教史》，中华书局，1983年。

周一良：《魏晋南北朝史十二讲》，中华书局，2016年。

王静芬：《中国石碑——一种象征形式在佛教传入之前与之后的运用》，商务印书馆，2011年。

王元军：《六朝书法与文化》，上海书画出版社，2002年。

［北齐］魏收：《魏书》，中华书局，1974年。

向以鲜：《中国石刻艺术编年史》，东方出版中心，2015年。

杨殿珣：《石刻题跋索引》，商务印书馆，1990年。

叶昌炽撰、柯昌泗评：《语石·语石异同评》，中华书局，1974年。

朱关田：《中国书法史·隋唐五代卷》，江苏教育出版社，2009年。

赵超：《中国古代石刻概论》，文物出版社，1997年。

赵超：《锲而不舍·中国古代石刻研究》，三晋出版社，2015年。

［宋］赵明诚：《金石录》，上海书画出版社，1985年。

唐长孺：《魏晋南北朝史论集》，生活·读书·新知三联书店，1963年。

周一良：《魏晋南北朝史论集续编》，北京大学出版社，1981年。

［德］雷德侯：《万物》，生活·读书·新知三联书店，2005年。

［德］雷德侯主编：《中国佛教石经》，中国美术学院出版社，2014年。

峰峰矿区文物保管所，芝加哥大学东亚艺术中心：《北响堂石窟刻经洞·南区1、2、3号石窟考古报告》，文物出版社，2013年。

北京图书馆金石组编：《北京图书馆藏中国历代石刻拓本汇编》，中州古籍出版社，1989年。

吴元真主编：《北京图书馆藏龙门石窟造像题记拓本全编》，广西师范大学出版社，2000年。

《墓志书法精选》，荣宝斋出版社，1991年。

《石刻史料新编》第一辑，台湾新文丰出版公司，1977年。

《石刻史料新编》第二辑，台湾新文丰出版公司，1979年。

《石刻史料新编》第三辑，台湾新文丰出版公司，1986年。

《造像书法精选》，荣宝斋出版社，1994年。

本社编：《中国碑帖名品》，上海书画出版社，2011年。

壞外緣而見
心本無作真
性而注福河

仰山淨域列
寺巖巔寶堂
緣入證源示

唐故左街僧
内供奉三教
論引駕大
安國寺上座